21세기 조선인 신종사대부

Freedom &Wisdom

차례

들어가는 글　　한반도 역사를 바꾼 왜곡된 진실 / 4

제 1 장　　663년 '백강 해전' 그리고 잊혀진 혈맹국 일본 / 12

제 2 장　　고려, 元 제국과 함께 일본을 침공하다 / 84

제 3 장　　여말 선초, 일본 본토를 공격하여 왜구(倭寇)를 정벌하다 / 132

제 4 장　　진정한 '한족(韓族) 사대주의' 국가, 조선 / 158

제 5 장　　'대항해 시대' 속의 농경국가, 조선 / 226

제 6 장　　고려로부터 빼앗은 나라, 일본제국에 바치다 / 296

들어가는 글 _ 한반도 역사를 바꾼 왜곡된 진실

사람들은 흔히 영화 혹은 드라마를 보고 역사를 이해하고 기억한다. 그리고 그 드라마 속 연기자를 보고 역사 속 인물의 외모나 인물됨을 연상하기 마련이다. 마치 애꾸눈의 '궁예 王(왕)'은 배우 김영철을 생각하고, '대조영'하면 배우 최수종을 떠 올리듯이 말이다.

여기에서 발생하는 문제는 극중 배역의 연기와 각색된 역사를 진실로 착각하게 만든다는 것이다. 사실 배우 최수종이 출연한 드라마를 연결하면 그 자체로 한반도의 역사가 된다. 그는 고구려, 백제를 멸망시키고 唐(당)나라 장수로 청해진도 만들었으며 발해도 건국하고 고려도 건국하였으며 이순신이 되어 일본과 싸우기도 하였고 대원군이 되어 조선의 역사를 끝내기도 한다.

그리고 드라마의 줄거리는 일반인들의 역사 상식이 된다.

그간의 역사 드라마의 특징을 살펴보면 新(신)정부의 출범 전후 정치 노선 및 차기 대통령의 성향에 맞추어 역사 드라마를 구성하고 내용의 편향성을 보이기도 하였다. 영화 시장도 그렇지만 상대적으로 비용이 적게 들고 제작이 용이한 TV 드라마에서 그러한 현상은 좀 더 두드러지게 나타나게 된다. 각 방송사들과의 정부와의 눈 맞추기의 결과가 아닌가 싶다.

실제로 각 시기별 주요 드라마를 간략히 보면, 노무현 정권 시기에는 주로 북방 영토에 관한 주제를 가진 주몽, 대조영, 광개토대왕 등이 유행했으며, 박근혜 대통령 취임 전에는 선덕여왕, 천추태후, 기황후 등 여성 지도자에 관한 드라마가 집중적으로 나왔고, 문재인 정부가 들어서는 동학민란 봉기와 관련된 '녹두꽃', 공산주의자인 김원봉을 소재로 하는 '이몽' 등의 드라마가 신속히 제작되어 방영되었다.

영화나 드라마로 제작되고 배우의 연기에 의해 시청들에게 다가온 역사의 모습은 진정한 역사가 아니다. 그리고 그렇게 이미지화 된 역사는 대부분이 시청률을 고려하여 각색된 왜곡의 역사들이다. 미디어 매체는 기본적으로 시청률에 기인하기 때문에 자극적인 내용으로 시나리오를 만들어낸다. 결국 영화나 방송국의 드라마를 시청하는 국민들이 역사적 지식이 없거나 내용을 다시 확인해 보지 않으면 거의 무방비 상태로 영상 속의 내용을 역사적 사실로 인식하여 왜곡된 역사관과 세계관을 형성하게 되는 무서운 결과를 낳게 된다.

동서고금을 막론하고 대부분의 영웅 문학이 그러하듯이 유사한 이야기의 골격을 토대로 제작 의도에 따라 살이 덧붙여지는 구조를 가지고 있다. 게다가 정치적 의도에 따라 예술작품으로서의 순수성이 사라진 채 특정 목적에 부합되는 배우를 선정하거나 스토리가 전개되기도 한다. 그래서 그렇게 배운 역사는 '진실의 역사'가 아닌 '허위의 역사'일 수밖에 없는 것이다.

오색찬란한 비단 한복을 입은 사극 속의 멋진 주인공은 내가 아니다.

많은 사람들이 멋진 배경과 잘생기고 아름다운 배우들이 등장하는 조선 시대 드라마를 보고 마음속으로 상상의 나래를 편다.

물론 드라마 속에서는 언제나 왕손이거나 나라를 구하는 장군 또는 시대적 사명을 안은 명문가의 외동딸 등이 종종 나온다. 그리고 드라마를 보면서 언젠가는 국가를 구하거나 새로운 국가를 건설하거나 어려운 문제를 해결하는, 현명하고 아름다우며 모두의 선망이 되는 그들과 심리적으로 동화되어 일체화된 상상에 빠질 수도 있다.

그러나 현실은 냉엄해서 21세기의 한국인들이 조선시대로 간다면 대부분의 사람들은 비단옷이라고는 꿈도 못 꾸고 마당을 쓸고 있을 머슴이거나 부엌에서 밥을 하는 식모이거나 또는 논밭에서 일하는 노비일 것이다. 조선말 신분 해방 이전까지 한반도 인구의 절반은 성도 없었으며 스스로 아니라고 생각하더라도 대부분이 위조되거나 변조된 양반 족보를 가지고 있을 뿐이다.

예를 들어 '金(김)'이라는 성씨는 대한민국 전체 인구의 25% 가까이 차지한다. 무려 12,000,000명이 넘는 숫자이다. 세계 어느 나라가 한 가지의 성씨를 그 만큼 차지하고 있는가? 구한말 그 혼란의 시기에는 그랬다. 주인집 양반 성씨를 받거나, 한 마을 주민이 이름 있는 선비의 성씨로 모두 바꾸거나 호적을 처음 조사하는 관원이 정해주는 성씨를 받고 좋아했던 시절이 있었다. 더욱이 겉치레가 강한 한국인의 특성상 새로 만들어지는 성씨는 그 자체가 상놈이라는 인식 때문에 무조건 명문가의 성씨를 따라했다. 그래서 한국인의 대다수가 金(김), 李(이), 朴(박)이라는 성씨를 가진다.

조선시대의 경우 실제 부와 권력은 가진 양반의 비율은 조선 초 약 7% 미만에 불과했으며, 1910년 민적법(호적에 관한 법률) 시행 이전에 조사한 결과 조선의 전체인구 2,894,777호 중, 족보를 떠나 실질적인 양반 가구의 수는 단지 54,217호로서, 약 1.9% 비율밖에 되지 않았다는 기록도 있다. 지금 대한민국에 사는 사람들은 봉건주의 국가가 아닌 자유민주주의 국가의 국민인 것을 진심으로 고마워해야 한다.

그렇다면 역사의 진실이란 무엇인가?

이 원초적이고도 단순한 질문에 명확히 정의하고 기정사실화 하기에는 객관적 자료의 한계는 물론 그 넓이와 깊이의 한계를 짐작할 수조차 없다. 현실적으로 많은 사람들은 입시 이외에는 역사에 대한 공부를 많이 하지도 않는다. 앞서 이야기한 바와 같이 대부분이 영화나 드라마를 보고 역사를 자기화 하는 수준에 머물러 있다.

그러나 정작 역사를 모르면 주체적으로 발걸음도 나아갈 수 없고, 우리 안에서 살아가야 하는 동물원 속의 동물처럼 다른 사람들이 만들어 놓은 틀에서 하루하루의 즐거움을 찾으며 살아갈 지도 모른다. 사람과 동물의 가장 큰 차이점은, 역사를 기록하고 그 기록 속에서 배우며 과거의 잘못을 반성하고 문제를 해결해 가며 미래를 만들어 간다는 것이다.

인간이 유사 이래 만든 모든 학문에는 각기 그 전문 분야에 길고 긴 역사가 있고 그 역사 속에서 발생한 한장 한장의 기록들이 모여 지금의 과학을 만들었고 예술을 만들었으며 문학작품을 만들어냈다. 그래서 모든 학문과 과학과 예술과 문학작품의 기반은 역사의 기록이라고 보아도 큰 무리는 없다.

과연 우리는 어떠한 역사를 알고, 어떠한 진실을 알고, 어떠한 미래를 준비하고 있는가?

과거는 이미 지나간 일이다. 그러나 그것을 연구하는 것은 몇 가지의 실마리를 가지고 미지의 세계를 탐구하는 것과 크게 다르지 않다. 더욱이 역사 연구에 있어서 결과를 전제로 하지 않고 역사 속으로 들어가 본다면, 그것은 그 단편의 현상을 토대로 미래를 예측하는 것과 대등소이하다고도 볼 수도 있다. 그러한 측면에서 지금까지의 단편적 역사 기록과 자료들을 바탕으로 상호 연관성을 최대한 조합하여 가장 객관적으로 역사를 들여다보았다.

특히 본 책에서는 한민족 역사상 '역사의 방향성을 급격히 바뀌게 만들어 버린 역사' 그러나, 정확히는 알지 못하는 역사의 기록, 설령 알고 있더라도 각색된 기록이 아닌 당시의 여러 나라의 기록을 종합하고 객관적 분석을 기반으로 역사의 진실을 찾기 위해 최대한 노력하였다.

그리고 그 결과 한민족 역사를 바꾼 가장 중요한 '역사적 포인트'는 우연히도 '대규모 해상 전투'와 연결되어 있었다. 말 그대로 모두 바다와 연관되어 진행되었다는 점이 아주 특이하다. 아마도 '페니슐라(Peninsula)' 즉 '반도(半島) 국가'라는 지리적 특성상 대륙국가가 아닌 해양국가일 수밖에 없는 한반도의 특징이 그대로 반영되었다고 볼 수 있다.

가장 대표적인 사건은 그 이름도 생소한 '백강 해전'으로 시작된다. '백강 해전'은 '백제, 일본[1]'과 '중국(唐), 신라'가 각각 연합군을

---

[1] '日本'이란 국호와 '천황(天皇)'이란 칭호는 668년부터 사용되었다. 다만 신라의 왕의 호칭이었던 거서간, 마립간 등을 통상 쓰지 않는 것처럼 이해의 편의를 도모하고자 일본, 천황으로 표기한다.

형성하여 참가한 '최대 규모의 동북아 국제 전쟁'이었다는 점에서 그 역사적 의의가 매우 큰데도 불구하고 그동안 우리에게는 알려지지 않은 채로 동북아 역사, 특히 '한일 역사관계'에 있어 진실을 감춘 채 한 귀퉁이에 숨겨져 있었다.

왜 한민족의 역사가 한반도 중심의 역사로 축소되었는가? 그리고 바다 건너에 있는 일본이 왜 그토록 적극적으로 백제를 도와주었는지에 대한 궁금증을 풀기 위해 한중일 역사 사료를 중심으로 자세히 알아보고 전쟁의 전후 국제 관계의 변화를 자세히 살펴보았다.

다음으로 고려가 주도적으로 일본 본토를 침공한 역사적 사건인 '고려·몽골 연합군의 일본 원정'과 쓰시마와 이키섬(壹岐島)의 대학살의 진실에 대하여 알아본다. 이를 통해 고려와 원(元) 제국은 어떠한 관계였는지, 한일 관계에서 우리가 무엇을 잘못 알고 있었는지를 알아본다. 그리고 함포를 사용한 '세계 최초의 해전'이자 고려 수군이 일본의 전선 500척을 격침하고 수만의 병사를 水葬(수장)시켜 버리는 역대미문의 놀라운 전과를 성취하였음에도 불구하고 아무도 기억하지 않는 그저 그런 역사가 되어 버린 고려 말 '진포 해전'에 대해 살펴보도록 하겠다.

또한 요동성을 함락시키고 '대마도를 정벌'할 정도로 강력한 군사력을 보유했던 고려가 왜 사라졌는가에 대한 고찰과 한족(漢族) 사대주의자들의 이너서클(살세)인 사대부들로 인해 조선이 어떻게 망해 가는지에 대하여 '갑사(甲士) 제도'의 몰락과 '한산 대첩' 전후 국제 변화를 통해 알아본다.

특히 '정왜론(征倭論)'과 '정명가도(征明假道)'로 대변되는 한중일간의 역학관계에서 잘 알려지지 않았던 사실을 살펴본다. 무엇보다도 16세기 이후 '대항해 시대'에 일본은 어떻게 발전하였고 왜 조선은 반대의 길을 걷게 되었는지를 분석해 보고 구한말 조선이 어떠한 과정을 거치면서 식민지가 되는지를 청일전쟁의 과정과 러일전쟁의 '쓰시마 해전'을 통해 살펴본다.

결과론적으로 한반도 역사에 있어 혈맹국가였던 일본이 어느 순간, 어떻게 우리와 멀어지게 되었으며 그 감추어진 역사를 자세히 알아보고 어떻게 하면 함께 미래로 나아갈 수 있는지에 대해 감성적이 아닌, 보다 객관적이고 합리적으로 바라보는 시각을 제시하도록 하겠다.

무엇보다도 한족(漢族) 사대주의자들인 성리학 신봉자들이 한민족의 역사를 어떻게 왜곡해 놓았으며 어느 나라, 어느 민족이 우리 민족에게 있어 가장 피해를 많이 주었는가를 냉정히 고찰해 보고 과연 누가 '진정한 적'이였는가를 객관적 역사적 사실을 통해 진실을 찾아본다.

제 1 장

663년 '백강 해전'
그리고 잊혀진 혈맹국 일본

1. '시와스 마쓰리(師走祭)', 그리고 '정가왕'과 '복지왕'
2. 백제의 사비성 함락 그리고 '백강 해전'
3. 일본, 백제의 부흥을 위해 출병하다
4. 잃어버린 역사의 기록, 백제삼서(百濟三書)
5. 漢族국가 唐나라, 사비성과 웅진성을 함락하다
6. 귀실복신(鬼室福信)의 활약과 죽음
7. 동북아 최대 국제 해상전투, 그 결전의 결과
8. 백제 부흥의 실패 원인은 무엇일까?
9. '백강 해전' 이후 전혀 다른 길을 걷는 일본과 한반도

663년 '백강 해전' 그리고 잊혀진 혈맹국 일본

1. '시와스 마쓰리(師走祭)', 그리고 '정가왕'과
'복지왕'

2019년 1월 18일 주(駐) 후쿠오카 대한민국 총영사관은 큐슈 동남방에 위치한 '미야자키현 미사토쵸(美郷町)'라는 곳에서 1,300년이라는 긴 세월동안 끝임없이 개최되고 있는 지역 축제(추모제)에 참석한다. 그 축제의 이름은 시와스 마쓰리(師走祭, しわすまつり)이다.

비록 오랜 세월이 흘러 지금은 예전보다는 다소 규모가 축소되어 개최되고 있으나 이 축제는 무려 1,300년 동안 지속될 정도로 전통이 있는 대표적인 지역 행사이다. 그런데 우연히 알게 된 '시와스 마쓰리' 행사에 대하여 알아보는 과정에서 비록 낯설게 느껴지지만 반대로 많은 궁금증을 가지게 만든 '정가왕(禎嘉王)'과 '복지왕(福智王)'과 얽힌 옛 이야기를 접하게 된다.

당초 대한민국의 상고사와 세계사에 무척이나 많은 관심을 가진 필자로서도 '정가왕과 복지왕'이라는 명칭이 다소 생소하게 느껴졌는데 더욱이 호칭에 '王'이 들어가다니 도대체 어느 나라의 王이었을까? 라는 아주 많은 호기심을 들게 하였다.

일본 큐슈의 동남방에 위치한 미야자키 현의 '시와스 마쓰리' 축제는 무엇이고 '정가왕과 복지왕'과는 또 무슨 관계인가? 이제 그

궁금증과 호기심을 알아보도록 하겠다.

'정가왕과 복지왕'은 우리 역사 한 페이지에 등장하는 의자왕, 바로 그 백제 의자왕의 자손들이었다. 의자왕의 아들은 많았는데 그 중 일본서기에서 '풍장(豊璋)'으로도 불리는 '부여 풍(豊)'은 660년 아버지인 의자왕과 형인 부여 융(隆)이 당(唐)나라로 압송되어 간 직후 백제의 귀족인 '귀실복신'을 주축으로 하는 백제 부흥군(軍)들의 추대를 받아 옹립된 한반도 백제의 마지막 왕이었으며 '정가왕'과 '복지왕'은 부여 풍의 아들인 '부여 사(絲)'의 직계 아들과 손자였다.

1991년 일본의 문화청으로부터 '무형민속문화제'로 지정받은 이 '시와스 마쓰리' 추모제는 바로 '정가왕과 복지왕'의 생애와 한을 토대로 만들어진 지역을 대표하는 축제라는 것이다.

미야자키 현의 시와스마츠리의 포스터

시와스 마쓰리 축제의 시작은 휴가시에 위치한 '히키 신사(比木神社)'로부터 시작된다. 매년 음력 12월 18일에 이곳 히키 신사에서 '복지왕(福智王)'의 신체(神體)를 모신 행렬이 출발하여 아들인 '정가왕(禎嘉王)'의 신체를 모시고 있는 '난고손(南鄕村)'의 '미카토 신사'(日向南鄕神門神社)로 갔다가 돌아오는 프로그램으로 진행되는 행사이다.

미야자키 현의 시와스마츠리(師走祭)의 모습

특이한 것은 1991년 난고손에 건립된 '백제관(百濟の館, 구다라노야카타)'은 충남 부여의 백제 왕궁터에 세워졌던 객사를 모델로 디자인되었다고 한다. 이 백제관을 건립할 당시 지붕에 올리는 기와와 받침대 등은 백제의 전통성을 유지하기 위하여 한국에서 수입하였고, 건물 내외부의 단청무늬도 한국의 단청 전문가 여러 명이 직접 그렸을뿐만 아니라, 무척이나 특이하게도 백제관 입구의 '현판'은 웅진 백제의 수도가 있던 충청도 출신의 대표적인 정치인 '김종필' 전

(前)국무총리가 직접 썼다고 한다.

특히 2000년에는 '정가왕'을 모시는 '미카도 신사' 근처에서 4~7세기의 것으로 보이는 백제의 청동거울 24점, 마구류, 1,000점의 경질 토기 등 많은 유물이 출토되기도 하였는데, 이 중 백제의 왕권을 상징하는 백제 신기(神器) 3종도 발견됨으로써 전설로만 내려오던 정가왕과 복지왕의 이야기의 사실성을 입증해 주는 한편 그 길고 긴 역사적 흔적을 보여 주었다.

또한 '시와스 마쓰리' 행사에서 주민들이 다 함께 추는 춤의 명칭은 '가구라(神樂)'라고 하는데 이는 다른 이름으로 '백제 춤'이라고 불리기도 하며, 이 가구라의 내용 자체도 '정가왕(禎嘉王)'과 '복지왕(福智王)'을 추모하는 안타까운 이야기들이 고스란히 담겨져 있다.

현(現) 한민족의 문화의 기반이 된 문화 강국 백제의 마지막을 이끌었던 '풍장' 곧 '부여 풍(豊)'은 의자왕의 아들이다. 그의 직계 증손인 '정가왕(禎嘉王 미상~718년)'은 백제 왕실의 정통 계보를 잇는 마지막 왕으로 일본 큐슈에 위치한 '히무카(現 미야자키현, 宮崎県)'에 정착하게 된다. 그의 가문과 가솔들이 미야자키 현으로 이동하게 된 것은 '진신의 난(壬申の乱)'이라 불리는 일본의 고대 역사의 매우 중요한 사건과 밀접한 관계를 가지고 있다.

663년 8월 백제 부활의 사활을 건 '백강 해전'에서 '백제·일본 연합군'이 패배하고, 백제왕 풍장(豊璋)이 고구려로 망명[2] 하게 된다. 그리고 풍장(豊璋)의 아들 '부여 사(絲)'는 일본 '나라 현'에 정착하여 친

---

2) 풍장왕은 667년 고구려 멸망 후 당(唐)으로 압송되어 시골로 유폐되었다는 설(說)과 백강 해전 직후 종적이 사라졌다는 설(說)이 상존한다.

(親)백제 성향의 천황인 '텐지 천황'(天智天皇, 662~672년)으로부터 극진한 대우를 받으며 백제 왕실의 명맥을 이으며 그 대를 이어나갔다.

그러나 672년 6월 '텐지 천황'(天智天皇)이 돌연 죽게 되자 당초 황위를 이어 받기로 한 텐지 천황의 아들 '오토모노미코(大友皇子)'와 텐지 천황의 동생인 '덴무 천황'(天武天皇, 673~686년) 간 황위 자리를 놓고 생사를 건 대결을 하게 하는데, 이때 백제의 왕족들은 '텐지 천황'을 이어 친(親)백제인 '오토모노미코(大友皇子)'를 지원한다.

그러나 모든 것이 계획대로 안 되듯이, 마치 '세조'가 형의 아들인 단종을 폐위시키고 죽여서 조선의 왕이 된 것처럼 '덴무 천황(天武天皇)도 형의 아들인 '오토모노미코(大友皇子)'를 폐위시키고 본인이 천황으로 즉위하게 된다. 물론 '오토모노미코'는 시해된다.

그리고 정권을 차지하게 된 '덴무 천황'은 이미 멸망한 고구려와 백제가 아닌 당대 동북아의 최강대국인 당(唐)과의 관계 복원과 그간 사이가 좋지 않았던 신라와도 관계를 개선하려 한다. 당초 '텐지 천황'과 그의 아들 '오토모노미코'의 보호를 받던 백제 왕족과 측근 인사들은 '덴무 천황'이 집권한 후 정적을 제거해 나가는 혼란한 정국 속에서 피해를 입지 않기 위하여 비교적 안전한 곳인 남쪽으로 배를 타고 피난을 가게 된다.

설상가상으로 피난선을 타고 해상으로 이동하던 중 '세토나이카이' 인근에서 강한 폭풍을 만나게 되어 타고 가던 선박이 난파하게 되면서 피난민들이 서로 뿔뿔이 헤어지게 되는데 '정가왕과 차남 화지왕(華智王)의 일행'은 '가네가하마' 해변에 상륙하게 되고, 장남인 '복지왕' 일행은 멀리 떨어진 '가구치' 해변에 따로 상륙을 하였다고 한다.

이후 큐슈 동남방의 '난고손(南鄕村)'이라는 시골 마을에 정착한

663년 이후 정가왕 일족의 이동로

정가왕은 의자왕의 대를 잇는 백제의 왕으로서 연호를 '정거(定居)'로 정하고 함께 이주해 온 많은 지식인들과 함께 원주민들인 미야자키 지역민들에게 불교, 문학, 건축술, 농업 방법, 음악 등 선진 문물을 전수하면서 지역민들의 존경을 받으며 함께 살아가게 된다. 혹시 모를 당(唐)과 신라의 공격에 대비하여 아버지인 정가왕과 복지왕은 떨어져 살면서 간혹 만나며 백제왕의 세계(世系)를 이어나간다.

혹시나 했던 우려가 곧 현실이 되어 나타났다. 의자왕의 후손들이 살아 있다는 소식을 확인하게 된 당(唐)과 신라는 백제가 다시 군사를 일으킬 수 있다는 두려움 속에 그러한 가능성을 원천적으로 차단하기 위하여 암살단을 보낸다. 그리고 이 암살단들에 의해 '정가왕과 차남 화지왕(華智王)'이 무참히 살해당하는 일이 발생한다. 이는 마치 2005년 11월에 개봉하였던 이서진 주연의 영화 '무영검(無影劍)'에서 발해 멸망 이후 발해의 마지막 왕자인 '대정현(大政賢)[3]'을 죽이려는 거란의 암살단과의 혈투를 그린 영화 내용을 기억한다면 당시의 상황을 쉽게 이해할 수도 있다.

아버지 정가왕과는 멀리 떨어져 살고 있던 '복지왕(福智王)'은 암살단이 정가왕의 거처를 추적중이라는 소식을 접하게 되고 아버지와 동생을 구하려고 직접 군사들을 이끌고 난고손으로 급히 가지만 이미 정가왕과 백제 유민 그리고 그들을 돕던 현지 일본인들은 모두 살해당한 이후였다는 기록이 전해진다. 백제의 왕족과 유민들에게 많은 도움을 받았던 큐슈 미와자키 현에서는 이 역사적 사건을 기억하기 위해 난고손을 중심으로 하여 매년 음력 12월 18일 정가왕과 복지왕 부자가 상봉하는 '시와스 마쓰리(師走祭) 추모제'를 열어 백제 멸망의 기억을 되새기고 있다. 혹시라도 큐슈 지방을 여행하시는 분들이 있다면 꼭 한번 방문하여 한일간의 갈등을 풀 수 있는 그 긴 실타래의 처음 한 올을 찾게 되고 1,300년 역사속의 진실과 그 교착점

---

[3] 대정현(大政賢)은 928년 후(後)발해를 건설하였으나 귀족인 열만화(烈萬華)가 935년 역성 정변을 일으켜 '정안국'으로 국호 변경하였고, 역성 정변을 함께 했던 오제현(烏齊顯)의 후손 오현명(烏玄明)이 976년 또다시 정변을 일으켜 왕위를 찬탈하였으나, 986년 요나라에 의해 멸망했다.

미야자키 현 백제의 관 내부

에 대해 생각해 볼 수 있는 좋은 기회가 될 것이다.

2. 백제의 사비성 함락 그리고 백강 해전

　　서기 663년 8월 당대 동북아 국가들이 전부 참여했던 전투로 단 2일간의 전투에 직접 참전한 전선의 숫자는 무려 570여척(1,070척 이라는 기록도 상존)이고 양측 군사의 숫자는 50,000여명이 넘는 초대형 해상 전투였으며 한반도 역사에 한 획을 그은 동북아 역사에 지대한 영향을 끼친 국제 전쟁이 있었다. 그것은 바로 지금의 금강 하구(추정)에서 벌어진 '백강 해전'이다.

　　그러나 그렇게 큰 사건이었음에도 불구하고 아는 사람이 거의 없다고 해도 과언은 아니다. 어쩌면 조작된 역사, 왜곡된 역사로 인해 우리가 잊고 있었던 것은 아닐까 라는 생각마저 들게 하는 사건이다. 그 역사의 진실 속으로 들어가 보자.

　　백강 해전은 신라 중심의 역사에 길들여져 있는 역사가들에게는 관심 밖의 일이거나 역사에 관심이 있는 사람들조차 잘 모르는 역사적 대(大)사건이었다. '구당서', '삼국사기' 등에는 '백강전투', '일본서기' 기록에서는 '백촌강 전투'라고도 기록되어 있는데 이 전쟁의 진실을 알게 된다면 백강 해전이야말로 동북아의 역사의 근간을 뒤흔들어 버린 사상 초유의 전쟁이며 한민족의 역사를 바꾼 전쟁이라는 것을 인식하게 될 것이다.

　　이 전쟁을 설명하기 이전 당시 국제관계, 특히 백제와 일본과의 관계, 즉 백제 왕실과 일본[4] 황실간의 관계부터 자세히 알아보도록 하겠다. 왕(실) 또는 황(실) 등의 표현은 각국의 사서를 기초로 하여 객관적으로 기술하는 바이다.

신라, 발해의 남북조 시대가 시작되기 이전인 7세기에는 한반도 내에서 고구려, 백제, 신라 간의 전쟁이 쉬지 않고 발생하였던 치열한 영토 분쟁의 시기였다. 고구려의 경우 강력한 군사력으로 중국의 각 나라들과 대적하며 요동, 만주지역을 확보하고 있었다. 그러나 후방에 있는 백제와 신라는 평상시에는 큰 문제는 아니지만, 후연(後燕), 북위(北魏), 수(隋), 당(唐) 등 제 국가들과 전쟁을 수행함에 있어 언제나 눈이 가시와도 같이 존재들이었다.

특히 건국 초기에 '졸본부여(卒本扶餘)'로도 불리던 고구려로서는 '부여(夫餘)'라는 뿌리를 같이하는 백제[5]보다는 신라를 더욱 그렇게 보고 있었을 것이다. 그리고 이 시기에는 바다 건너 국가인 일본의 경우 특이하게도 고구려, 신라가 아닌 백제를 일방적으로 지원하던 시기였다. 다시 말해, 이 시점까지는 일본에게는 신라에서 조선을 거치면서 성립된 단일민족 국가라는 개념이 정립되기 이전 한반도의 주역이었던 백제는 하나뿐인 절대적 우방 국가였다.

그런데, 고구려와 일본과의 관계를 통해 정립(正立)적 국제관계를 유지하면서 680년 이상 유지되어 온 백제라는 국가가 7세기 중

---

4) '구당서', '삼국사기' 등에 따르면, '왜국이 국호를 일본으로 바꾸었다. 스스로 해 뜨는 곳과 가까워서 이렇게 이름을 붙인다'고 기록되어 있다.(倭國更號日本. 自言, 近日所出以爲名)

5) 538년 백제 성왕때에 와서는 수도를 웅진에서 사비로 옮기면서 국호를 '남부여(南扶餘)'라고 변경도 했다

반 '당(唐)·신라 연합군'에 의해 갑자기 멸망하였다. 그렇다면 백제는 왜, 어떻게 급격히 멸망하게 되었을까?

비록 660년대 당시의 백제의 영토는 전성기에 비해 축소되어 있었으나, 해동증자라고도 불리던 의자왕의 치세기간으로 인구와 군사력은 결코 신라에 뒤지지 않았으며, 오히려 의자왕이 친히 군사를 이끌고 신라의 미후성(獼猴城)을 비롯한 40여개 성을 점령하는 등 그 양상은 정반대였다고 볼 수 있다.

그러던 백제는 660년 7월 '당(唐)·신라 연합군'의 양동작전에 속아 수도 수비를 소홀이 하는 틈을 타고 당나라 군사들에 의해 수도인 사비성과 웅진성이 기습적으로 함락을 당하고 '의자왕'과 왕자 '부여 융(隆)'을 비롯한 관료 등 12,807명이 당나라로 압송당하는 수치를 겪는다.

> (소)정방이 王과 태자 孝, 왕자 泰, 隆, 演 및 대신과 將士 88명과 백성 12,807명을 唐 京師로 보냈다. [삼국사기] [백제본사]

일반적으로는 백제가 660년에 멸망한 것으로 알고 있으나, 그것은 신라 중심의 세계관으로 인해 축소되고 잘못 알려진 역사이다. 그리고 여기에는 일반인들은 잘 알지 못하는 매우 특이한 역사적 사실이 있다.

그것은 일본이 660년 사비성 함락 이후 본격적으로 백제 재건 및 부흥 활동에 참여한다는 것이다. 일본의 지원을 통해 백제가

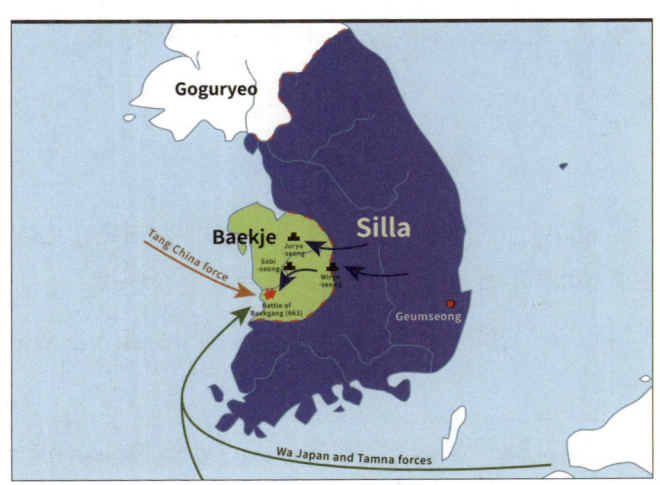

백강 해전

부흥할 기회를 가지기도 했지만 663년 당, 신라, 백제, 일본이 참가한 '동북아 최대 규모의 전투'인 '백강 해전'에서의 패전을 계기로 아쉽게도 역사상 가장 찬란했던 문화를 간직했던 백제라는 국가가 한반도의 역사 속에서 사라지게 된다.

[충남지역에 구전되는 백제 멸망을 추모하는 노래 '산유화(山有花)'의 일부]

산유화야 산유화야! 오초(吳楚) 동남 가는 배는 순풍에 돛을 달고, 북얼 둥둥 울리면서 어기여차 저어가지 원포귀범(遠浦歸帆)이 이 아니냐?

산유화야 산유화야! 이런 말이 웬 말이냐? 용머리를 생각하면 구룡포(九龍浦)에 버렸으니 슬프구나. 어와 벗님 구국충성 다 못 했네.(후략)

3. 일본, 백제의 부흥을 위해 출병하다

660년 10월 백제의 귀족이자 장군인 '귀실복신'으로부터 백제의 사비성이 함락되고 의자왕이 포로로 잡혀갔다는 소식을 접하게 되는 일본 천황 '사이메이 천황[6]'(齊明天皇, 655~661년)은 예순이라는

---

6) 일부 국내 학자들은 '일본서기' 죠메이 천황 11년 7월, "금년에 대궁(백제궁)과 대사(백제대사)를 만들겠다고 말했다. 백제천 곁을 궁터로 했다"를 근거로 '사이메이 천황'

사이메이 천황

의 남편인 '죠메이(舒明) 천황'이 '백제계'라고 주장하기도 한다.

고령에도 불구하고, 그해 12월 24일부터 지원 병력 파견을 준비하면서 손수 구원병을 모집하고 출병을 준비하려고 키타큐슈(北九州) 지역까지 이동한다.

'일본서기'에 따르면 '사이메이 천황'이 '나니와궁(難波宮, 지금의 오사카)'에서 '쯔꾸시(築紫, 지금의 키타큐슈)'로 행차하여 백제 귀실복신의 요청대로 구원군을 보내려 했다'고 기록되어 있다. 그러나 '사이메이 천황'은 행궁에서 7월 24일 원인 불명(반대파에 의한 암살설도 상존)으로 사망하게 된다. '사이메이 천황'은 일본 역사상 드물게 천황을 두 번이나 한 유일 무일한 여성 천황이었다.

통상의 경우라면, 국왕이 죽거나 하는 국가의 큰일이 발생하였을 경우 군사적 원정은 뒤로 미루거나, 취소하는 것이 통상적인데 이번 경우에는 매우 특이한 일이 발생한다.

'사이메이 천황'의 아들인 '나카노오에노미코(텐지 천황, 662~670년)'는 어머니의 시신을 해로(海路)를 이용하여 왕궁으로 옮긴 후 출병 준비를 진행하면서 661년 8월에 공식적으로 백제 지원을 위한 계획을 공표하고 9월에는 의자왕의 아들로서 30년을 넘게 일본 황실과 백제 왕실과의 군사외교 협력관의 임무를 띠고 와 있던 '부여 풍'에게 1차적으로 군사 5,000명을 주어 먼저 백제로 보내고 11월이 되어서야 상(喪)을 치르게 된다.

그 이후, 전 황제이자 어머니인 '사이메이 천황'의 유지를 이어받아 상복을 입은 채로 3년간 선박 건조를 직접 감독하고 파병할 병사를 모집하는 등 열성적으로 전쟁 준비를 계속한다. 3년간의 출병 준비를 마친 '나까노오오에 황자'는 백제의 왕자 '풍장(부여 풍)'에게 작전 지휘를 맡기고 총 '400여척의 함선(1,000척 說도 상존)과 27,000명'의 대규모 병력 파견을 진행한다.

비록 일본 황실이 사활을 걸고 의욕적으로 백제 지원을 추진했음에도 불구하고 결과적으로는 파병한 27,000명의 대군은 모두 '백강 해전'에서 궤멸되는 패전을 하게 되면서, 백제는 더 이상 일어서지 못하고 한반도의 역사의 뒤안길로 사라지고 만다.

'사이메이 천황'과 '텐지 천황'이 주도한 백제 지원군 파병은 일본 역사에 있어서도 가장 중요한 사건으로 이어지는 원인이 되기도 하는데, 국력을 총동원하여 혈맹국인 백제를 지원하였으나, 백강 전투에서 27,000여명의 군사와 400여척의 전선을 잃는 패배로 인해 고대 일본 역사상 최대의 내란으로 기록된 672년 '진신의 난(壬申の乱)'을 겪게 된다.

백제 지원군 파병이 실패로 돌아간 이후 친(親)백제 성향의 '텐지 천황'이 사망(46세)하고 그의 뒤를 이어 아들인 '오토모노미코(大友皇子)'가 즉위하였으나, 이에 불만을 품은 '텐지 천황'의 동생인 '오오아마노미코(大海人皇子)'가 672년에 추종 세력들을 규합하여 '진신의 난(壬申の乱)'을 일으키고 천황이 된다. 이는 고대 일본사에 있어서 최대의 내란으로 기록되며, 이를 통해 '텐지 천황'의 직계 정권이 붕괴되고 새로운 천황 가문으로 이어지게 된다.

사실 일본 역사에 기록되어 있는 '백강 해전'과 그 전후의 기록된 역사를 보면 왜 일본 황실이 당시 가용할 수 있는 국력을 총동원하고 결국 이로 인하여 정권이 붕괴되는 원인까지 야기하게 되는 전쟁에 천황이 앞장서서 백제를 지원하게 되었는지는 의문일 수밖에 없다.

　　이를 통해 일부 학자들과 호사가들은 '사이메이 천황'이 백제 의자왕의 여동생이었을 것이라고 추측하기도 한다. 그 사실 관계를 확인할 수 있는 합리적 수준의 문헌적 근거는 없으나, 백제 왕족과 일본 황족 간에는 깊은 연이 있었던 것으로 보인다. 일각에서는 지금 우리는 가지고 있지 않은 '백제삼서(百濟三書)'를 일본 황실이 보존하고 있으며 이를 본다면 그 사실관계를 확인할 수 있다고 주장하기도 한다.

　　예를 들어 '일본서기'를 자세히 살펴보면 461년 4월 백제의 '개로왕(蓋鹵王, 加須利君(日), ~475년)'과 동생 '곤지(昆支)[7]'에 관한 이야기기 나온다. 백제는 일본과 본격적으로 교류하기 시작한 4세기 후반부터 '특사 자격'의 질(質)을 파견하는데 초반에는 '왕족 출신의 여성'을 보내다가 '곤지'의 파견을 시작으로 '왕족 출신의 남성'이 일본 황실로 가게 된다.

　　개로왕이 곤지에게 일본에 갈 것을 부탁하면서 "이전까지는 여인을 일본 천황의 궁에 여관(女官, 직책)으로 보냈는데, 여관 지진원(池津媛)이 불경스러운 짓[8]을 저질러 국가의 위신을 떨어뜨린 만큼 이번

---

7) 삼국사기나 삼국유사에 따르면, 비유왕의 아들인 개로왕은 문주왕(文周王)과 곤지를 아들로 두고 있고, 곤지의 아들이 동성왕(東城王)이며 그 다음이 무령왕(武寧王)으로 이어지는데 비해, 일본서기에 따르면 문주왕과 곤지는 개로왕의 동생들이라고 하며, 곤지의 두 아들로 무령왕과 동성왕이 있다고 기록하고 있다.

8) 일본서기에 따르면 진지왕은 동생인 신제도원(新齊都媛)을 보냈으며, 개로왕 때에는 왕족인 적계여랑(適稽女郎)을 보냈다. 그러나 461년 지진원(池津媛, 適稽女郎을 말한다)이 천황 몰래 이시까와노따데(石川楯)와 간통하여 처형되는 사건(二年秋七月, 百濟池津媛違天皇將幸, 姪於石河楯, 天皇大怒, 詔大伴室屋大連, 使來目部張

에는 남자를 보낼 계획이다. 그래서 네가 일본으로 건너가서 황제를 보필하라"고 한다.

'일본서기'에서는 '곤지'가 개로왕에게 '형님의 임신한 부인을 제게 주시면 일본을 가겠다'고 하였으며, 허락을 받고 일본으로 가게 되는 여정 중간에 큐슈의 섬인 '카까라노시마(各羅島)'에서 아이를 출산하게 된다. 섬에서 태어났기에 '시마까시(島君)'라고 지었으며 이 아이가 곧 '부여 사마(斯麻)', 즉, 백제의 무령왕(武寧王, 501~523년)이 되었다[9]는 것이다.

그리고 개로왕의 부탁으로 일본으로 보내진 '곤지'는 이후 다섯 명의 아들을 낳는데 그 중 둘째가 479년에 백제로 복귀하여 왕이 된다. 그가 바로 동성왕(東成王, 479~501년)이다.

이를 두고 유교적 사고체계를 가진 학자들은 '왕의 동생이 자신의 부인을 달라고 했다거나 왕도 이제 곧 자신의 자식을 출산할 부인을 동생에게 주었다'는 것은 말이 안 된다며 백제의 왕실과 일

夫婦四支於木, 置假上, 以火燒死 / 일본서기 권제14, 웅약기 2년조)이 발생한다. 이 사건 이후 여성이 아닌 남성을 보낸 것으로 추정된다.

9) 夏四月, 百濟加須利君【盖鹵王也.】 飛聞池津媛之所燔殺【適稽女郎也】而籌議曰 "昔貢女人爲采女, 而旣無禮, 失我國名. 自今以後不合貢女." 乃告其弟軍君【昆支君也.】曰 "汝宜往日本以事天皇." 軍君對曰 "上君之命不可奉違. 願賜君婦而後奉遣." 加須利君則以孕婦, 旣嫁與軍君曰 "我之孕婦旣當産月. 若於路産, 冀載一船, 隨至何處速令送國." 遂與辭訣奉遣於朝. 六月丙戌朔, 孕婦果如加須利君言, 於筑紫各羅嶋産兒. 仍名此兒曰嶋君. 於是, 軍君卽以一船送嶋君於國. 是爲武寧王. 百濟人呼此嶋曰主嶋也. 秋七月, 軍君入京. 旣而有五子.【百濟新撰云 『辛丑年, 盖鹵王遣弟昆支君, 向大倭侍天皇. 以脩兄王之好也.』】] 일본서기 권 제14, 웅약기 5년 가을 7월조

본 황실과 관련된 일본서기의 내용은 허무맹랑한 조작이라고 주장하기도 한다.

그러나, '나카노오호에(中大兄) 황자(코토쿠 천황, 孝德天皇)'와 함께 '을사의 변(乙巳の変)'과 '다이카 개신'(大化改新)을 주도한 '나까또미노 까마따리(中臣鎌足)'라는 인물이 있는데, 권력을 차지한 '코토쿠 천황'이 자신의 임신한 부인을 '나까또미노 까마따리'에게 하사하고, 총신(寵臣)에 임명하면서 '후지와라(藤原)' 라는 성씨도 부여한다.

'을사의 변(乙巳の変)'이란 645년 친(親)백제계 인사로 당대 최고 권력 가문의 '소가노 이루카(蘇我入鹿)'를 천황과 고구려, 백제, 신라 3국의 사신들이 보는 앞에서 살해하고, 소가(蘇我) 가문을 붕괴시킨 쿠데타를 말하는데, '후지와라(藤原)' 가문은 1868년 메이지유신까지 일본 최고의 명문 가문으로 자리를 잡는다.

일본은 주군이 공을 세운 부하에게 성씨를 하사하는 문화가 있다. 누구나 알고 있는 '토요토미 히데요시(豊臣秀吉)'의 경우에도 성씨가 여러 번에 걸쳐 바뀌었던 사례가 있다. 그리고 '후지와라(藤原)' 성씨의 발생 과정이 사실인 만큼 당시 문화적 공유가 많았던 백제와 일본에서는 임신한 부인을 최측근 혹은 공신에게 하사하는 풍습이 있었던 것으로 볼 수 있다.

백제 무령왕의 경우에도 1971년 발굴된 석판에 '백제 사마왕(斯麻王)은 62세가 되는 523년 5월 7일에 돌아가셨다.'라는 기록이 있는데, 지석에 기록된 사마(斯麻)와 고대 유물인 '인물화상경(人物畵像鏡)'에 적힌 '사마(斯麻)'는 동일인이며, '곤지'와 개로왕의 부인이 일본으로 이동 중 '카까라노시마(各羅島)'에서 출산한 '시마까시(島君)'도 '부여 사마(斯麻)'와 일치한다.

> 【인물화상경 바깥 테두리에 적힌 48개 명문(銘文)】
>
> 「癸未年八月日十大王年男弟王在意柴沙加宮時斯麻念長壽遺開中費直穢人今州利二人等取白上銅二百旱作此鏡.
> 서기 503년 8월10일 대왕(무령왕) 시대에 '오시사카 궁'에 있는 '오호도 왕자'에게, '무령왕(斯麻)'께서 아우의 장수를 바라시면서, '개중비직'과 '예인 금주리' 등 2인을 파견하여 거울을 보내시는 바, 이 거울은 좋은 구리쇠 200한(旱)으로 만들었노라.

    실제로 백제의 왕 중에는 일본 조정과의 정치, 경제, 군사 업무 협조를 하다가 백제로 돌아와 왕이 된 인물들은 여러 명이 있다. 405년 아신왕(阿莘王, 392~405년)[10]의 사후 일본 무사 100명의 호송을 받으며 귀국하여 백제의 왕이 된 전지왕(腆支王, 405~420년)이 있으며, 554년 관산성에서 성왕(523~554년)이 전사하자 이듬해인 555년 일본에 지원군을 요청하고 돌아 온 '혜왕(惠王, 598~599년)' 등이 있다.

    그리고 660년 사비성 함락 이후 백제 부흥군의 '귀실복신'의 요청으로 전선 400척과 구원병 27,000명을 데리고 돌아온 '부여 풍(扶餘豊)' 등이 대표적이며, 한반도 내의 백제가 멸망한 이후 의자왕의 아들 중 한명으로 일본의 '백제왕(百濟王)'이라는 성씨로 일본에서 뿌리를 내린 '부여 선광(扶餘善光)'이 있다.

---

10) 六年 夏五月 王與倭國結好 以太子腆支爲質 秋七月 大閱於漢水之南, 삼국사기 제 25권 백제본기 제3(三國史記 卷第二十五 百濟本紀 第三)

백제왕 신사

'부여 선광(扶餘善光)'은 '백강 해전' 이후인 664년 3월 텐지 천황의 배려로 현재 오사카 지역인 수도 '나니와'에 정착하였으며, '지토 천황(持統天皇)'에게 '구다라고니키시(百濟王氏)'를 하사 받았기에 '구다라노코니키시 젠코(百濟王善光)'라 불리며, 일본 조정에 출사하여 '종 3위 정광사(正廣肆)'라는 관직을 역임했다고 한다. 사후 선광왕의 신주를 모시는 '구다라오 신사(百濟王神社)'가 사카부 히라카타에 세워졌다.

'백강 해전' 직후인 664년 10월 당의 유인원이 당 고종에게 고구려로 망명한 '부여 풍(扶餘豊)'과 함께 그의 동생인 '부여 선광(扶餘善光)'을 일본에 있는 '위험인물'로 보고한 바가 있으나, 일본에 귀화하여 일본 조정에 관리가 됨으로서 부여 풍의 직계로 백제 왕가의 정통성을 유지했던 '복지왕과 정가왕'과는 달리 당과 신라에 의한 암살되지 않고 백제 왕실과 백제 유민들의 후손을 일본 본토에 안정적으로 정착시키는 역할을 한다.

물론 백제 왕실과 일본 황실의 깊은 관계와 일부의 주장처럼 일본 천황 가문이 백제 왕실과 같은 혈통이라는 가설(假說)로 일본의 천황 가문이 백제를 적극 지원했다는 것은 다소 설득력이 떨어지는 논리이며, 전선 400척과 27,000여명이 전사한 '백강 해전' 지원군 파병의 구체적인 이유가 되지 못한다. 예를 들어 당초 고구려와 백제도 그 뿌리는 같았으나 369년 고국원왕이 백제를 공격하다가 전사한 이후 고구려는 백제를 百濟가 아닌 '백잔(百殘)'이라 낮추어 부르기도 했으며, 무엇보다도 유럽 국가들의 왕실 계보를 확인해 보면 그러한 것이 큰 의미가 없다는 것을 알게 된다.

유럽 왕실의 사례를 보자. 예를 들어 영국, 독일, 러시아의 왕실은 본래 같은 조상을 뿌리로 하고 있다는 것을 아는가? 그럼에도 불구하고 그들은 수세기 동안 수없이 많은 전쟁을 하였다. 많은 사람들이 알고 있는 중세에서 현대로 이어지는 유럽의 전쟁사를 들여다보면 '100년 전쟁(1337~1453년)', 가톨릭과 프로테스탄트 왕국 간의 전쟁인 '30년 전쟁(1618~1648년)', '크리미아 전쟁(1854~1856년)', '보불 전쟁(1870~1871년)', '1차 세계대전(1914~1918년)' 등의 전쟁들은 유럽 왕실 입장에서 보면 권력과 영토를 두고 진행되었던 '친인척 간의 싸움'이었다.

참고로 조선을 건국한 이성계의 경우 '전주 이씨'나 그 시조인 '이한(李翰)'은 신라의 귀족 출신으로 그 부인은 신라 무열왕(武烈王)의 10세손 '김은의(金殷義)'의 딸이다.

다만 이 시점에서 우리는 고구려와 백제의 성립과 멸망 그리고 일본과 역사적 관계 속에서 오랫동안 이어졌던 주변국과의 우호 관계를 지금 다시 생각해 볼 필요가 있다. 고구려, 백제, 일본으로 이어지는 국제 관계 속에서 백제 주도로 구축되어 있던 상호 이익을 교류하는 시스템이 과거 한족(漢族)이 나라인 '한(漢)'이 고조선을 멸망시킬 때처럼 또다시 한족이 한민족 역사에 개입함으로서 그 맥을 끊어 놓았다는 사실을 알아야 한다.

가장 핵심은 한민족의 나라인 고구려와 백제를 멸망시킨 것은 한족의 나라 '당(唐)'이었고, 국가의 존폐 위기까지 가면서 총력적으로 백제를 도와준 나라는 '일본'이었다는 사실이다.

그리고 역사상 처음으로 외세를 끌어들여 만주, 요동을 호령하던 한민족의 영토를 대폭 축소시키고, 많은 동족을 한족의 노예로 끌려가도록 만들었으며 한족 국가의 변방으로 나앉게 함으로서 한족 사대주의 첫 단추를 끼운 것은 바로 신라이다. 이후 고구려의 대를 잇는 고려가 건국되어 북벌을 국가정책으로 추진하였으나, 신라 경순왕의 후손인 유학자 김부식이 묘청의 난을 제압함으로서 그 기를 꺾고 이후 신진사대부로 불리는 '한족 사대주의자'들이 고려를 빼앗아 한족의 '정신적 식민지'로 만들어 버린다.

4. 잃어버린 역사의 기록, 백제삼서(百濟三書)

660년 7월 백제의 사비성이 함락되자 좌평 출신인 '귀실복신'과 '승려' 도침을 중심으로 백제 부흥을 위한 당·신라의 연합군과의 전쟁이 시작된다.

일반적으로는 의자왕의 항복을 백제의 멸망으로 보는 시각도 있다. 그러나 백제의 역사를 살펴보면 책계왕, 성왕, 개로왕 등과 같이 왕이 직접 전쟁을 지휘하다가 전사하거나 암살 등의 이유로 사망한 왕이 무려 16명이나 되었다는 점에서 당·신라 연합군의 공격으로 사비성의 함락과 의자왕이 포로가 되었다는 것만으로 백제가 멸망했다고 보는 것은 무리가 있다.

무엇보다도 이미 백제에서는 4세기 이후 일본 황실에 왕족을 보내 일본과의 군사 외교적 친밀관계를 유지하였으며, 한반도에 있는 백제의 왕이 사망했을 경우 일본 황실에 파견 나가 있던 왕족이 귀국하여 왕위를 이은 경우가 많았다는 것이 뒷받침할 수 있는 증거이기도 하다.

일부 역사가들은 일본서기에 백제 성왕의 이야기가 유독 많이 나올뿐더러 백제 왕실과 일본 황실간의 '친족(親族)적 혈연관계'를 말하기도 한다. 또한 지난 2001년 12월 '아키히토 천황(明仁天皇, 1933년~)'은 조상인 '간무 천황(桓武天皇, 737~806년)'의 생모 '다카노노 니가사(高野新笠)'이 백제 무령왕의 자손으로 자신도 백제인의 후손이라고 언

일본서기

급[11] 한 바 있다.

이 간무 천황이 '성왕'의 직계 후손이라는 설(說)도 있다. 이때부터 신라 이후 형성된 한반도의 통일국가에 대한 '반한(反韓) 의식' 및 '보복성 성향'이 굳어지지 않았나 라는 분석도 있다.

일본서기를 보면 554년 성왕이 신라군의 야간 매복으로 어처구니 없는 죽임을 당하자 태자 '부여 창(昌)'은 곧장 동생 '부여 혜(惠)'를 통해 이 사실을 전하고 '흠명천황(欽明天皇)'은 부여 혜(惠)에게 '일본에 있겠는가, 아니면 백제로 돌아 갈 것인가'를 물어보자, 많은 병장기 지원만을 부탁하는 대목이 나온다.

---

11) 2001년 12월 23일 아키히토(明仁) 천황은 68세 생일을 맞아 실시한 기자회견에서 "나 자신으로서는 간무 천황(50대 천황, 781~806년)의 생모(生母)가 무령왕의 자손이라고 '속일본기(續日本紀)'에 기록돼 있어 한국과의 인연을 느끼고 있습니다." 고 발표하였다.

또한 조정 대신인 '소가노오호키미 이나메노스쿠네(蘇我大臣稻目宿禰)'가 슬퍼하며 말하기를 '성왕은 천지의 도리를 통달하였고 명성은 널리 퍼졌습니다. (중략) 갑자기 승천하시어 흐르는 물처럼 되돌아오지 못하시니 (중략) 어찌 이보다 슬픈 것이 있겠습니까?'라고 했다.

이처럼 백제와 일본은 혈연적 연결고리를 가지고 긴밀한 협력 관계를 유지하고 있었던 것으로 보인다. 게다가 당이 삼국 중 가장 약했던 신라를 이용하여 한반도의 대한 침략 의도가 노골화 되어가는 시점인 650년~660년 기간 동안 일본 조정에서는 '서해사(西海使)'를 당에 파견하여 외부적으로는 경제 교류를 하면서 내부적으로는 당의 주요 정보와 군사 동향을 수집하여 백제에 전달해 주는 등 적극적으로 지원을 하고 있었다.

이는 일본의 입장에서도 백제는 쉽게 멸망할 나라가 아니었다고 판단했던 것이다.

물론 일본이 이렇게 적극적으로 백제를 지원하게 된 이유는 혈연적 관계와 더불어 근본적으로 지금의 서울, 경기도가 대한민국의 경제, 문화, 산업의 핵심 지역이듯이 475년 개로왕이 전사한 이후 웅진으로 수도를 옮기기는 하였으나, 당초 백제의 수도가 '한성'으로 한반도에서의 문화와 경제의 메카의 역할을 백제가 하였기에 일본에서도 백제와 많은 교류를 하였고 그 만큼 보다 친밀한 관계를 유지하고 있었다.

무엇보다도 때마침 일본 조정을 통제하던 친(親)백제 성향의 최고 권력가 가문이었으나, 645년 '을사의 변(乙巳の変)'으로 몰락한 '소가(蘇我)' 가문과의 정치적 노선을 같이 했던 '사이메이 천황'(齊明天皇,

655~661년)이 다시 등극하였기 때문에 가능한 일이었다.

【 親백제 '소가(蘇我) 가문'은 누구인가? 】

일본서기에 따르면 527~528년간 '야마토 정권'은 백제의 요청을 받고 지원군을 큐슈 북부로 이동시키는 과정에서 '이와이의 난(磐井の乱)'이 발생하는데, '모노노베노 가문'과 '오오토모 가문'이 난을 평정하고 권력을 잡았다. 곧이어 '소가(蘇我) 가문'이 '정미의 난(丁未の乱)'을 통해 두 가문을 제거하고 일본 조정의 권력을 잡았다고 한다.

536년 '소가노 이나메(蘇我稻目, 506~570년)'가 오호오미(大臣)가 된 이래 후 '소가노 우마코(蘇我馬子, 551~626년)', '소가노 에미시(蘇我蝦夷, 586~645년)', '소가노 이루카(蘇我入鹿, 610~645년)' 등으로 이어지는 100여년 동안 일본의 조정을 주도하였으나, 645년 '나카노오호에(中大兄) 황자'와 '나까또미노 까마따리(中臣鎌足)'가 주도한 '을사의 변(乙巳の変)'으로 본가가 몰락하였다.

'소가(蘇我)' 가문은 무엇보다도 백제로부터 불교, 문화, 기술 등을 도입하고 일본에 퍼뜨리며 일본의 발전에 많은 공헌을 하였다. 593년 1월에는 일본 나라현에 일본 최초의 절인 '아스카사(寺)'를 건립하기도 하였는데 아스카사의 탑 기둥을 세우는 기념식에서 행사의 참석한 '소가노 우마코(蘇我馬子)'를 필두로 100여 명이 모두 백제 옷을 입고 나와 열을 지어 걸으며 아스카寺 목탑 초석에 사리를 안치하는 행사도 함께 하였다는 기록을 보아 실제로 백제 도래인일 가능성에 매우 높다는 설(說)이 있다.

또한, 475년 9월 개로왕이 아들 문주(文周)와 신하 '목(협)만치(木(劦)滿致)'를 남쪽으로 보내 구원병을 요청하는 대목이 있는데, 문주는 개로왕이 전사하자 후임 왕이 되고 수도를 한성에서 웅진(공주)로 옮겼다는 기록이 있다. 아마도 문주와 '목(협)만치(木(劦)滿致)'는 각각 신라와 일본에 원병을 요청했을 것으로도 보인다. 이와 연계해 목만치를 소가씨의 조상으로 보는 시각도 다분하다.

예를 들어 10세기에 작성된 「상궁성덕법왕제설(上宮聖德法王帝說)」에 따르면 '소가(蘇我)씨'는 본래 '임(林)씨'였다고 기록하고 있고, '신창성씨록(新撰姓氏錄)'에서는 '임(林)씨'가 백제의 '목(木)'라고 기록되어 있다. 이를 통해 한국의 사학계에서는 소가(蘇我)씨가 백제의 8성중 하나였던 '木씨' 가문의 '목(협)만치(木(劦)滿致)'가 '소가노 마치(蘇我滿知)'와 동일인이라고 보나, 일본에서는 연관성이 없다는 입장이다.

이유야 어떠하던지 일본의 최고 권력가인 '소가(蘇我)씨'가 백제를 적극 지원했다는 것은 명백한 사실이었다.

일각에서는 백제가 부여로부터 나온 국가인 만큼 애초부터 '부여→백제→가야→일본'으로 이어지는 역사적 연관성을 강조하기도 한다. 백제가 멸망한 직후부터 일본이 백제의 왕족과 귀족, 그리고 백제의 역사를 그대로 흡수하였고, 668년 국호를 왜(倭)에서 '일본(日本)'으로 바꾸었으며 원수인 한족과 대등하다는 의미에서 '천황(天皇)'으로 호칭도 변경하였다는 것이다.

특히 백강 해전의 패전이후 백제로부터 이주한 백제의 지배층들이 일본 조정에 편입되는 시기에 맞춰 백제의 역사서를 기반으로 일본의 역사를 재작성하게 된다.

백제삼서(百濟三書)가 바로 그 역사서인데 백제삼서는 '백제기, 백제신찬, 백제본기'의 3권으로 구성되어 있으며 일본 황실은 이 3권의 역사서를 기반으로 '일본서기(日本書紀)'를 편찬하게 하는데 당초 백제의 역사와 일본의 역사를 융합하다 보니 일부 연대가 안 맞는 오류가 발생하기도 하였다. 또한 이 시기에 당대 최고의 학자인 백제 출신의 '태안만려(太安万侶, 오노 야스마로)'[12]가 쓴 일본 최고의 역사서인 '고사기(古事記)'를 집필하게도 하였다.

그리고 한때 일본에서 '임나(가야)일본부설'을 주장하던 근거인 일본의 '진구 황후(神功皇后, 170~269년)'가 한반도의 임나지역을 통치하였다는 것인데, 임나일본부설은 현재 일본학계에서도 인정하지 않는 주장으로 공히 '사이메이 천황'이 백제를 구하려고 준비하던 중

---

12) 지난 1979년 1월 21일 일본 최고의 역사책인 『고사기』의 편찬자 「오오노 야스마로」(太安万侶)의 1,200년전 유해와 그의 사망시를 밝혀주는 동비문판이 일본 서남도시 「나라」에서 발견되었다.

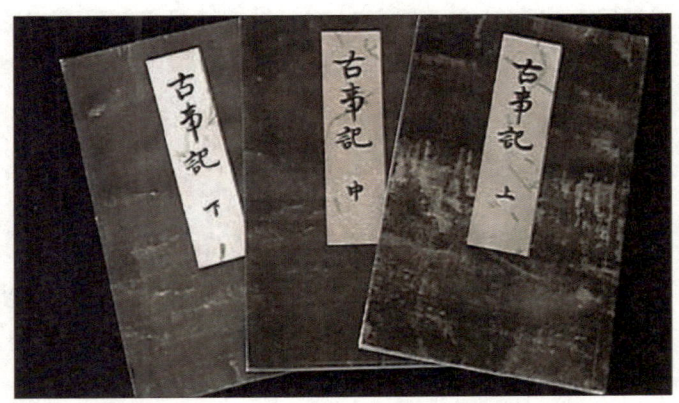

고사기(古事記)

돌연히 사망한 것에 대한 아쉬움에 대한 추념 차원에서 각색된 설화로 해석되고 있다.

참으로 안타까운 것은 당대의 동북아 지역의 역사를 자세히 알 수 있는 당나라도 참고했다는 역사서인 '백제삼서(百濟三書)'가 정작 우리나라에서는 유실되었는데, 아마도 당과 신라에서 백제 영토를 강점한 이후 백제의 역사를 지우기 위해 파기했을 것으로 보이며 '일본서기'가 '백제삼서'를 토대로 제작된 역사서인 만큼 백제 패망 시 백제 지배층에 의해 옮겨진 원본은 일본이 전 세계에서 유일하게 단 한 번도 왕조가 바뀐 적이 없는 나라인 만큼 많은 학자들이 일본 황실 서고(書庫)에 보관되어 있을 것으로 추정되고 있다.

일본 역시 킨메이 천황(509~571년) 당시의 기록을 보면, '서쪽에 살고 있는 비열하고 천박한 신라 인간들, 하늘을 거역하고 우리가 베푼 은혜를 저버리고 우리 관가를 부수고 백성을 독살하고 군현의 사람들을 씨를 말려 죽였다'고 말할 만큼 신라에 의한 약탈도 많았으며 그에 따른 원한도 많았던 것을 알 수 있다. 신라 해안지역을 약탈했던 일본 해적이나 일본 해안을 약탈했던 신라 해적이나 상호간에 유사한 사례가 많았던 것으로 보인다.

    이러한 이유로도 백제와 일본의 연합은 지극히 당연한 결과였고, 역사적으로나 현실적으로나 사이메이 천황과 텐지 천황이 왜 그토록 백제를 구원하려 했는지 미루어 짐작할 수 있다.

5. 한족(漢族) 국가 당(唐)나라, 사비성과 웅진성을 함락하다.

공교롭게도 당의 정보를 백제에 제공하던 일본의 '서해사(西海使)'가 특별한 이유도 없이 658년 당나라 현지에 2년간 억류당하는 사건이 발생한다. 당이 백제를 침공하기 꼭 2년 전의 일이다. 아마도 당은 이미 서해사가 군사정보를 백제에 넘겨주고 있다는 것을 알고 있었으며 백제 침공을 준비하는 기간 동안의 군사 보안을 지키기 위한 조치로 보인다.

의자왕 역시 신라의 40여개 성을 정복할 정도로 무력이 있는 왕으로, 백제의 중흥을 이끌었던 만큼 일본과의 협력을 통한 그 나름대로의 국제 정세와 전략적 판단을 하고 있었음을 알 수 있다.

비록 전성기는 아니지만 백제는 강한 군사력을 보유하고 있었으며 중원에서 당나라의 기세가 커지면서 세력을 확장하더라도 신라의 측면에는 수세기 동안 혈맹적 우호관계가 확실한 일본이 자리 잡고 있는데다 당나라 이전에 강성했던 수(隋)나라를 상대로 전승을 했던 한때 천년의 적이었지만 지금은 당의 침략에 대응하는 군사적 협력국인 강국 고구려가 버티고 있었다.

기록에 따르면 이때 백제는 5부(部) 37군(郡) 200성(城) 76만호(萬戶)로 인구는 약 380만 명[13] 이상으로 추정되며 영토적으로 고구려

---

13) 정림사지 5층 석탑에는 620만명으로 기록

보다 작으나 인구는 고구려보다 많았다[14]는 기록도 있다. 비록 신라에 의해 고구려, 백제 그리고 가야가 멸망했지만 현재 한반도에 살고 있는 대한민국의 국민들은 당시 인구가 가장 많았던 한강, 충청권을 중심으로 성장했던 백제에 뿌리를 두고 있을 가능성이 더 많다.

만일 당과 신라의 연합군이 동시에 협공해 오더라도 일정기간 '수성전(守成戰)'으로 시간을 끌면서 일본의 지원군 일부가 신라의 측면을 공격하고 주력 지원군은 서해상을 따라 금강 하구로 들어와 백제군과 합류하면 원거리를 원정하여 온 당의 군대와 신라군을 충분히 방어 할 수 있고, 일차적으로 당나라 군대만 물리치면 백제·일본 연합군이 그대로 신라로 쳐들어가면 신라의 땅까지 확보할 수 있을 것으로 생각했을 것이다.

즉, 비록 당이 급격히 성장하고 있는 가운데 동북아의 국제 정세가 급박하게 돌아가더라도 일본군과 함께 당을 물리치고, 신라를 압박하면 과거 신라의 배신으로 빼앗긴 영토를 회복할 수 있는 충분히 실현 가능한 시나리오였다.

특히, 백제의 발상지가 한강 유역으로 고구려에게 빼앗긴 이후 끝임없이 회복하려 했으나, 성과를 가지지 못하였고 433년 신라와 동맹 후 551년 잠시 옛 땅을 찾는가 싶더니 553년 신라의 배신으로 다시 잃어버리고 복수를 다짐했던 성왕(聖王, 523~554년)이 554년 관산성 전투에서 야간에 군사들을 응원하러가다가 어처구니없이 신

---

14) 唐의 기록에 따르면, 고구려의 경우 5部 176城, 69,700戶였는데, 그 땅에 9개 도독부, 42개 주 그리고 100여 개 현을 설치하고 안동도호부(安東都護府)를 두어 통치하였다고 한다.

라의 매복군에 의해 살해당하는 뼈아픈 역사를 가지고 있었던 만큼 백제로서는 꼭 찾아야 할 영토였다.

특히 성왕이 어이없이 죽게 된 이후 신라가 성왕의 머리를 잘라 북청(北廳) 계단 밑에 묻어두고 많은 사람들이 짓밟게 하는 엄청난 치욕을 받게 된 만큼 '천년의 적'이 고구려에서 신라로 변한 상태이기도 하였다.

'당·신라 연합군'의 공격에 대한 방어 작전에 대해서는 3가지의 계책이 나온다.

하나는 '좌평 의직(義直)'이 이러한 제안을 한다. "당의 군사는 멀리서 온데다 물에 익숙지 않을 것이기 때문에 처음 육지에 상륙하여 대열을 갖추기 이전에 공격하면 이길 수 있으며, 당을 이기면 신라는 전의를 상실하여 백제를 쉽게 공격하지는 못할 것이다"라는 방안이었다.

다음으로 '달솔 상영(常永)'[15]은 "비록 당나라가 멀리서 왔지만 작금의 당의 군세는 높은데다 속전속결로 싸움에 임할 것이므로 일단 당의 진로를 막아 시간을 끌고 신라군을 괴멸 시킨 후 지친 당의 군대와 싸우면 승산이 있다"고 제안한다.

신하들의 전략을 들은 의자왕은 비록 충신이었으나 지금은

---

15) 상영(常永,미상~660년)은 백제(百濟) 말기의 대신이다. 660년 8월 20일(음력 7월 9일) 김유신(金庾信)의 이끄는 5만명의 신라군과 황산벌에서 싸웠다. 계백(階伯)은 전사하고 충상(忠常)과 상영(常永) 등 20여명은 포로로 잡혔다. 그 후 상영(常永)은 6두품인 일길찬(一吉湌)의 벼슬을 받았다.

'고마미지현(古馬彌知縣)'[16] 으로 유배를 보낸 '좌평 흥수(興首)'에게 사람을 보내 대책을 물어본다. 이에 흥수가 말하기를 "당의 군사력은 강하고 후방의 신라와 평야에서 전쟁을 한다면 마치 사슴의 뒷발을 잡고 뿔을 잡는 것처럼 앞뒤에서 몰아치며 공격할 것이므로 수도로 통하는 요충지인 백강과 탄현에서 적을 맞으면 장부(壯夫) 한 사람이 창 한 자루만 가지고도 1만 명을 충분히 막을 수 있기 때문에 정예병들을 선발하여 당의 군사가 백강으로 들어오지 못하게 하고 신라군이 탄현을 넘지 못하게 하다가 적의 군사가 지치고 군량미가 떨어질 때를 노려 공격하면 이길 수 있다"고 진언한다.

물론 아쉽게도 정적으로 숙청시킨 그의 의견을 동조해 줄 관료들은 아무도 없었다. 수많은 논쟁을 하는 동안 당의 군대는 이미 백강을 지나고 있었으며, 신라군도 탄현을 지나 사비성으로 진군하고 있었다. 이에 급히 황산벌로 계백의 결사대 5,000명을 보내 막도록 하고 '좌평 의직(義直)'으로 하여금 웅진강 입구를 막고 강 인근에 군사를 배치하였다.

그러나 소정방은 강의 왼편 물가로 이동해 산에 올라 진을 구축하였으며 사전에 공격할 기회를 놓친 백제군이 급히 공격하였으나 패배하게 된다. 소정방은 쉬지 않고 그대로 군사를 이끌고 사비성 인근까지 접근하였으며 이를 막기 위해 백제군이 공격하였으나 소정방군에게 대패하고 10,000여 명의 군사가 전사한다.

전세가 악화되자 의자왕은 '왕자 효(孝)'와 북쪽 웅진성을 피하였고, '왕자 태(泰)'는 사비성을 사수하면서 스스로 백제왕으로 즉위

---

16) 지금의 전남 장흥군 장흥읍

하고 소정방과 대치하나 이 또한 패하였으며 곧이어 의자왕이 대피했던 웅진성도 함락된다. 그 당시의 급박한 상황을 미루어 짐작할 수 있는 대목이다.

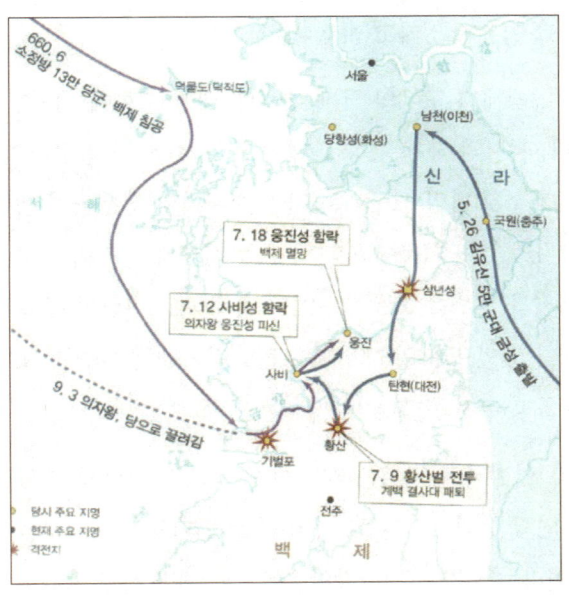

사비성, 웅진성 함락

백제의 급격한 멸망은 앞에서 설명한 바와 같이 첫째 당과 신라의 정보전에서 지고 있었다는 것이 결정적 패인이기도 하다. 이로 인해 강한 군사력을 가지고 있었음도 불구하고 전력을 한 곳에 집중을 하지 못해 패배한 것으로 볼 수 있다. 사비성과 웅진성이 점령당한 이후에도 대부분의 백제의 성의 성주와 장군과 병사들은 그대로 존속하고 있었고 이들이 곧 백제 부흥군으로 활동하였다는 것에서 그 사실을 알 수 있다.

둘째, 이미 실각된 '좌평 흥수(興首)'의 진언이 합당했음에도 불구하고, 그의 의견을 받아들여 이 전쟁에서 승리한다면 지금 권력을 가진 귀족들의 힘이 축소될 것을 두려워하여 신료들이 적극 반대하였다는데 그 이유가 있다고 하겠다.

셋째, 백제 지도부의 국제 관계에 대한 오판에 기인한다고도 볼 수 있다. 당시의 국제 역학 관계는 '고구려·백제·일본'과 '당·신라'의 구도인데, 660년의 고구려는 과거 수나라와 전쟁을 수행하던 고구려가 아니었으며, 더욱이 당과의 교착 상태로 전력이 많이 소진된 상태로 백제가 원병을 요청했음에도 불구하고 여력이 부족하여 지원에 한계가 있었으며 일본의 지원군을 받기에는 사전 협조가 없었기에 시기를 맞추지 못했다.

정작 혈맹국인 일본은 시비성이 함락되고 백제 부흥군의 귀실복신의 연락을 받고서야 그 사실을 알게 되었고 지원군을 준비하는데 3년이라는 시간이 지나갔다는데 가장 치명적인 원인이 있었다고 볼 수 있다.

6. 귀실복신(鬼室福信)의 활약과 죽음

사비성, 옹진성 함락 직후 '흑치상지(黑齒常之)', '지수신(遲受信)' 등은 임존성을 거점으로 10일만에 30,000여명의 군사를 규합하고, 소정방의 군대를 격파하며 200여개 성을 수복한다.

이 부분에서 일부 사학자들은 충청도 이남과 호남으로 축소된 백제 영토 내에 200여개나 되는 성은 존속할 수 없다며 중국의 요서지방이 백제의 영토라는 '대륙 백제설'을 주장하기도 하지만 본 책에서는 일단 검증된 사료를 중심으로 기술하겠다.

'흑치상지'이외 백제 부흥운동의 주역으로 등장하는 중요 인물이 있다. 그는 백제 왕족 출신인 '부여 복신' 즉, '귀실복신(鬼室福信)'

귀실복신

이다. '일본서기'에 따르면 그는 백제 무왕의 조카로 '각종 전투에서 세운 공이 많아 귀신도 놀라게 했다'고 하여 그의 뛰어난 군사적 능력으로 '귀실(鬼室)'이라는 성을 하사 받았다고 전해진다.

백제는 사비성, 웅진성이 함락된 이후에도 정작 대부분의 군사력은 유지되고 있었고 '귀실복신'과 승려 '도침'이 함께 남잠성, 정현성 등의 지방군을 조기에 통합하였으며 임존성과 주류성 등 전략적 거점 지역을 선점하고, 660년 9월 1일 '좌평 귀지(貴智)'를 사신으로 '혈맹국가인 일본'에 파견해 전쟁 상황을 전했으며, 당·신라 연합군을 몰아낼 구원병과 함께 일본에 체류 중인 왕자 '부여 풍(扶餘豊)'의 복귀도 요청한다.

이러한 일들은 의자왕이 당으로 압송된지 불과 3개월 만에 이루어진 것이다. 왕만 없을 뿐 영토와 군사들은 거의 복구가 되었다는 것을 의미한다. 게다가 주류성은 사비성과도 지척거리에 위치하고 있어 당과 백제군의 팽팽한 대립을 하고 있던 시기였다.

662년 5월 2년간의 준비기간을 거친 후 '부여 풍'은 1차적으로 수군 170척을 거느리고 백제로 복귀하여 '백제왕'으로 등극하고 '귀실복신'과 백제 부흥운동을 본격 논의하게 된다. 앞에서 언급한 바와 같이 백제의 경우 왕이 전사하거나 사망하면 일본에 체류 중인 왕족이 복귀하여 왕으로 등극하는 독창적이고 합리적인 '위기관리 시스템'을 유지하고 있었다.

그 기간 동안 '귀실복신'이 연전연승하면서 흩어졌던 수많은 군사들이 모이기 시작하였으며 백제 서북부에서 금강 동쪽까지 이어진 백제의 영토 대부분을 회복하였다. 이에 부흥하여 662년 일본은 지원 병력을 준비하면서 1차적으로 전쟁 수행에 필요한 화살 10만개, 실 5백근, 면 1천 근 포 1천단, 곡식 종자 3천곡 등의 군수지원 물자를 먼저 보내기도 하였다.

부여 풍과 복신(福信)등은 그해 12월에 이르러 '농사짓기가 어렵다'는 이유로 일본 지원군의 장군 '치노타쿠츠(朴市田來津)', '사위노무라지(狹井連)' 등의 반대에도 무릅쓰고 거점을 '주류성'에서 '피성'으로 옮긴다. 그러나 곧이어 신라군이 백제의 '거열성, 거물성, 사평성'을 연달아 함락시키고 곧장 '피성'으로 진격시키자, 663년 2월 다시 '주류성'으로 옮긴다.

이런 혼란의 시기에 '귀실복신'은 뜻이 맞지 않다는 이유로 '도침'을 제거하고 군사 지휘권을 장악하면서 왕으로 추대하기 위해 모셔온 부여 풍에게도 군사적 권한을 제한시키고 상징적 존재로 대우한다. 아무래도 백전백승의 장수 복신으로서는 전쟁터가 아닌 일본 황실에서 평온한 삶을 영위했던 왕자 부여 풍의 능력을 못 믿었던 같다.

이러한 갈등이 지속되면서 부여 풍은 추종자들과 음모를 꾸며 복신을 죽이게 되는데, '구당서'에 따르면 복신이 와병을 핑계로 동굴에 은신해 있으면서 부여 풍이 병문안을 오면 제거하려 했으나, 이를 사전에 눈치챈 부여 풍이 복신을 죽였다고 기록하고 있는 반면, '일본서기'에서는 부여 풍이 먼저 복신을 의심하여 잡아 죽였다고 기록되어 있다.

단재 신채호는 '조선상고사'에서 당시의 상황, 귀실복신이 병권을 장악하고 있다는 점과 '구당서'에 기록된, 당나라가 이미 백제의 지라성, 대산성 등을 차지하였다는 내용은 과장된 것이고 '신라본기'와 '일본서기'의 연도와 사실관계의 기록이 다르다는 점, 그리고 만일 당이 백제의 성을 연달아 점령했다면 최소한 군사전문가인 복신을 쉽게 죽이지는 못했을 것이라는 점을 강조하며 복신의 죽음과 관련해서는 '일본서기'의 기록을 따른다고 강조하였다.

어떠한 이유에서든지 백제 복원이란 꿈을 품은 그의 파란만장한 인생은 끝이 나고 만다.[17)]

구체적인 그의 죽음의 순간을 '일본서기'를 토대로 구성해 보면 백제 귀족들 사이에서 의자왕의 직계인 풍장이 아닌 복신이 주도권을 잡고 있는 것에 시기와 불만이 있었을 것이며 풍장 역시 당초 복신의 모반보다는 여러모로 자신이 복신에게 밀리자 그들과 의견을 같이 하였을 것이다. 무엇보다도 이제 곧 일본에서 수백척의 전선과 27,000명이라는 대군을 보내 올 것이기 때문에 복신이 없더라도 충분히 당을 이기고 신라를 복속시킬 수도 있을 것으로 생각했을 것이다.

이에 측근들과 복신을 제거하기로 공모하고 때마침 와병중인 그를 기습하여 결박하고 손바닥을 뚫어 가죽 끈으로 묶어 놓았는데 정작 그의 기개에 눌리고 참수시킬 명분도 다소 모호하자 억지로 죄를 만들기 위해 측근들에게 의견을 물어보게 된다. 아마도 그동안 복신에게 눌려 있던 달솔 '덕집득(德執得)'이 나서서 '이 극악무도한 사람을 풀어주면 안 된다'라고 주장하였다고 한다. 이에 복신은 '이 썩

---

17) 귀실복신에 대한 제사는 충청도 지역에서 조선 시대까지도 계속되었는데, 이 제사를 '은산별신제'라 칭하며 1996년 국가중요무형문화재 제 9호로 지정되었다.

은 개, 미친 놈'이라고 소리쳤다고 하며, 부여 풍은 힘센 사람들을 준비시켜 참수하고 그의 머리에 소금을 뿌려 절였다는 점에서 그의 용력이 상당하였음을 유추할 수 있다.

이후 당 고종은 풍장이 복신을 죽인 것을 알게 되자 이간책을 펴기 위해 각 성에서 항전하는 남부달솔 '흑치상지', 전현성 성주 '사타상여' 등 백제의 핵심 장군들에게 사신을 보내 풍장의 옹졸함으로 비난하는 한편, 의자왕과 함께 당으로 압송 되었던 왕자 '부여 융(隆)'을 웅진도독부로 파견할 것이며 '백제왕'의 작위를 주고 백제의 영토를 다스리도록 할 것이라고 회유한다.

복신의 죽음에 불만을 가진 흑치상지는 서부달솔 지수진을 회유하나, 지수신은 당초 복신과 함께 거병하였는데, 복신이 간신들의 농간으로 죽었다고 하여 당에 투항하는 것은 옳지 않다고 주장하며 복신이 이 사실을 알게 된다면 그 고통은 손바닥을 뚫어 가죽 끈으로 꿰는 것보다 더 클 것이라고 말하여 반대하였다.

결국 흑치상지에 동조하는 성주와 장수들은 자신들이 가지고 있는 200개성과 병력을 포함하여 당에 투항하고 당의 관리가 된 '부여 융(隆)'과 '남백제'를 구성하고 이를 반대하는 지수신은 풍장과 '서백제'를 구성하여 같은 백제군끼리 대결하게 되는 최악의 사태로 번진다.

이를 두고 단재 신채호는 '부여 풍'과 '흑치상지'를 백제를 멸망시킨 제 1, 2의 대역 죄인이라고 강조하였다. 이러한 백제 지도부의 혼란 속에 당은 '손인사(孫仁師)'에게 7,000명의 지원 병력을 주어 백제를 공격하게 하고, 신라 역시 복신이 죽었다는 사실을 알고 8월

신채호

13일 '주류성'으로 진격하게 된다. 백제의 최후를 맞이하는 '백강 해전'의 서막이 열리게 되는 순간이다.

7. 당대 동북아 최대 해상전투, 그 결전의 결과

660년 10월 일본 '사이메이 천황'(齊明天皇)은 풍장(豊璋)의 백제로의 복귀 및 구원군 파병을 결정한다. 그러던 중 661년 7월 백제 파병을 진두지휘하던 '사이메이 천황'(齊明天皇)이 661년 8월 아사쿠라궁(朝倉宮)에서 불명의 원인으로 갑작스럽게 사망하게 되자, 그의 아들인 '나카노오에노미코(中大兄 皇子, 텐지 천황)'는 즉위식도 올리지 않은 채, 상복을 입은 상태로 칭제(稱制)를 하며 수표지군정(水表之軍政)을 행한다.

그러나, 일본은 사전에 백제로 보낸 5,000명의 군사와 27,000명의 대군이 663년 8월 28~29일 양일간 벌어진 '백강 해전'에서 궤멸되는 심각한 타격을 입게 된다.

왜 그랬을까? 그날의 현실 속으로 들어가 보자. 이 전쟁은 663년 8월 27일부터 28일, 양일간 벌어진 당시 동북아 모든 국가가 연계된 '동북아 최대 해전'이다. 당, 신라, 백제, 일본, 고구려, 탐라국 등 모든 국가가 직간접적으로 전쟁에 참여하게 된다.

8월 27일 당의 수군은 함선 170척을 백강 하구에 포진하고 있었고 백제를 지원하러 온 일본 함선 400여척이 백강 입구로 항진하고 있었다. '일본서기(日本書紀)'와 '구당서(舊唐書)'에는 400척으로 기술되어 있는 반면 김부식의 '삼국사기(三國史記)'에는 1,000척으로 기술되어 있다. 출병한 일본군의 병력이 27,000명이었다는 점과 당시의 선박 건조 기술을 고려시 최대 60~70명이 승선할 경우 400척이 합당한 수준이며, 1,000척일 경우 20여명이 탑승하는 소형 선박을 타고 일본에서 출항해서 한반도 서해안까지 항해하였을 가능성은 다소 무리가 있다.

당의 전과를 부각시키기 위한 한족 사대주의자 김부식의 '삼국사기' 보다는 '구당서'나 '일본서기'가 당시의 역사서로는 조금 더 객관성을 지닌 것으로 보인다.

'백강 해전'은 당대 동북아시의 모든 국가가 참전한 '대규모 국제 전쟁'이었다. 그러나 대부분의 사람들은 그 사실조차 모르며 일부 알고 있더라도 그저 백제 멸망 후 백제 부흥군이 수행한 하나의 소규모 전투 정도로 치부하는 경우가 많다.

이는 뿌리깊은 한족 사대주의와 오랜기간 형성된 반일(反日)감

구당서

정이 과거 한민족과 일본과의 혈맹국가였다는 사실을 애써 외면하게 만들었을 가능성이 매우 높고, 정작 일본의 경우 비록 일본 역사상 첫 해외 원정 군사작전이었으나, 27,000여명의 군사가 완벽하게 패배한 전쟁이었던 만큼 불필요하게 실패의 역사를 부각시키지 않고 싶었을 것이다.

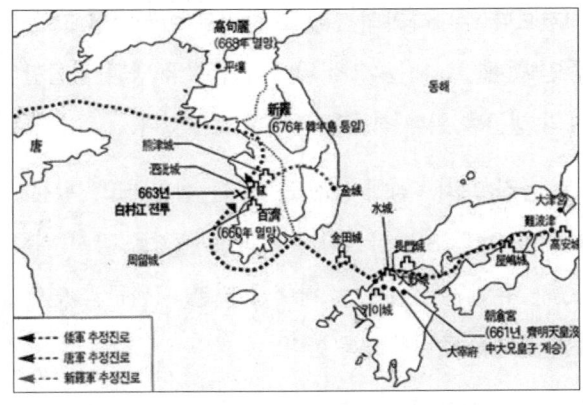

백강 전투 요도[18]

그러나 역사라는 것은 그리고 국가 간의 관계는 동맹국이었다가도 전쟁을 할 수 있는 그런 것이므로 한때의 적국이라고 영원한 적국이라고 보거나, 우방국이라고 영원한 우방국이라고 생각한다면 그것은 국제관계에 대한 기본적 개념이 부족한 것이며, 역사관에 있

[18) pub.chosun.com(2014.9.27.) '백촌강 해전(1)- 왜병 3만명 단 한번 해전에서 전멸' https://pub.chosun.com/client/news/viw.asp?cate=C06&nNewsNumb=20140915684&nidx=15685

어서도 편향된 것이라고 볼 수 있다.

백제의 의자왕이 사비성과 웅진성 함락과 동시에 '당·신라 연합군'의 총사령관인 '소정방(蘇定方)'에게 항복한 날짜는 공식적으로 660년 7월 18일이고, 의자왕을 포함한 13,000여명의 포로가 당으로 끌려가는 것은 그로부터 한달 보름이 지난 9월 3일이다.

중국 대륙에서 급격히 세를 확장하고 있는 당, 지금은 비록 그 세가 약해졌으나 수나라와의 전쟁을 승리로 이끌었던 고구려, 일본과 연합중인 백제, 그 세는 크지 않으나 강대국 당과 연합한 신라가 서로 각자의 생존을 위해 격돌을 준비하고 있었다.

당은 웅진(지금의 공주)에 웅진도독부를 설치하고, '왕문도(王文度)'를 파견하지만 9월 28일 급사하자 도독부 운영을 잠시 미루고, '유인궤(劉仁軌)'와 '유인원(劉仁願)'으로 하여금 일본 지원군과 연합한 백제 부흥군과의 결전을 준비하도록 한다.

일본은 강력한 군사력을 갖춘 신생국으로 이웃 국가들을 계속 점령하고 있는 당이 고구려와 백제를 멸망시킨 후에는 연합군이나 소국인 신라를 점령하는 것은 매우 쉬운 일로 판단하였고, 그 다음은 바로 일본 본토로 침략해 올 것이라고 여겼다.

그렇다면 당과의 결전을 일본 본토에서 하기보다는 과거의 영광이 있는 고구려, 그 고구려와 그 뿌리를 같이 하는 백제를 도와 고구려, 백제, 일본의 연합군이라며 충분히 당을 막아 낼 수 있고, 안정적인 정권 유지가 가능했을 것으로 생각했을 것이다.

앞서 기술한 바와 같이 의자왕의 '전략적 실수'처럼 일본도 고구려의 역량을 과대평가하였을 가능성이 크다. 왜냐하면 그전까지 절대 중국대륙에서 생겨난 어느 국가와도 전쟁을 해서 패배한 적이 없었을뿐더러 이 시기에는 백제와 협력 관계를 유지하고 있었기 때문이다.

이러한 전략적 판단을 가지고 적극적으로 당으로 보내는 사신을 통해 당의 군사정보를 수집하고 고구려, 백제와 공유했을 것이다. '일본서기'에 따르면 662년 3월 '고구려의 요청으로 일본장수를 백제의 주류성에 있도록 하였다'는 기록이 있으며, 662년 5월의 기록에는 '이누까미군'(犬上君)을 고구려에 보내 백제를 지원할 군사를 보내는 것을 미리 통보하기도 하였다.

준비를 끝낸 '텐지 천황(天智天皇, 662~670년)'은 663년 3월에 와서 27,000명의 대군의 출병을 지시한다. 27,000명의 대군을 서해안으로 해상 이동 후 금강을 따라 당나라 군이 점령중인 비사성과 웅진성을 함락시키면 다시금 백제가 일어설 것으로 생각하였다.

그러나 여기에서 백제 수도 수복의 결정적 기회를 놓치게 되는 근본적 문제가 발생한다.

귀실복신은 비록 혈맹국인 일본군의 많은 지원 병력과 의자왕의 직계인 부여 풍을 복귀하도록 요청하였으나 의자왕의 항복 이후 지금까지 백제의 영토에서 전쟁을 수행한 것은 자신과 백제의 군사들이었던 만큼 수도의 재탈환은 일본의 지원군이 아닌 자신들이 주도하여 성취해야 명분이 설 것으로 생각했을 것이다.

반면 부여 풍은 사비성을 자신이 주도하여 수복하게 된다면 옛 백제의 영광을 다시 찾아 백제의 왕이 될 것이라고 생각하였고,

무엇보다도 자신에게는 백제로 복귀시 1차로 자신과 함께 온 5,000명의 정예병은 물론 2차로 파병된 400여척의 전선과 27,000명 등 총 32,000여명의 군사가 있음을 믿고 있었을 것이다.

그리고 해볼 만한 도전이었을 것이다. 더욱이 아버지인 의자왕과 함께 당으로 압송되었던 큰형 부여 융이 오히려 당의 관리가 되어 웅진도독부의 도독으로 온다고 하니 정통성 문제를 고려해서라도 결코 패배하면 안 되는 자존심의 문제였으며 자신이 꼭 회복해야 할 백제의 왕권이기도 하였을 것이다. 그러나 당이라는 중원을 제패한 신흥 강대국을 일단 이겨 놓고 해야 할 고민인데도 불구하고 압도적인 군사력만 믿고 복신과의 갈등을 초래함으로서 패배를 자초하는 결과를 가져오게 되었다.

실제로 파병된 병력을 숫자와 시기를 놓고 '일본서기'에서는 약간의 혼선이 발생하기도 한다. 아무래도 일본서기가 백제삼서(百濟三書)를 발췌하여 끼워 맞추는 형식으로 작성한 것이고 당시의 일본 학자들의 수준을 고려하면 기록과 윤색의 과정에서 오류가 발생했을 가능성이 있었을 것으로 보인다.

따라서 일본서기는 전체적인 흐름을 머리 속에 넣고 기록을 있는 그대로 해석하기보다는 전후의 과정을 살피고 보면 이해가 쉬워진다.

'661년 9월 '나까노오오에 황태자(텐지 천황, 662~670년)'가 장진궁에서 백제왕자 풍장에게 정1품에 해당하는 관직을 주고 '오호노오미코모시키(多臣蔣敷)'의 누이와 결혼을 하게 한 이후 대산하(大山下)인 '사위노무라지아자마사(狹井連檳榔)'와 소산하(小山下)인 '하나노미야츠코

카쿠츠(秦造田來津)'로 하여금 군사 5,000명을 거느리고 풍장이 본국에 돌아가는 길을 호위하게 하였다고 기록되어 있다. 그런데 여기에서 부여 풍의 장인이 되는 '오호노오미코모시키(多臣蔣敷)'는 일본 역사의 바이블인 '고사기(古事記)'를 편찬한 백제 출신의 '오노 야스마로(太安万侶, 태안만려)'의 조부이기도 하다. 결국 일본의 고위층은 백제계 인사들이 많이 포진하고 있었음을 확인할 수 있는 단서이다.

662년 5월에 대장군 대금중(大錦中) '아즈미노히라부노무라지(阿曇比邏夫連)'가 전선 170척을 이끌고 풍장과 그의 일행을 백제로 보내주고 풍장에게 백제의 왕위 계승을 도와주는 내용이 나온다. 당초 일본서기에는 풍장에게 왕위를 계승하는 칙을 선포시키고 복신에게 금책(金策)과 관직을 주었으며 그때 풍장과 복신이 절하며 칙을 받자 사람들이 눈물을 흘렸다고 기록하고 있는데 이 대목은 후일 '부여 선광'이 '구다라노코니키시(百濟王)' 성씨를 받은 것을 기반으로 윤색한 것으로 보는 것이 타당하다는 것이 일반적이다.

많은 학자들은 이 부분을 놓고 661년 9월에 출발하려다가 부득이한 사정으로 출발을 못하고 662년에 출발하였다고 보거나, 단순히 기록상의 시차적 오류로 662년 5월의 일을 사실로 보기도 한다. 필자의 생각은 661년 9월에 풍장이 우선 백제로 돌아와 복신으로부터 현지 상황을 파악하고 되돌아갔다가 662년 5월에 170척의 전선과 병력을 이끌고 백제로 복귀하여 부흥운동을 전개하였고, 663년 8월에 추가 병력이 최종적으로 합류한 것으로 보인다.

당시의 일본이 사용한 전선의 크기를 구체적으로 파악할 수 있는 자료는 없으나, 구당서의 기록대로 백강 해전에서 침몰시킨 일본 전선이 400척이라고 했을 경우 총 병력 27,000명 기준, 척 당 67명이 탑승할 수 있는 크기의 함선이며, 삼국사기의 기록에 따라 1,000척일 경우 척당 27명이 탑승 가능하다. 구당서의 기록이 당일 전투에 참전한 함선만을 기록하였는지 아니면 전체 전선의 숫자인지는 불분명[19]하다.

또한 일본서기의 기록에 따르면 663년 3월에 전장군 '카미츠케노노키미 와카코(上毛野君 稚子)'와 '하시히토노무라지 오후타(間人連 大蓋)', 중장군 '코세노카무사키노오미 오사(巨勢神前臣 譯語)'와 '미와노키미 네마로(三輪君 根麻呂)', 후군장군 '아베노히케타노오미 히라부(阿倍引田臣 比邏夫)' 등에게 27,000인을 거느리고 신라를 치게 하였다는 기록이 있고, 663년 8월 '백제왕이 적의 계략을 알고 장군들에게 말하기를 "지금 들으니 일본국의 구원군 장수 '이오하라노키미 오미(廬原君 臣)'가 치카라히토(健兒) 10,000여명을 거느리고 바다를 건너오고 있다. 나(부여 풍)는 백촌에 가서 기다리고 있다가 접대하리라"라고 기록되어 있다.

이를 통해 언급된 숫자들만 확인해 보면, 일본의 지원군의 숫자는 최대(5,000명 + 11,000명 + 27,000명 + 10,000명) 총 53,000명에서 기록상의 일부 중복되었다고 볼 경우 최소(5,000명 + 27,000명) 총 32,000명이 된다. 다만 당시의 일본 인구 등을 고려시 32,000명 수준이 합리적일 것으로 판단된다.

다만 부여 풍이 백제로 올 때 함께 온 일본군 장수로 주례성에

---

19) 다만 이에 따라 662년 5월에 풍장과 함께 온 전선이 170척인 만큼 경우에 따라 전선의 크기에 따라 최소 4,500여명에서 최대 11,500여명 수준으로 차이가 난다.

함께 있었던 '치노타쿠츠(朴市田來津)'가 백강 해전 중에 전사했다는 기록이 있는데 이를 토대로 생각해보면 주례성은 백제 부흥군이 수성을 하고, 부여 풍과 함께 온 5,000명은 치노타쿠츠와 함께 새로 도착한 일본군과 합류하였을 가능성도 있다. 그렇다면 일본군의 병력은 최소 27,000명으로 분석 될 수도 있다.

그런데 국가의 명운을 가르는 절체절명의 중요 전쟁에 임박하여 부여 풍은 왜 백제 부흥군의 거점인 주례성에서 나와 백촌으로 가서 지원군을 접대한다고 했을까?

부여 풍의 입장에서 보면 주례성은 백제 부흥군의 거점이고 지금은 본인이 백제의 왕이지만, 정작 자신이 백제의 군사들의 그토록 신망을 받던 무왕의 조카인 귀실복신을 죽였다는 것이다. 게다가 백제 부흥군 병사들에게는 일본의 황실에서 30년 이상 생활하다 온 잘 모르는 왕자로만 인식하고 있음을 잘 알고 있었다.

그리고 이번 전투에서 당의 수군을 격멸하고 전쟁의 주도권을 잡아 일본 황실에서도 자신의 영향력을 공고히 할 필요가 있었다. 그러기 위해서 무기나 식량이 열세인 백제 부흥군보다는 말도 잘 통하는 27,000명의 군사력이 필요했을 것이다. 그리고 본인도 일본에서 인생의 대부분을 보낸 만큼 문화적으로도 이질감이 없는 일본군의 진영이 더욱 좋았을 것이다.

부정적으로 보자면 만일 주례성에서 항전하다 고립되면, 죽거나 생포될 가능성이 있으나, 400척의 전선과 27,000명의 병사가 있는 해상에서 그것도 후방의 지휘선에 있을 경우 유사시 고구려 또는 일본으로 후퇴하기가 용이했을 것으로 생각했을 수도 있다. 사실 현실적으로도 그런 결과를 낳았다.

'텐지 천황'의 입장에서 보면 '귀실복신'보다는 일본에 30여년 간 있으면서 자신들과의 깊은 교감이 형성되어 있는 '풍장'이 주도하여 전쟁을 승리로 이끌기를 희망했을 것이다.

이러한 이유로 귀실복신과 부여 풍의 신경전이 약 3개월간 지속된다. 그러던 중 663년 6월 부여 풍이 귀실복신을 죽이고 백제 부흥군의 지휘권을 장악하게 된다. 그러나 주도권을 놓고 허비한 3개월 동안 당은 손인사(孫仁師)로 하여금 백제왕자 '부여 융[20](夫餘隆)'과 함께 '7,000명의 정예군'을 이끌고 백제로 들어와 웅진성을 지키던 유인원을 지원하게 하였다. 유인궤는 부여 융(隆)과 함께 7,000명의 병력과 전선 170척을 지휘하여 백강으로 이동 후 '백제·일본 연합군'과의 최후 결전을 준비한다.

신라 역시 때를 맞추어 백제 부흥군의 거점인 주류성의 공격을 준비하고 육상으로 주류성을 공격하게 되는데 공교롭게도 이를 막아야 할 백제 부흥군의 기병부대가 속수무책으로 전멸하게 된다. 만일 풍장과 지상전에 능한 그의 직속 일본군 5,000명이 주류성을 방비하면서 신라군의 지상 공격을 방어했다면 상황은 역전되었을 것으로 보인다.

당초 귀실복신과 부여 풍의 갈등으로 반격할 수 있는 절호의 기회를 놓친 '백제·일본 연합군'은 상황이 매우 긴박하게 돌아가게

---

[20] 660년 의자왕과 함께 당으로 압송되었으나, 당 고종이 그를 사농경이라는 관직을 제수하였고, 손인사와 함께 백제 부흥군을 토벌한 이후, 664년 10월(음력) 유인궤가 표를 올려 웅진도독이 되었다.

되자 즉각적으로 백제 부흥군의 거점인 주류성 보호를 위해 400여 척의 전선과 27,000명의 대군을 일시에 백강으로 이동시킨다.

　　이렇게 시작된 '백강 해전'은 8월 27~28일간 총 4회의 걸쳐 결전하게 되는데, 압도적인 군사력에도 예상을 뒤엎고 400여척의 전선과 27,000명의 일본 지원군이 궤멸되는 패배를 한다. 구체적인 이날의 상황에 대해서는 '일본서기'에만 기록되어 있으므로 이를 토대로 당시의 상황을 정리하여 보자.

　　27일 일본 수군 중 처음에 도착한 전선들이 1차적으로 당의 수군과 싸웠으나 당이 진열을 굳게 지키고 있어 후퇴하게 된다. 28일 전군이 합류하게 되자 압도적인 수군 전력을 바탕으로 돌진하는 전략을 수립하고 집행하다.

　　이때의 기록을 살피면 '일본의 장수들과 백제왕이 기상을 살피지 않고 선수를 친다면 저쪽은 스스로 물러날 것이다'라는 내용이 나온다. 여기에 언급된 기상을 살피지 않았다는 것이 패전의 근본 원인이기는 하나 단순히 날씨를 의미하는 것인지, 일본 장수들과 백제왕의 신경전인지, 아니면 전장의 상황을 의미하는지에 대해서는 아직까지 다양한 의견이 분분하다. 다만 '백제·일본의 연합군'이 주로 화공으로 공격받은 것으로 보이기 때문에 바람과 조류를 의미하는 것이 비교적 타당할 것이다.

　　당시의 급박한 상황의 기록을 보면 '대오가 흔들린 일본 수군의 병졸을 이끌고 다시 나아가 진열을 굳건히 하고 있는 당의 군사를 공격하였으나 일본 전선의 이물(船首)과 고물(船尾)을 돌릴 수가 없는 상태에서 당의 수군이 곧 좌우에서 배를 둘러싸고 공격을 하니 눈 깜짝할 사이에 일본 수군이 패배하였고 물속으로 떨어져 익사한 자가 많았다고 한다.

이 내용을 자세히 들여다보면 당의 수군은 병력과 전선의 수는 적으나, 일사불란한 지휘체계와 진형 전술을 익힌 정규군인 반면 일본의 수군은 함대 전술이 아닌 등선육박전(登船肉薄戰)에 기반을 둔 전형적인 지상군들의 해전 전술을 고수하였다는 것이다. 그리고 당의 유인궤는 이러한 일본 수군의 작전 능력을 이미 파악하고 있었던 것으로 보인다.

이와 같은 지상군을 활용한 함상 백병전은 주로 로마 군대가 사용한 방식으로 비록 강력한 근접전투기술과 전투력을 가진 로마 군단이었으나 유독 해상전투에는 약했던 그들이었던 만큼 기원전 264~241년간 진행된 '제 1차 포에니 전쟁' 초기에는 이러한 로마군의 단점을 보완하고자 신형 장비를 개발하여 운용하기도 한다. 그것은 '코르부스(Corvus, 까마귀)'라는 연결용 다리이다.

로마 해군의 코르부스(Corvus)

위대한 역사가 폴리비오스의 저서 '역사'에 따르면 코르부스는 30cm, 높이 7m의 기둥에 폭 1.2m, 길이 10.9m의 다리가 연결되어 있고 그 끝에 65cm의 뿔이 달려 있어 적선의 현측으로 이동해 이 다리를 내려 연결하고 로마 병사들이 적선으로 넘어가 싸웠다고 한다. 그러나 지나친 하중으로 인해 전선의 복원을 상실한 나머지 기원전 225년, 239년에 두 개의 함대가 침몰하는 참사를 당한 이후 더 이상 이 전술은 쓰지 않았다고 한다.

백강 입구에서 일본 전선이 진격해 오면 유럽 해군의 'V 진형' 또는 '학인진'의 함대 전술을 사용하여 적을 안으로 모아 감싸 안고 전면 및 좌, 우면에서 동시에 화공을 가했으며 앞의 전선이 공격을 받아도 전선을 돌리는 있는 공간이 확보가 안 되다 보니 회피가 불가능했을 것이며 함선 현측이 상대적으로 높아서 일본군의 등선(登船) 자체가 곤란했던 것으로 보인다.

특히 일본서기에서는 이 순간에 장수 '치노타쿠츠(朴市田來津)'가 '하늘을 우러러 맹세하고 이를 갈며 분노하면서 적병 수십명을 죽이고 마침내 전사하였다'는 기록이 나오는데, 당초 부여 풍이 백제로 건너 올 때부터 함께 했던 장수로 능력이 출중했던 것으로 추정되며 그의 최후를 보면 혼란 속에서도 결사적으로 부여 풍의 탈출로를 확보하고 희생된 것으로 보인다.

'구당서(舊唐書)'와 '일본서기'의 내용을 종합해 보면 유인궤가 이끄는 당의 수군과 일본 수군이 백강 하구에서 4차례의 교전을 했으나 당이 모두 이겼으며, 이때 일본의 전선 400척을 불태웠는데 그 연기가 하늘을 뒤덮고 바닷물은 붉게 물들었다고 기록하고 있다.

또한 일본의 수군이 붕괴되니 백제왕 부여 풍은 (고구려로) 홀로

도주하였고 가짜 왕자 '부여충승(扶餘忠勝)'과 '부여충지(忠志)'가 남녀 신하, 일본 패잔병을 이끌고 투항하였으며 이 소식을 접한 백제의 성들도 차례로 항복하였다'고 기록하고 있다. 그리고 백제 부흥군의 거점인 주류성도 9월 7일 당에 항복하였다고 했다.

> 同趣周留城。仁軌遇扶餘豐之衆於白江之口, 四戰皆捷, 焚其舟四百艘, 賊衆大潰, 扶餘豐脫身而走。偽王子扶餘忠勝、忠志等率士女及倭衆並降, 百濟諸城皆復歸順, 孫仁師與劉仁願等振旅而還 [舊唐書 券199, 東夷列傳 百濟]

　　여기에서 눈여겨 볼만한 점은 '가짜 왕자' 부여충승(扶餘忠勝)이 등장한다는 것이다. 일본은 전국시대에 '카게무샤(影武者, かげむしゃ: 위장 대역)'의 활동이 눈에 띄게 많은데 유명한 '다케다 신겐'도 인상착의가 비슷한 동생들을 '카게무샤'로 활용하였다. 신겐 이외에도 '도쿠가와 이에야스'도 카게무샤를 활용했다는 기록이 있는 만큼 당초 일본과는 혈맹국으로 역사적으로 공통점이 많았던 백제로서는 '카게무샤'를 운용하는 세부적인 전술에 있어서도 양국간의 동일성이 있었던 것으로 보인다.

　　또한 구당서 '유인궤전'에서는 '탐라 사신이 백제군과 함께 있다가 항복하였다'는 내용도 추가로 기록하고 있다. 즉 백강 해전 당시에 '백제·일본 연합군' 안에 '탐라국'(現 제주도)도 포함되어 있었으며, 당시엔 독립 국가이었던 '탐라국'도 '백제·일본 연합군'의 일원으로 일정부분 기여했던 것으로 추측할 수 있다.

또한 이는 일부 사학자들이 신라~고려 시기에 자주 출몰한 '가짜 왜구(假倭)'의 근원지로 한반도의 남도와 탐라국을 지목하고 있는데 그 근거로 보일 수도 있는 중요한 단서이기도 하다.

> 僞王子夫餘忠常忠志等率士女及倭衆幷耽羅國使 一時竝降 [舊唐書 券84 列傳 유인궤傳]

탐라국은 476년(문주왕 2년) 4월에 백제에 사신을 파견하였으며 사신은 좌평의 직위를 받았다는 기록이 있다. 이후 백제의 속국으로 조공을 받치다가 백제 의자왕이 항복한 이후인 662년 2월에 '탐라국주 좌평 도동음률(徒東音律)'이 신라에 항복하였으나 백강 전투에서 탐라국의 사신이 있었다는 것으로 보아서는 백제의 부흥을 기대하고 있었다고 볼 수 있다.

'일본서기' '텐지 천황 663년 9월 7일' 기록에 따르면 '주류성이 당에 항복하였다. 백제의 이름은 이제 이것으로 끝나고 말았다. 조상의 무덤에 어찌 다시 가볼 수 있을 것인가? 테례성(弖禮城)[21]에 가서 일본 장군들과 만나 무엇을 어떻게 해야 할지 의논하자'라고 기록되어 있다. 이 기록이 한반도에서의 백제의 마지막을 나타내는 공식 기록이다.

그러나 3년 동안 준비한 27,000명의 지원군과 400척의 전선이 궤멸된 상태에서 추가적으로 백제를 지원할 여력과 명분도 약해

---

21) 전남 보성군 鳥城(冬老縣)이라는 설과 경남 南海島라는 설이 상존

질 수밖에 없었다. '일본서기' 텐지 천황 663년 9월 7일부터 24일까지의 기록을 보면 백강 해전 패배 이후인 9월 초부터 일본과 백제 유민은 백제의 남해안으로부터 일본으로 향하게 되며, 이때 백제의 귀족 3,000여명이 일본으로 이주하게 되었다.

　단순히 초기 3,000여명만 언급된 기록 이외에 귀족 가문과 군인, 가솔들까지 일본으로 이주한 것으로 고려하면 약 100,000명이 넘는 많은 백제인들이 일본으로 넘어갔다는 설도 상존하고 있다. 이들 대부분 일본 정치의 중심지인 아스카(飛鳥) 또는 큐슈 지방으로 이동한 것으로 추정되는데 만일 그렇다면 향후 큐슈 지역을 중심으로 벌어질 정한론(征韓論)의 배경에는 백제인의 원한이 반영된 것일 수도 있다는 합리적 의심도 가지게 한다.

　또한 이주 초기에 백제의 '좌평'이던 '여자신(余自信)'은 일본 조정의 교육부 장관에 해당되는 '학직두'에 오르고 '사택소명(沙宅紹明)'은 법무부차관급인 '법관대보'에 임명되는 등 백제 출신들이 일본 정계의 핵심세력으로 바로 편입하게 되는데 이들 이외에도 '목소귀자'(木素貴子), '귀실집사'(鬼室集斯) 등 수많은 백제의 엘리트들이 일본 조정의 관리가 되어 법(法), 병법(兵法), 약(藥), 음명(陰明) 등 각 분야에서 일본의 발전을 급속히 발전시키는 역할을 하게 된다.

　앞서 소개한 대로 일본의 대표적인 역사서인 '고사기(古事記)'를 편찬한 학자도 백제 출신의 '태안만려(太安万侶, 오노 야쓰마로)'이었으며 그의 조부 '오호노오미코모시키(多臣蔣敷)'는 백제 부흥군을 이끈 '부여풍'의 장인이다. 이들과 함께 백제의 왕실을 잇는 '구다라노코니키시 젠코(百濟王善光)'의 후손들도 일본 정계에서 활발한 활동을 한 만큼 결과적으로 백제의 왕족, 귀족, 학자, 군인, 예술인 들이 일본 핵심부에 그대로 이식되는 결과를 가져오게 된 것이다.

8. 백제 부흥의 실패 원인은 무엇일까?

백제 부흥군 내부의 권력 다툼이 그 첫 번째 원인이다. 복신이 도침을 살해한 이후 백제 부흥을 위해 자발적으로 모인 백제군 내부에 혼란이 발생할 수밖에 없었는데, 정작 믿고 따르던 최고의 명장으로 귀신도 놀라게 한다고 성까지 '귀실'로 바꾼 복신이 배신으로 죽임을 당하게 되자, 백제 부흥군에게는 심각한 내부 동요가 불가피했다.

게다가 군의 명령체계는 일사 분란해야 한다. 적군인 당·신라 연합군은 당이 군령권을 가지고 작전을 일사분란하게 지휘한 반면, 백제·일본 연합군은 명령체계에 혼선이 생겼다.

근본적으로 도침을 따르던 군과 복신을 따르던 군의 내부적 갈등, 흑치상지 등 여타 장수 휘하의 병사들, 그리고 연합작전을 해본 경험이 없어 원활한 작전 수행이 불가능했던 백제군과 일본군, 무엇보다도 백제군의 신망을 받던 귀실복신에 비해 일본에서 30년 이상 체류하면서 백제 내에 네트워크가 구축되어 있지 않은 풍장의 지휘권은 한계가 있었다고 볼 수 있다.

또한 당시의 군함인 전선의 특징을 살펴 볼 필요도 있다. 당은 당대 최고의 강대국으로 잘 조련된 군사는 물론 당시로서는 첨단 무기들을 많이 가지고 있었다. 전선의 경우도 대형선을 건조하여 수전에서 사용하였는데, 당시에 사용된 주요 전선은 루선(樓船), 몽충(蒙衝),

주가(走舸), 유정(遊艇), 해골선(海鶻船) 등이다.

중국의 루선

중국 역사서 사기에 따르면 한(漢)의 무제(漢武帝)가 남월(南越)과 고조선을 공격했을 때에도 루선(樓船)을 활용했다는 기록이 있고, 위진남북조 시대의 동오(東吳)에서 건조한 '비운(飛雲)', '개해(蓋海)' 등으로 불린 루선(樓船)의 경우 모두 5층으로 이루어져 3천 명의 병사를 태울 수 있었다고 하니, 전선의 크기가 상대적으로 컸을 것으로 추측된다. 일본의 경우 전투에 사용한 선박의 크기를 구체적으로 확인할 수 없으나 상대적으로 중소형 선박이었을 것이다.

게다가 당시에는 화약무기가 없던 시절인 만큼 근거리에서 화살 또는 불화살로 공격하거나, 적선에 근접해서 올라가 근접전을 벌이는 등선육박전(登船肉薄戰) 전술이 일반적이었다. 만일 현측의 높이가 다를 경우 갈고리 등으로 걸고 밧줄을 타고 어렵게 올라가야 하는데다, 전통적 공격방법인 충각 전술(들이받는 방법)을 쓴다면 작은 선박은 쉽게 침몰할 수밖에 없다.

'일본서기'와 '구당서'를 종합해서 분석해 보면, 훈련을 잘 받은 당의 수군은 백강 하구에서 초기에 계단식 횡렬진으로 있다가 일본군 수군이 접근시 좌우로 벌려 쐐기형태로 일본 전선을 일시에 안으로 모으면서 화공으로 공격하였을 가능성이 가장 높다.

물론 근접전을 피하고 함포의 성능을 최대화한 이순신의 학인진 전술보다는 불화살의 사정거리로 매우 근접한 형태로의 진형을 유지하였을 것이다.

다음으로 지원을 약속하였던 고구려의 지원이 미약하였으며, 그나마 파견되었던 일부 군사마저 당의 손인사(孫仁師)에게 전멸을 당한데다, 일본 역시 3년간의 준비를 거쳐 대규모 지원군을 보냈으나, 백강 전투에서 일시에 패배함으로써 더 이상의 지원이 불가능했다는 점이다.

또한 귀실복신이 피해를 무릅쓰고서라도 농작물 재배가 가능한 피성으로 이동하였다는 점에서 파악할 수 있듯이 백제 부흥군에게는 심각한 식량난이 발생했으며, 3년간의 긴 부흥운동으로 인해 필연적으로 전투력 약화와 군의 사기 저하로 이어질 수밖에 없는 상황이었다.

일본의 대규모 백제 지원에 대해서도 일부 학자들은 '고대제국주의전쟁설(古代帝國主義戰爭說)'을 주장하고 있으며, 또 다른 학자들은 '조국해방전쟁설(祖國解放戰爭說)'을 주장하고 있어 양분되는 현상을 유지하고 있다.

전자의 경우 백제가 일본의 조공국이기 때문에 속국을 구원하기 위해 출병을 했다는 것이고, 후자의 경우 '사이메이 천황'(齊明天

皇) 등으로 대변되는 '야마토 정권'의 지배층이 백제계라는 주장으로 조국을 외세 즉 당으로부터 해방시키기 위해 지원하였다는 설이다.

또 다른 주장은 야마토 정권의 입장에서 고구려와 백제가 당에게 멸망하면, 다음은 신라인데 신라는 당의 손에 쉽게 들어가게 될 것으로 예측했고, 그 다음은 일본 본토에 대한 당대 최강국 당의 침공이 반드시 있을 것이라는 불안감이 작용했을 것이다.

그러나 상기 3가지 안(案) 모두 일본의 백제 지원을 설명하기에는 역사의 왜곡이 심하거나 비약이 강할 뿐만 아니라 논리적 한계가 발생한다. '고대제국주의전쟁설'의 경우 당초 귀실복신의 요청으로 지원군을 보냈다는 점과 그 지원군의 지휘권도 백제인인 풍장에게 부여했다는 점에서 논리적으로 충돌이 일어나며 방어 거점을 주류성에서 피성으로 잠시 이동했을 때에도 일본 지원군 소속의 '치노타쿠츠(朴市田來津)'가 적극 반대하였지만, 풍장과 복신의 의도대로 강행되었다는 점에서 전반적인 무게감은 백제 쪽에 있었다고 확인할 수 있다.

'조국해방전쟁설'의 경우에도 이 논리라면 일본 천황 가문이 곧 '백제 가문'이어야 한다는 것을 의미하는데, 기실 '민족국가'라는 개념이 성립되기도 전인 고대시기에 '양국 간의 혼례' 등으로 백제 왕실과 일본 천황실과의 유대 관계가 있었다고 해서 일방적으로 백제가 일본의 속국이거나, 일본이 백제의 속국이라고 보는 것은 무리가 있다.

상호 이익을 보장하는 혈맹 국가로서의 유대감이 매우 높음에 따라 서로간에 보완적으로 작용했을 것으로 보는 것이 가장 합리적이다.

    비록 일본은 백제, 고구려의 멸망 이후 당과 신라와의 외교관계를 다시 하게 되지만, 백제와의 유대 관계는 일본의 황실이 백제 왕족과 백제의 이주민들의 정착과정에서 이들을 적극 지원하는 모습을 보이고 있다는 점에서 그 유대 관계는 지속적으로 유지되었다.

9. '백강 해전' 이후 전혀 다른 길을 걷는 일본과 한반도

'일본서기'에서 텐지 천황 665년, 666년, 669년 동안의 기록을 살펴보면, 천 단위의 백제 유민들을 오우미(近江)에 집거하게 했다거나, 백제 유민 남녀 2,000인을 동국(東國)에 집단 거주하게 하였다는 기록이 있으며 663년의 경우 당의 감시가 있었을 상황에서 조차 백제 이주민들에게 3년간 관식(官食)을 지급하였다는 점에서 백제와 일본 간의 오랫동안 유지되어 온 친밀관계를 확인할 수 있다.

또한 '구다라노코니키시' 가문, 즉 '백제왕(百濟王) 성씨'의 발현에서도 찾아볼 수 있다. '구다라노코니키시(百濟王氏)'씨는 의자왕의 직계손인 '부여 선광(善光)'을 선조로 하는 가문이며 일본의 귀족 대우를 받는 성씨로 자리를 잡는다. '구다라노코니키시(百濟王氏)'는 일본의 '신창성씨록(新撰姓氏錄)'에서 찾아볼 수 있다.

앞서 언급했듯이 친 백제 노선을 추구했던 형 '텐지 천황'이 죽자 672년 '진신의 난(壬申の乱)'을 일으켜 다음 천황이 될 조카 '오토모노미코(大友皇子)'를 죽이고 천황에 오른 '텐무 천황' 조차도 '부여 선광(善光)'의 아들인 '구다라노고니키시 죠쇼(百濟王昌成)'에게 관위를 주었으며 백제 유민들에게는 특별히 674년부터 681년까지 과세를 면제해 주었다고 한다.

'백강 해전'의 패전이후 의자왕의 보위를 물려받은 백제왕 '부여 풍'이 고구려로 망명하게 되고 일본에 남아 있던 그의 아들 '부여사(絲)'²²⁾의 후손인 '정가왕'과 '복지왕'이 암살당한 뒤에도 '부여 풍'의 형제였던 '부여 선광(善光)'이 백제 왕실의 명맥을 일본 조정의 보호 아래 계속 이어가게 되었다는 것을 의미한다.

이와 관련 일각에서는 일본 헤이안(平安) 시대의 초기인 '간무 천황(桓武天皇)' 시기의 경우에는 건무 천황의 생모가 백제계 가문 출신이기에 천황의 외척으로 대우를 받았으며, '구다라노코니키시(百濟王氏)' 가문의 여자들은 천황 가문에 후궁으로 들어가 천황 가문의 일원으로 안정적으로 삶을 영위하였으며, 헤이안 중기까지도 귀족 대우를 받으며 존속하였다고 한다.

일본의 각 시대별 역사에 기록된 '구다라노코니키시(百濟王氏)' 가문의 후손들을 보면 아스카 시대에 '백제왕 선광(百濟王善光, 601~687)' 이래, '구다라노코니키시 엔보(百濟王遠寶, 정5위)', '구다라노코니키시 로우구(百濟王朗虞, 종4위)', '구다라노코니키시 난젠(百濟王南典, 종3위)', 나라 시대의 '구다라노코니키시 지쿄(百濟王慈敬, 종5위)', '구다라노코니키시 고우츄(百濟王孝忠, 종4위)', 헤이안 시대의 '구다라노코니키시 리하쿠(百濟王理伯, 유경대부)', '구다라노코니키시 부쿄우(百濟王武鏡, 종5위)', '구다라노고니키시 쥰테츠(百濟王俊哲, 진수부장군)' 등 많은 인물들이 일본 역사 속에

---

22) 부여사(扶餘絲)는 백제(百濟) 의자왕(義慈王)의 손자이자 풍왕(豊王)의 아들이다. 사왕(絲王)이라고도 불린다. 660년 조부 의자왕(義慈王)이 당나라로 끌려가고 아버지 풍왕(豊王)이 백제(百濟)의 왕(王)으로 추대되어 귀국하자 일본(日本)에 남아 있었다. 663년 백제(百濟) 부흥군(復興軍)이 패하고 아버지 풍왕(豊王)이 고구려(高句麗)로 망명하자 그의 입지는 좁아졌다. 이후 명목상의 왕위 계승자로 존재하였다. 미야자키현에 정착한 정가왕(禎嘉王), 복지왕(福智王)은 그의 후손이었다.

활약했음을 알 수 있다.

현재 일본의 오사카 히라카타 시에는 백제 왕조를 모시는 '구

다라오 신사(百濟王神社)'는 일본 황실의 보호아래 백제 왕실이 유지되었다는 것을 보여 주고 있다.

구다라오 신사

무엇보다도 수세기간 백제의 혈맹국가이던 일본에게 있어서는 대(對)한반도 정책의 급격한 변화를 요구하게 되는데 이는 과거 주요 무역 상대였던 가야의 멸망 이후 정착된 역학 구조가 변화하게 되었다는 것을 의미한다.

백제의 멸망은 곧 한반도의 정립체계가 무너진 것이기 때문에 강성해진 당이 고구려를 무너뜨릴 가능성이 많아졌음을 뜻하며 백제의 오랜 파트너로서 백강 해전에도 27,000여명의 대규모 구원

병을 보냈었던 만큼 당의 보복이 있을 것으로 생각하게 된다.

특히 3년간의 준비를 통해 마련한 400여척의 함선과 군사들이 궤멸되어 당의 공격을 막아낼 능력에 없다는 것을 알고 있었던 만큼 혹시 모를 당의 침입을 방지할 방어진지와 성을 구축하는데 매진한다. 이때 백제로부터 이주한 많은 기술자들이 동원되는 만큼 백제의 축성기술이 일본으로 전파되는 효과를 가져 오기도 하였다.

일본의 입장에서는 혈맹국의 멸망으로 한동안 당의 침공 가능성에 집중하는 한편 신라와는 근본적으로 적대 관계였으나, 국가의 생존 전략을 마련하면서 친 당, 친 신라 정책을 구사하게 되면서 그간의 백제를 통한 국제 외교와 무역 관계를 청산하고 일본만의 정체성을 구축하고 나아가는 계기가 된다. 백제의 멸망 이후 백제의 역사를 토대로 일본의 역사서인 '일본서기'가 만들어지게 되었으며 국호를 왜가 아닌 '일본'으로 바꾸고 왕의 호칭도 '천황'으로 변경하고 한족 중심의 황제국과 대등한 '천황의 나라'로 발전해 나아간다.

반면 한반도의 경우 백제의 멸망은 곧 고구려의 멸망으로 이어져 고조선 이래 유지되어 왔던 요동, 만주를 대상으로 하던 한반도로 활동 무대가 축소되는 시작점이 되고 만다. 그리고 신라의 유학자들로부터 형성된 '한족 사대주의'가 민족정신의 순수성에 악영향을 주었을뿐더러 이후 나타날 한반도 국가들의 발전을 저해하는 근본적인 역할을 하게 된다.

당시 신라의 목적은 한반도의 삼국을 통일한다는 거창한 목적이 아닌 단순히 가장 약소국의 자신들을 괴롭히는 이웃 국가가 없어졌으면 하는 수준이었다. 당과의 약속도 한강 이남의 백제 영토를 부여받는데 관심이 있었지 광활한 만주대륙, 요동반도에 대한 생각은 전혀 없었다. 한반도 동남방의 작은 나라로서는 상상도 할 수 없는 일이었고 한 번도 경험해 보지 못하였기 때문이다.

특히, 당초 고구려와 백제는 대륙의 국가 부여에서 파생되어 건립된 국가였던 만큼 요동, 만주에 대한 집착이 있었으나 신라는 한반도 동남단의 소국(小國)이었던 만큼 한강이남의 백제의 영토만 확보하여도 국가의 전략은 완성되었다고 볼 수 있다. 백제에 이어 고구려까지 멸망한 이후 발생한 당과 신라의 전쟁은 신라가 당을 넘어 영토를 확장하려고 했던 것이 아니라, 웅진도독부를 통해 당이 백제의 옛 영토를 지배하려고 하자 발생한 최후의 자구책이었을뿐이었다.

이후 신라와 일본은 각기 다른 길로 나아가게 되는데, 결과적으로 신라는 유학에 기반을 둔 한족 사대주의 국가로 나아갔던 반면 일본은 멸망하지는 않을 것이라고 믿었던 강대국 고구려와 백제의 패망은 그 자체로서 일본 정치인들에게 큰 충격으로 다가오게 되었고 부국강병에 매진하게 된 계기가 되었다.

고려 시대에 신라 왕실의 후예로 기득권을 유지하기 위해 '묘청의 서경(지금의 평양) 천도 운동'을 무력으로 진압하고, 중국 사대주의와 유학을 기본 바탕으로 기술한 '삼국사기'를 편찬한 '김부식'은 백제의 의자왕을 극도로 폄하하며 주색잡기로 나라를 망친 왕으로 표현하였으나 정작 그가 삼국사기를 집필하면서 참고로 한 중국 사서를 그대로 인용하는 과정에서 의자왕이 '해동증자'라고 불릴 정도의 훌륭한 인품을 가졌다고 기록하는 모순도 보인다.

단재 신채호 선생은 '조선사연구초(朝鮮史硏究草)'에서 '일천년 역사중 제일 큰 사건(一千年來, 第一大事件)'이라며 '김부식이 패하고 묘청의 난이 성공하였으면 조선의 역사가 독립적이며 진취적으로 진전했을 것이다'라고 강조할 만큼 김부식을 한반도 역사의 가장 큰 역적으로 평가하였다. 그리고 김부식의 아들인 김돈중은 국가를 지키는 무신들을 무시하고 홀대하는 안하무인의 방자한 행실로 인해 고려시대에 '무신정변'이 발생하게 되는데, 김부식과 그의 아들 김돈중은 신라 왕실의 후손이다.

문제는 자의적으로 한족인 당을 한반도 역사에 다시 끌어드림으로서 유교의 가장 큰 문제점인 중국을 종주국으로 하는 '소중화(小中華) 사상'이 생겨나는 기반을 닦아 놓았을뿐만 아니라 고조선, 부여 이래 동북아 지역에서 강력한 국가를 유지하고 민족의 정체성을 지켰던 요동, 만주의 땅을 잃어버리고 한반도를 한족의 속국으로 만든 신라야 말로 역사상 최악의 국가였다.

이후 그러한 민족적 염원이 없는 한족 사대주의 국가인 신라를 타도하고 고려가 창건되었으나 고려라는 국호에서 볼 수 있듯이 고구려의 영광을 다시 찾겠다는 고려의 건국이념을 또다시 무너뜨린 신진사대부라는 한족 사대주의자들에 의하여 완벽한 '한족의 식민지'로 전락해 버리는 성리학과 사대부의 나라 조선이 탄생하게 된다.

'백강 해전'의 패배는 그 여파로 인해 백제와 고구려가 망하고 일본도 이 시점부터 한반도를 '혈맹 대상'이 아닌 '적대적'으로 보게 만드는 역사적 큰 전환점이 되고 만다. 한반도 국가와 일본 간의 오랜 갈등의 원인을 제공한 한족은 당 이후부터 동북아 패권 국가로서의 자리를 공고히 하다.

이러한 역사의 골은 한반도와 중국 대륙을 대상으로 한 본격적인 왜구 활동의 발호를 야기하였으며, 1592년 임진왜란과 1894년 청일전쟁, 1904년 러일전쟁으로 이어지는 韓, 中, 日간의 끝없는 분쟁의 씨앗이 되고 만다. 그리고 '고려·몽골 연합군'의 일본 침략과 쓰시마, 이키섬(壹岐島) 학살로 인하여 한반도에 대한 원한이 깊어만 가게 되는데, 이 시기의 역사를 잘 살펴보면 한일(韓日)간의 오랜 악감정의 근본 원인을 알 수도 있을 것이다.

제 2 장

고려, 元 제국과 함께
일본을 침공하다

10. '무쿠리 코쿠리'(蒙古高句麗, むくりこくり)의 공포

11. 충렬왕, 元 제국 '쿠빌라이 칸'의 사위가 되다

12. 요동 정벌의 합리적 근거, 그것은 '심양왕(瀋陽王)'에 있다

13. 고려 · 몽골 연합군의 1, 2차 일본 정벌의 시작

14. 왜구(倭寇)와 신라구(新羅寇) 그리고 가짜 왜구(假倭)

고려, 원(元) 제국과 함께 일본을 침공하다

10. '무쿠리 코쿠리' (蒙古高句麗, むくりこくり)의 공포

　　대한민국 국민들은 너 나 할 것 없이 일본과의 관계를 물어보면 '임진왜란'과 '일제 식민지'만을 이야기한다. 그렇게 교육 받아왔고 그것이 상식이 되었으며 그리고 그 상식 속에서 일본에 대한 '증오심과 복수심'이 생겼다. 만일, 일본도 그와 유사한 일을 한민족의 국가들에게 당했다면 어떻게 생각할까? 과연 그러한 일은 역사 속에서 전혀 없었을까? 한반도의 국가들은 항상 침략만 받고 살아왔을까? 고조선부터 지금의 대한민국까지의 시대별 역사를 정확히 모르는 사람들일지라도 고려의 대몽항쟁, 삼별초 등의 이야기는 알 것이다.

　　조금 더 관심이 있는 사람들은 '고려와 몽골의 연합군'이 '원(元) 제국'의 영토를 동쪽으로 더욱 확장하기 위하여 일본 본토를 두 차례나 침략했던 것을 알 것이다. 그리고 '태풍, 일본말로는 가미가제(神風)로 인하여 전선이 침몰하여 원정은 실패했다'고 간략히 알고 있을 것이다.

　　그렇게 배워 왔다. 그런데, 두 차례에 걸친 '고려·몽골 연합군'의 일본 원정은 태풍으로 인해 원정군이 전멸하는 것으로 쉽게 끝이 났을까? 수백 척의 전선과 수만~수십만 명의 병력이 파병되었는데 그 결말이 너무 간단하지 않은가? 아니면 그 침략의 전후에는 아무

일도 일어나지 않은 것일까?

지난 2009년 2월 27일자 일본 '이키일일신문(壱岐日々新聞)' 및 3월 2일자 '이키일보(壹岐日報)'에서는 특이한 기사 두 건이 보도되었다. 제목은 '김방경 장군의 자손 일행 이키섬 방문, 여몽연합군의 사망자 영혼을 애도하다. 이키와 한국, 형제와 같이' 와 '고려 왕국의 후예 9인 이키섬 방문 여몽연합군 루트를 순방하다'라는 기사들이다. 그렇다면 이 김방경 장군이라는 사람은 누구인가? 그에 대해서 자세히 알아보자.

이키일일신문(壱岐日々新聞)

이키일보(壹岐日報)

'김방경(金方慶, 1212~1300년)'은 신라 마지막 왕인 '경순왕(敬順王)'의 10대 손으로 고려 말 무신이자 무인이었다. 안동(安東)을 식읍(토지와 가호)으로 받아 '안동 김씨'의 중시조가 된 인물이다. 그리고 조선시대에 들어와서는 고려의 왕들과 16명의 충신을 모신 사당에 배현경, 복지겸, 신숭겸, 강감찬, 김부식, 정몽주 등과 함께 그 위패가 배향되었다고 한다.

그는 대몽골 항전, 삼별초 진압, 1차, 2차 일본정벌 등에 모두 참전한 고려시대 실전 경험이 가장 많은 장군이다. 말 그대로 고려시대 거의 모든 전투를 참전한 백전노장(百戰老將)이었다.

1229년 18세에 음서제도로 관직에 올라 식목녹사(式目錄事)를 시작으로 1248년 서북면 병마판관, 1263년 진도에 침략한 왜구를 물리쳐 상장군이 되었고, 1270년 원 제국의 쿠둔(忻都)과 진도의 삼별초를 토벌하고 그들이 왕으로 옹립한 '승화후 온(承化後 溫)'을 직접 죽인다.

1273년에는 탐라로 이동한 삼별초를 궤멸시키기 위해 원나라 장수 쿠둔(忻都), 홍다구(洪茶丘) 등과 함께 탐라(耽羅)로 진격하여 삼별초를 완전히 평정한다. 특히, 두 차례에 걸친 일본 원정에 참전하고 일본에 대한 침략을 적극적으로 추진하는 한편 일본 본토에 상륙하여 몽골군보다 앞서 일본군과 현지민들을 학살하는데 앞장서는 등 고려와 몽골 연합군의 '일본 정벌'에서 혁혁한 공을 세운다. 이로써 그는 고려의 최고 관직인 시중 자리에 오르는 한편 원의 세조(世祖)로부터 공을 인정을 받았다고 한다.

김방경이 고려군의 지휘관으로 참가한 '고려·몽골 연합군의 일본 침략전쟁'을 한국에서는 통상 '여몽 연합군의 일본 원정'이라고 하며 중국에서는 '원일전쟁(元日戰爭)'이라고 칭하고 일본에서는 1274년의 1차 침공의 경우 '분에이 캇센(文永合戰)', 1281년의 2차 침공은 '고안 캇센(弘安合戰)'이라 부른다.

이와 관련된 내용을 '고려사', '고려사절요' 및 일본의 '하치만구도훈'(八幡愚童訓) 등 당시의 전쟁 상황을 기록한 역사서를 통해 그 역사의 진실을 알아보도록 하자.

우리는 잘 모르지만 1274년부터 1281년간 2차례의 걸친 대규모 원정 전쟁 때문에 일본인들에게 아직까지도 그 공포감이 가슴속에 살아 있다고 한다. 당시 고려·몽골 연합군은 '철포'라는 화약무기를 전투에서 사용하였는데 당시 일본의 병사들은 처음 보는 무기였다. 그리고 고려·몽골 연합군의 일본 본토 상륙 이후 압도적 군사력으로 현지인에 대한 대학살이 진행되었다.

같은 시대의 유럽의 각 국가들은 몽골의 전사들에게 당한 두려움과 공포심으로 인해 몽골과 그들의 제국에 대한 무서움이 오랫동안 유지되었다. 그 당시 유럽인들이 느꼈던 공포와 일본이 느끼는 공포심은 같은 것이었다. 일본의 경우 그 대상은 몽골뿐만 아니라 침략을 주도한 고려로 확장되었다는 것이 다를 뿐이다.

각종 역사 자료를 참고해 보면 고려의 '충렬왕'이 병력 파병을 통한 일본 점령의 필요성을 '원 황제에게 적극 주장하고 국가 총동원령에 준하는 전시 상태에서 1,000여척이나 되는 전선을 건조하고 김방경(金方慶) 장군을 위시한 수만 명의 정예 군사를 파병하는 등 사실상 일본 원정을 주도하였다'고 설명하고 있는 만큼 '고려·몽골 연합군'의 일본 원정에 있어서 특히 2차 일본 원정의 경우 몽골보다 고려의 역할이 상대적으로 컸다. 왜 그랬을까?

그 이유는 비록 기나 긴 대몽항쟁 기간 중 무신정권이 몰락하게 되고 고려가 전격적으로 몽골과 관계를 개선시켰음은 물론 그와 동시에 원종의 아들인 '충렬왕'이 당대 세계 최강대국인 '원제국'의 '쿠빌라이 칸'의 사위가 됨으로서 '부마국의 지위'를 얻게 되는 것부터 시작된다.

비록 조공과 공녀(貢女)를 바치는 행위를 하였으나, 당시 '원 제국'에 의해 완전히 초토화된 여타 식민지 국가들에 비해 상대적으로 그 피해의 수준이 상대적으로 적었으며, 부마국으로서 원 제국에서의 고려의 역할과 비중도 남달랐다. 더욱이 공녀로 원에 간 여인들은 황제의 부인, 즉 황후가 되거나 황실에서 일을 하는 등 상당수가 좋은 대우를 받았다는 것은 사실이다.

무엇보다도 황족끼리만 결혼하는 원 황실의 특징을 고려 할 때 이는 매우 파격적인 행보였으며 원이 고려를 생각하는 관점은 통상의 잘못된 상식과는 다른 것이었다. 더욱이 충렬왕은 '원 제국 최고 회의'에 참석하게 되고, 그의 아들 충선왕부터는 '요동 전 지역'을 다스리는 권한도 부여받게 되니 사실상 '원 제국의 전략적 동반자'로서 활동을 하게 되었다.

이러한 권한 확대를 계기로 고려의 위상을 더욱 공고히 하고 실질적으로는 통제받을 수밖에 없었던 군사력 양성의 기반을 닦을 수 있는 기회로 삼기 위하여 고려가 주도적으로 일본 원정을 추진하게 되었다는 주장이 상당히 설득력이 있어 보인다. 해전에 약한 몽골의 특성과 유럽 전역으로 영토를 넓혀가던 원 제국의 전략으로 볼 때 섬 국가인 일본에 대한 정복은 동쪽 끝의 나라를 점령하고 세계 제국이라는 이상을 달성하기 위한 목적에 지나지 않았다는 견해도 상당하다.

따라서 고려는 비록 기상이변 때문에 1차 원정이 실패로 끝났지만, 이미 1차 원정에서 쓰시마와 이키섬(壹岐島)을 초토화시켰던 군사적 경험과 자신감이 있었던 만큼 주도적으로 진행한 2차 일본 원정이 만일 성공하였다면 황실 가족으로 연결된 원과 고려의 관계를 고려시 일본 열도에 대한 통제권을 원 제국으로부터 양도받았을 가능성도 충분히 있는 상태였다.

아마도 이러한 이유였을까? 고려사에 따르면 충렬왕은 일본 원정이 실패하자 합포에서 한달 동안 도성을 올라오지 않고 큰 실의에 빠져 있었다고 기록하고 있다. 원 제국의 무종(武宗)이 요동 전역의 막대한 영토를 다스리는 '심양왕(瀋陽王)'의 권한을 쿠빌라이 칸의 사위인 충렬왕 아들 충선왕에게 주었던 만큼 충분히 가능한 시나리오이다.

만일 그랬다면 어떤 결과가 나왔을까? 아마도 원 제국의 힘이 약해지게 된다면 그들은 일본 본토에 대한 권한에는 큰 신경을 못 쓰고 오직 중원 대륙에서의 권한을 계속 유지하기 위하여 주원장의 홍건적(紅巾賊), 즉 한족과의 대결에 집중했을 것이기 때문에 일본의 영토는 최소한 전부는 아니더라도 백제 유민이 많이 거주하던 큐슈 등 일부 지역은 고려가 계속 장악하거나 친고려 정권을 창출시키지 않았을까? 그리고 한민족의 역사는 다른 방향으로 기록되지 않았을까? 충렬왕의 원대한 꿈과 좌절의 슬픔이 느껴진다.

'무쿠리 고쿠리(蒙古高句麗 - 몽골과 고려를 지칭하는 일본 민속 어휘로, 주로 무서운 것을 가리킬 때 비유해서 쓰임)'라는, 일본인들에게 있어 고려군과 몽골군에 대한 두려움과 공포를 표출하는 단어가 만들어지게 되었다. 즉 고려군이 주도적으로 활동하였던 '고려·몽골 연합군'의 일본 원정으로 인해 당시 가장 큰 피해를 입은 '쓰시마' 및 '이키섬(壹岐島)'에서의 남녀노소를 모두 포함한 무차별적인 잔인한 학살의 영향으로 만들어졌다.

지난 663년 8월 백강 해전의 패배 이후 일본의 입장에서는 백제를 지원한 자신들에게 당대 최강국인 당나라와 신하국인 신라의 연합군이 언제든지 일본을 쳐들어 올 수도 있다는 두려움에 사로잡혀 있었다. 게다가 그들에게 있어 신라 이후 한반도에 성립된 고려라는 나라는 신라와는 국호만 바뀌었을 뿐 다른 나라가 아니라는 인식이 있었을 것이다.

그런데 그러한 두려움이 잊혀져갈 무렵인 600여년이 흐른 후 그때의 우려가 현실이 되었다는 점에서 그 공포심은 극대화되었을 것이다. 일본의 입장에서는 중국 본토를 점령한 '고려·몽골 연합군'의 모습은 '당과 신라 연합군'의 모습과 대동소이(大同小異)한 것이었던 만큼 당시의 공포와 두려움이 얼마나 컸을 것인가는 미루어 짐작할 수 있다.

'동사강목(東史綱目)' 충정왕 경인 2년(1350) 봄 2월조 기사를 보면 '왜구(倭寇)는 고려·몽골 연합군의 일본 원정 이후부터 우리나라에 그 분풀이를 하려고 하였으나, 원 제국이 두려워하여 감히 침범을 못하다가, 원 제국이 쇠약해지자 비로소 고성, 거제 등지에 와서 노략질을 하였다'라는 기록이 있다.

東史綱目 충정왕 경인2년(1350) 봄 2월조 기사

이는 왜구의 발생 원인이 '고려·몽골 연합군'의 일본 원정에 대한 怨恨(원한, うらみ, Urami)'에 기반을 둔 보복성 행위라고 이야기하고 있는 것이다. 이 이유만으로 왜구의 발생 원인에 대하여 그 모두를 설명할 수는 없으나, 다만 '고려·몽골 연합군'의 잔인한 학살에 대한 충격이 엄청났음을 간접적으로 표현하는 것이기도 하다.

비록 일본만의 기록으로 100% 신뢰를 하지 않더라도 자세한 기록이 남아있는 '하치만구도훈(八幡愚童訓)'을 보면 고려·몽골 연합군의 잔인성은 그 도를 넘어선다. 연합군이 이키섬에 상륙하자마자 무차별적으로 사람들을 죽인 후 생포된 현지 주민들의 '코(耳)나 귀(鼻)'를 베고, 임산부의 배를 가르고 아이를 죽이는가 하면 저항하는 섬 주민들의 '손바닥을 뚫어 줄로 꿰어 끌고 가거나 뱃전에 매달아 놓았다'는 것이다. 이때 산 속으로 도망간 사람들이 숨어 있던 동굴인 '가쿠레아나(隱穴)'가 섬 곳곳에 산재해 있다고 한다.

일본의 자료인 '니치렌츄가산(日蓮註畵讚, 몽고래-蒙古來 편) 및 '이치노사와뉴도교쇼(一谷入道御書, 建治 원년 5월 8일)' 등에서도 동일한 내용이 기술되어 있다. 과장되었을 가능성도 배제할 수는 없지만, 일단 고려·몽골 연합군이 일본의 쓰시마와 이키섬(壹岐島) 등을 침략한 것은 사실이며 지금도 이키섬에는 연합군에 의해 죽은 일본인들을 묻은 '천인총(千人塚)'이라는 무덤이 있고 일본 군사들의 넋을 기리기 위해 '원구순국충혼탑(元寇殉國忠魂塔)'이 있다는 사실로 볼 때 그 기록의 진위성을 의심할 필요는 없다.

또한 당시 연합군이 현지인들에게 행하였던 잔인한 행동에 대한 기록의 일부는 백제가 멸망하기 전인 663년 백제왕 풍장이 귀실복신을 결박하고 취조하는 과정의 기록과도 동일하다. 백제와 교류가 많았던 일본에 있어 포로나 죄인들이 못 도망가게 '손바닥을 뚫고 가죽 끈으로 꿰어 결박하는 방법'이 사용되고 있었다는 것을 알 수 있다.

또한 조선의 경우에도 임진왜란 당시 전공을 나누고 진급을 시켜주는 기준이 일본군의 수급(首級) 즉 '머리를 잘라오는 것'이었는데, 이순신 장군의 해전과 관련된 기록들을 살펴보면 전투가 끝난 후 수급의 숫자를 확인하였다고 하며 수급을 운반하기 보다는 운송 편의를 위해 '왼쪽 귀'만을 잘라내어 궤 속에 넣고 소금을 뿌린 후 조정에 올려 보냈다고 한다. 따라서 인류가 좀 더 문명화되기 이전까지의 군사적 활동에 있어서의 처리 방법은 공통적이었다고 볼 수 있다. 일본이라고 잔인하고 조선이라고 안 그랬다는 것이 아니라는 것이다.

임진왜란 당시의 한산대첩의 예를 들어 보면 전라~경상도 연합수군과 일본 수군과의 대결 시 이순신 진형의 수군들이 싸우고 있는 동안 원균 진형의 수하들은 전투에 집중하기보다는 이미 죽은 일본군의 수급을 획득하는 것에만 몰두하였고 전투 종료 후 최종 집계에서는 열심히 싸운 이순신 진형의 군사들이 확보한 일본군의 수급은 90급인데 반면 원균과 이억기 두 우수사가 확보한 일본군의 수급은 두 배에 가까운 160급이 넘었다는 기록이 있다.

지금의 시각으로 보면 잔인하다고 생각되지만 그 당시에는 모든 국가들이 그랬다. 일본만의 악행이었다거나 조선만의 악습도 아니었다. 그것이 전쟁의 문화였으며 그 시절에는 당연한 행위였던

김옥균

것이다. 그리고 멀리까지 안가더라도 고종이 다스리던 조선말까지도 잔인한 형벌은 그대로 존속 되었다.

그 대표적인 조선의 형벌이 '능지처참(凌遲處斬)'과 '부관참시(剖棺斬屍)'이다. 조선 말기인 1894년 3월 27일 '홍정우'가 리볼버 권총으로 갑신정변[23]의 주역인 '김옥균'을 암살하였다. 한 달이 지난 후인 4월 27일에 그의 시신은 선박으로 옮겨져 조선으로 돌아왔는데, 조선 정부는 서울 양화진에서 공개적으로 김옥균의 사체를 능치처참

---

23) 1884년 12월 4일 김옥균·박영효·서재필·서광범·홍영식 등 개화당이 청나라에 의존하려는 척족 중심의 수구당을 몰아내고 개화정권을 수립하려 한 무력 정변(쿠데타)이다. 3일 만에 제압되어 3일 천하라고도 한다.

하였고 몸을 조각내어 전국으로 보내고 잘린 머리를 그곳에 '효시'하였다. 그리고 외국인들의 기록에 따르면 조선의 아이들은 천진난만하게 그 밑에서 놀기도 하였다고 한다.

불과 126년 이전의 서울 한복판에서 벌이진 끔찍한 일이다. 개화기임에도 불구하고 김옥균에 대한 '부관참시(剖棺斬屍)'가 집행 되었고 고종은 홍정우가 입궐하자 버선발로 달려왔다는 기록이 있으며 김옥균의 부인과 7세 딸은 옥천군의 '노비'가 되었다. 전제적 왕권을 중시하는 봉건주의 사회에서 탈피하여 근대화되고 민주화된다는 것은 그래서 중요한 것이다.

지금처럼 문명화 된 시기에 19세기 이전과 같이 잔인한 형벌을 유지하는 나라는 지구상에서 아직도 원시사회를 못 벗어난 문명이 없는 오지의 원주민들이거나, 친인척조차도 대형 화기인 고사포로 쏘아 죽이며 한족 사대주의의 봉건주의 국가인 '조선'이라는 이름을 아직도 쓰고 있는 38선 이북을 강점하고 있는 김씨 조선 즉, 조선민주주의인민공화국밖에 없다.

'무쿠리 고쿠리(蒙古高句麗)', 그것은 일본에서 우는 아이도 울음을 그치게 만든다는 말이다. 이 단어는 일본인들에게 고려와 몽골에 대한 두려움은 일본을 강건하게 만들어야 한다는 국민적 결속력을 가지게 하였으며, 그 두려움은 상대에 대한 복수심으로 성장하게 되어 임진왜란과 일제식민지로 연결되는 고리를 만들게 된다. 그리고 고려를 빼앗은 조선은 국가를 근본적으로 병약하게 만들어 계속되는 국난의 시기를 겪게 된다.

물론 조선에도 '무쿠리 고쿠리'와 유사한 의미의 말이 있다.

어린아이에게 위험한 물건을 만지지 말라고 할 때 또는 겁을 줄때 쓰는 용어인 '애비'가 바로 그것인데, 임진왜란 당시 일본군이 귀(耳)와 코(鼻)를 베어가는 행위에서부터 기인하였다고 한다. 결국 전쟁 중 코와 귀를 자르고 행위는 전공을 확인하기 위한 당시의 문화였다.

11. 충렬왕, 원(元) 제국 '쿠빌라이 칸'의 사위가 되다

고려는 삼별초의 저항을 끝으로 몽골과 외교관계를 복원한 후 몽골의 나라인 원의 조공국이 된다. 그러나 고려는 몽골의 정복을 당해 식민지가 되었던 다른 나라들과는 달리 비교적 특별한 대우를 받는다. 그 이유는 무엇이었을까?

우선 1231년부터 1259년까지 28년간 지속된 고려와 몽골과의 전쟁을 알아보자.

시대적 배경은 '칭기스 칸'이 몽골을 통합하여 강대한 제국을 건설한 1206년으로 거슬러 올라간다. 고려는 최씨 가문의 무신정권 시대였다. 최초의 역사적 접촉은 몽골의 군대가 거란족을 쫓아서 고려 국경까지 들어오자 고려는 몽골과 협력하여 강동성 전투로 거란을 물리친다.

이 이후부터 몽골은 자신들이 고려를 도와주었다면서 고려와 협약을 맺고 도움에 대한 대가로 많은 세공을 요구하게 된다. 이러던 중 1225년 1월 몽골의 사신인 저고여(著古與)가 몽골로 이동하던 중 살해되는데 이를 빌미로 28년간의 '고려·몽골간 기나긴 전쟁'이 시작된다.

몽골이 기마병으로 수전(水戰)에는 약하다는 것을 고려하여 고려 조정은 1232년 강화도로 수도를 옮긴 이후 총 9차례의 전쟁을 치룬 후인 1259년에 이르러 몽골에 조건부 항복을 하였으나, 항복

조건인 개경 환도는 계속 미루다가 1270년 원종 11년에 와서 강화도에서 나와 원의 조정으로 입조한다.

그런데, 1259년 고려뿐만 아니라 몽골제국 안에서 있을 수 없는 놀라운 일이 발생하고 고려와 원제국 간의 외교관계에 큰 변화가 생긴다. 그것은 원종의 아들인 충렬왕이 '쿠빌라이 칸'의 사위가 되었다는 것이다. 이로 인해 고려·몽골의 2차 일본 원정 시에는 고려의 충렬왕이 원정을 계획하고 적극적으로 주도했다고 한다. 「고려사절요」 권20, 충렬왕(忠烈王) 6년 8월 22일에는 다음과 같은 기록이 있다.[24]

> **[(충렬)왕이 (元) 황제를 알현하여 일본 원정과 관련한 7가지 일을 아뢰다]**
>
> 왕이 일곱 가지 일로써 아뢰기를, "첫째, 저희 군사 중 탐라(耽羅)를 방어하는 자들로 동정하는 군대를 보강하십시오. 둘째, 고려인·한인 군사를 줄이고 도리첩목아(闍里帖木兒, 토리테무르)로 하여금 몽골 군사를 더 징발하게 하십시오. 셋째, 홍차구에게 직(職)을 더하지 말고 그가 성공하기를 기다렸다가 상을 주시며, 또한 도리첩목아가 臣(충렬왕)과 더불어 정동성(征東省)의 일을 관리하게 해주십시오. 넷째, 소국(고려)의 군관들에게 모두 패면(牌面)을 하사해 주십시오. 다섯째, 상국(上國)의 연안지역 사람들도 함께 초공(梢工)과 선원[水手]으로 충당해 주십시오. 여섯째, 안찰사(按察使)를 파견하여 백성의 질고를 몰래 조사해 주십시오. 일곱째, 신이 몸소 합포에 가서 군사를 사열하겠습니다"라고 하였다.
> 황제가 말하기를, "아뢰는 바를 이미 다 알겠다"라고 하였다.

---

24) 辛卯. 王至上都, 謁帝. 時, 忻都茶丘范文虎皆先受東征畫策, 茶丘忻都率蒙麗漢四萬軍, 發合浦, 范文虎率蠻軍十萬, 發江南, 俱會一歧島, 兩軍畢集, 直抵日本城下. 王以七事奏, "一, 以我軍鎭戍耽羅者, 補東征之師. 二, 減麗漢軍, 使闍里帖木兒益發蒙軍. 三, 勿加茶丘職, 待其成功, 賞之, 且令闍里帖木兒與臣管征東省事. 四, 小國軍官, 皆賜牌面. 五, 上國濱海之人, 幷充梢工水手. 六, 遣按察使, 廉問百姓疾苦. 七, 臣躬至合浦閱軍." 帝曰, "已領所奏."(국사편찬위원회, 한국사데이터베이스)

'충렬왕'이 '쿠빌라이 칸'의 사위가 되는 전말은 이러하다. 고려가 몽골에 항복한 이후 원종이 몽골에 입조할 무렵과 맞물려 원 제국의 황제인 '몽케 칸'이 갑자기 죽게 된다. 왕위 계승을 놓고 본지파(本地派)와 한지파(漢地派)가 대립하게 되는데 이때 원종은 아직 원 제국의 황제로는 등극한 상태는 아니었지만 정세를 파악하여 한지파를 이끄는 '쿠빌라이 칸'에게 찾아가 항복을 한다. 정말 탁월하고 노련한 외교술이 아니었나 싶다.

비록 전쟁에서는 지고 항복을 하게 되었지만, 원 제국의 황제인 '쿠빌라이 칸'과 친분을 쌓게 됨으로서 '쿠빌라이'는 원의 황제의 자리에 오른 후 고려에 대해서는 '세조구제(世祖舊制)' 즉, '고려의 국체와 풍속을 보존시키라'는 지시를 내린다. 이로 인해 고려는 당시로서는 전 세계에서 유일하게 몽골의 문화적 식민지화에서 벗어나고 왕실을 보전하며 국가의 체계가 유지되는 정체성을 이어나가게 된다. 물론 자발적으로 원의 풍습을 따라하는 부원배들은 등장한다.

무엇보다도 원 제국 황실은 '황금씨'가 아니면 혼사를 할 수 없다는 관례를 깨고 원종의 아들인 충렬왕과 '쿠빌라이 칸'의 딸인 '쿠툴룩케르미쉬(齊國大長公主, 제국대장공주)'와 결혼시킴으로써 고려는 전 세계 최강의 제국인 원의 부마국이 되었으며 충렬왕은 쿠빌라이 칸의 '사위'로서 원 황실의 일원으로 그에 합당한 권한도 확보한다. 물론 다른 황족과 원 제국의 권문세가들에서 시기와 질투를 받았을 것임이 틀림이 없다.

그리고 일반적으로 몽골이 고려를 강압적으로 통제했다고 기억하고 있으나, 당시의 몽골의 여타 식민지 국가들과 비교 시 고려는 부마국으로서 그들과는 다른 위상을 가지고 있었으며, 국가와 풍속이 보존되는 한반도 역사상 국가를 보존한 '뛰어난 외교의 성과'가 발휘된 순간이다.

그러나 언제나 그렇듯이 시대적 조류에 부흥하여 권력과 재물을 탐하는 자들이 발생하는데 고려 말 역시 원과의 관계를 잘 활용하여 국가를 발전시키기 보다는 오직 원에 충성하는 '부원세력'이라는 반국가적 세력이 발현하기도 한다. 그러나 '쿠빌라이 칸' 사후의 대우는 이전과 같지는 않았다. 그러함에도 불구하고 고려는 원의 패망 시기까지 그러한 권한과 위치를 교묘하게 이용해 가면서 국가를 운영한다. 이로 인하여 고려 말에는 고구려의 옛 영토를 회복할 절호의 기회가 오게 된다.

왕의 호칭에 원 제국에 대한 충성의 의미인 '충(忠)'자를 넣어 민족적 자존심을 훼손하였다고 주장하는 이들도 있으나, 이들은 국제관계나 외교에 대한 개념이 부족한 사람들이다. 군사력도, 경제력도, 외교 능력도 없으면서 황제라고 칭하다가 일본의 식민지로 전락시킨 구한말의 '고종'이나 관료들보다 국제관계에 대한 현실감각을 가지고 훌륭하게 국가 운영을 하였다.

왜냐하면 고려는 구한말 조선과는 달리 인류 역사상 가장 큰 제국과 30여년 동안 길고 긴 전쟁을 하였으며, 그 제국과 외교상 항복이라는 형식을 통해 화친을 맺었으며 그 제국의 황실과 사돈이 되어 세계 운영에 동참할 수 있는 위치를 확보했다는 것이다.

충렬왕은 원 제국의 황제인 쿠빌라이 칸의 사위로서 원 제국의 최고 정책회의인 '쿠릴타이'에 참석하는 권한이 생겼으며, 이를 통해 고려 영토 전역에 파견되어 있던 원의 관리인 다루가치의 철수는 물론 호구 조사를 철폐시키고 탐라총관부 반환 등 많은 외교적 성과를 이룩한다.

또한 충렬왕의 부인이며 쿠툴룩케르미쉬(齊國大長公主)의 아들인 '충선왕(忠宣王)'의 경우 할아버지가 '쿠빌라이 칸'으로 몽골 황실에서도 그 서열이 상당히 높았고, 충선왕과 원 성종(테므르)의 조카인 '카이샨'은 어릴 적부터 친한 사이였으며, 인종(아유르바르와다와)과도 친밀한 관계였다고 한다.

그리고 고려와 원 제국과의 연은 지속된다. 이러한 이유로 '카이샨'이 원 제국의 3대 칸인 무종(武宗)이 되는데, 충선왕을 매우 신뢰하던 그는 원 제국의 교통, 군사, 경제적으로 전략적 요충지인 '심양'(요동, 용양, 압록강 지역)을 다스릴 수 있는 '심양왕(瀋陽王)' 직위를 부여하게 된다. 이는 곧 행정적으로 고구려의 옛 영토를 확보하였다는 것을 의미하는 것이었다.

원 제국 자체가 중원의 원을 중심으로 4개의 큰 왕조가 유지되는 제국이었다. 고려도 4개의 왕조와는 수준은 다르지만 고유의 영토와 권한을 가진 그런 국가였다는 것이다.

원(元) 제국의 영토[25]

고려가 원 제국에 항복하고 부마국이 된 것을 놓고 일각에서는 고려를 몽골의 속국이라고 폄훼하기도 하나, 이는 철저하게 한족 이외는 모두 오랑캐라는 성리학적 소중화(小中華) 사상에 기반한 것이다. 원 제국과 고려의 관계를 유럽의 역사와 대비해 보면 지금의 유럽 문화의 토대를 만든 로마제국보다 더 넓은 지역을 점령한 원 제국과 혈연으로 이어진 단순한 속국이 아니라는 것을 알 수 있다. 혈맹국가가 되었다는 것이다.

입장을 바꾸어 생각을 해보자. 만일 조선이 유럽의 한 국가였으며 로마제국의 황제의 공주가 시집을 오고, 그 손자가 국가를 통치하는 강력한 혈연관계의 혈맹국가가 되었다면 똑같이 평가할 수 있을까?

---

25) http://premium.chosun.com/site/data/html_dir/2014/09/29/2014092
901714.html 인용

한민족 역사를 철저하게 '한족의 정신적 식민지'를 만든 고려와 조선의 사대부들의 입장에서 생각해 보면 그들이 신앙의 대상인 명나라 황실의 공주가 조선 왕의 부인이 되었다거나, 조선의 왕이 명나라의 최고정책회의의 위원이었다면 조선의 사대부들은 어떻게 생각하고 말을 하였을까? 그렇지만 조선은 철저하게 명나라의 식민지였으며, 명나라 역시 황실의 공주를 조선의 사대부들이 이야기한 데로 '동쪽 구석'에 있는 속국의 왕에게 시집을 보낼 필요도 없었다.

고려는 몽골이 생각하기에 자신들과 30여년을 전쟁할 만큼 강한 국가라고 생각했으며, 함께 거대한 제국을 건설할 수도 있는 강한 군사력과 역량을 가진 국가라고 인정하고 있었던 것이다. 철저하게 '한족 식민지 사관'을 가진 성리학의 나라 조선은 꿈도 못 꾸는 그런 나라가 '고려'라는 나라였다.

【 고려와 몽골간 전쟁 】

1231년 8월에서 1257년 10월까지 진행된 고려와 몽골의 전쟁이다.
1206년 몽골의 '테무진' 즉, 칭키스칸은 유목 부족생활을 하던 몽골족을 규합하고 그 세(勢)를 확대한다. 1231년 '오고타이 칸'은 저고여의 살해 사건을 빌미로 살리타를 파견하여 고려로 침공한다. 의주를 함락시키고 투항한 '홍복원'과 함께 귀주성을 공격한다.
홍복원의 자손들은 몽골에 귀화하여 몽골의 장군으로 대를 이어 활동하며 몽골군 지휘관으로 고려·몽골 연합군의 일본 침공에도 참여한다. 몽골군은 귀주성의 방어가 강하자 곧바로 개경으로 진격하여 포위하게 되고 고려 조정은 강화를 요청하고 항복한다. 이때 몽골은 '다루가치 72명'을 배치하고 철수한다. (1차 전쟁)

당시 권력자인 최우는 제추회의를 열어 유목민족인 몽골군이 해전(海戰)에는 약할 것으로 판단하고, 1232년 6월 강화도로 천도(고종 19년)를 하고 장기전에 돌입한다. '살리타'는 '홍복원'을 앞세워 개경을 함락시키고 한강 이남까지 공략한다. 때마침 살리타가 고려 장수 '김윤후'에 의해 사살당하게 되고 북계병마사 '민희(閔曦)'가 '가병(家兵) 3,000명'을 이끌고 '홍복원'의 잔당을 토벌한다.(2차 전쟁)

1225년 당올태(唐兀臺)는 고려군의 반격으로 개주, 온수, 죽주, 대흥 등에서 큰 피해를 입었으나, 4년간 고려 땅에 상주하며 전 국토를 유린한다. 1228년 고종의 몽골 조정의 입조를 조건으로 몽골군은 철수하였으나, 고려는 계속 입조를 거부하다 1241년(고종 28년) (영녕공 준-永寧公 綧)을 왕자라고 속이고 몽골 조정에 질(質)로 보낸다.(3차 전쟁)

'귀위크 칸'은 고려의 입조와 개경 환도를 요구하며 '아모간'을 보내 고려를 공격하려 했으나, 귀위크 칸이 죽자, 철수하였다가 1251년 '몽케 칸'이 '에케'를 파병한다. 70일간의 충주성 전투를 고비로 몽골 군대의 철군으로 위해 '안경공 창'을 몽골에 보내 항복한다.(4~5차 전쟁)

1254년 7월 '몽케 칸'은 고려왕의 직접 입조를 요구하며 '자랄타이'의 대군을 고려로 침공하여 또 다시 전 국토를 유린하는데 주요 전투에서는 고려군이 승리하기도 했으나, 기간 동안 수많은 고려인은 죽임을 당하고, 당대 고려의 인구로 볼 때 엄청난 숫자인 200,000명이 넘는 고려인이 몽골로 잡혀간다.(6차 전쟁, 최대 피해) 1255년 '자랄타이'가 반역자 '홍복원' 등을 데리고 다시 침공하여 강화도 앞 '갑곶대' 안에 진을 치고 있다가 몽골에 있던 김수강이 '몽케 칸'을 설득하여 철군한다.(7차 전쟁)

1257년 고려가 세공을 보내지 않자, '자랄타이'가 재침공한다. 김수강의 노력으로 '몽케 칸'은 개경 환도와 입조를 요구하고 고려 북부지역에 군사를 유지시킨다.(8차 전쟁) 1258년 무신정권 집권자이던 최의가 김준에게 살해당하자 1259년 3월 '태자 전(傳)' 등 40여명을 몽골로 보내고 강화도의 성을 허물고 조건부 항복을 한다. 6월 고종이 죽고 태자 전이 복귀하여 원종으로 즉위하였으나, 1269년까지 강화에 있다가 1270년에 이르러 개경으로 환도한다.(9차 전쟁)

12. 요동 정벌의 합리적 근거, 그것은 '심양왕(瀋陽王)'에 있다

- 明이 元의 국토를 자기 것으로 주장한다면, 요동은 고려의 영지이다.

'심양왕(瀋陽王)'이 통치하는 심양 지역은 요동, 요양, 압록강 지방, 랴오둥 반도, 랴오영, 헤이룽 장성, 단둥, 두만강 일대에 이르는 광활한 지역으로 당시로서는 교통적, 군사적, 경제적으로 전략적 요충지였다.

당초 어릴 적 이름이 '카이샨'이던 원의 무종(武宗)이 1307년 자신의 황위 승계를 적극 지원해 준 고려의 충선왕에게 고마움의 표시로 선물한 이래 공식적으로 고려의 왕이 다스리는 지역이 되었다. 처음에는 충선왕이 '심양왕'을 겸직하였으나 1313년 '고려왕'의 권한은 직계 아들인 '충숙왕'에게 물려주는 한편 '심양왕'의 자리는 1316년 '왕고(王暠)'에게 인계한다.

이때부터는 원 제국 내에서도 호칭이 심양왕에서 '심왕'으로 한층 격상되었으나 심양왕의 권한을 충선왕에게 부여하였던 원의 무종이 1311년에 사망하고 난 이후부터는 원 제국의 간섭을 받기 시작한다. 원 제국의 조정에서는 직접적 통제에서 벗어나 있는 요동, 만주 지역에 대한 효과적인 통제 수단을 확보하기 위하여 '테무게 옷치긴 울루스'를 중심으로 한 '동방 삼왕가(東方三王家)'와 '쿠빌라이 칸'의 부마국인 고려 그리고 심양왕과 고려왕을 상호간 견제시키는 치밀한 외교술을 펼친다.

원 조정의 은밀한 계획으로 한때 고려 조정에서는 '충숙왕'을 싫어하는 권한공(權漢功), 채홍철(蔡洪哲), 채하중(蔡河中) 등의 일파가 '심왕당(瀋王黨)'을 만든 이후 심양왕 '왕고(王暠)'를 고려의 왕으로 옹립하려는 운동이 계속 벌어지기도 하였는데 결국은 충숙왕, 충혜왕, 충목왕으로 이어지는 고려의 왕들과의 계속된 왕위 쟁탈전에서 밀려 결국 그 꿈은 이루어지지 않았다.

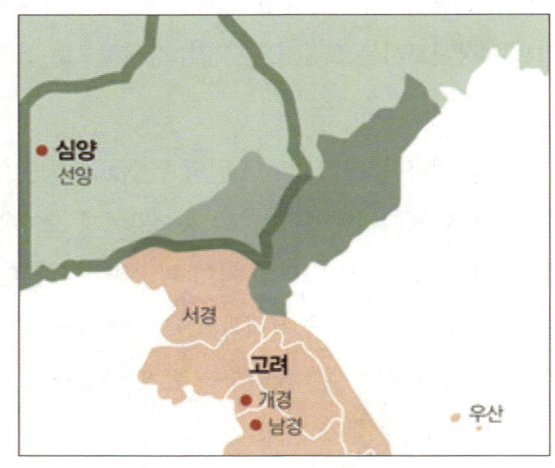

심(양)왕의 통치지역

1345년부터 1351년까지는 심양왕의 직위를 충목왕과 충정왕이 연이어 겸직하였으며, 1354년 '왕고(王暠)'의 손자인 '토크토아부카(脫脫不花)' 그 직을 인계받아 수행하였다. 토크토아부카는 주원장의 세력이 강성해지면서 1368년 원 제국이 중원 땅을 명에 빼앗기고, 만주로 이동하면서 북원(北元)이 되는 시기와 맞물려 원의 통제가 소홀해지는 상황 속에서 고려로 가서 고려의 왕위를 요구하였으나,

거절을 당하게 된다. 1376년 토크토아부카가 후계자가 없는 상태에서 죽게 되자 5대, 68년간 내려오던 심양왕은 무주공산의 자리가 되었다고 볼 수 있다.

'심양왕'의 권한은 우왕(禑王, 1374~1388년)때 최영을 위시한 북벌론자들이 주창한 '요동 정벌의 근거'가 될 뿐더러 요동 지역에 대한 소유권을 주장할 수 있는 사안이기도 하다.

그러나 신진사대부들과 이성계의 '위화도 회군'으로 고려가 멸망하게 된 이후 이러한 사실을 왜곡 축소시켰고 이를 알고 있는 사람들도 많지 않아 아쉬울 뿐이다. 이는 위화도 회군을 정당화하고 고려를 멸망시킨 조선의 명분을 앞세운 조선 유학자들의 한족 사대주의적 역사 왜곡의 대표적 사례이기도 하다. 이 시점부터 요동에 대한 영토 확장의 꿈은 영원히 사라지고 반도 중심의 국가로 전락한다.

13. 고려 · 몽골 연합군의 1, 2차 일본 정벌의 시작
<small>- 일본, 조선이 복수의 대상이라는 인식이 발현하다.</small>

개경 환도 이후 4년 이후인 1274년부터 고려·몽골 연합군의 1, 2차에 걸친 대규모 '일본 원정'이 본격적으로 시작된다.

고려·몽골 연합군은 고려 김방경의 삼익군(三翼軍) 8,000명과 원 제국의 도원수 쿠둔(忻都, 흔도, 홀돈)이 이끄는 몽한군(蒙漢軍) 25,000명은 뱃사공, 바닷길 안내자, 노군 총 6,700명과 전선 900척을 편성하여 1274년 음력 10월 3일 '합포(지금의 마산)'를 출발했다.

1차적으로 음력 10월 5일 '쓰시마 섬'의 남단에 위치한 '사스우라(佐須浦)'에 상륙한다. 초기 선발대 800명은 당주인 '소 스케쿠니(宗助国)'의 일본 무사 80명에게 밀렸으나, 본대 1,000명이 상륙하여

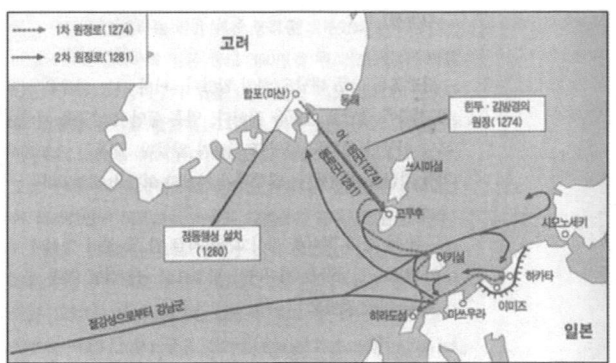

고려·몽골 연합군의 일본 원정

모두 전멸시킨다. 소 스케쿠니의 무덤은 시모바루(下原)의 '오쿠비즈카(お首塚, 머리 무덤)'와 가시네(樫根)의 '오도즈카(お胸塚, 몸 무덤)'로 나누어져 있다고 하니 전투가 얼마나 치열했는지 알 수 있다.

연합군은 10월 14일 쓰시마 섬과 큐슈 사이에 있는 '이키섬(壹岐島)'으로 이동하여 '타이라노 카게타카(平景隆)'이 이끄는 선발대 100명을 전멸시키고, 본거지인 '히츠메 성(樋詰城)'을 점령하면서 일본으로서는 한 번도 경험하지 못했던 외국군에 의한 대학살을 당한다.

17일에는 큐슈의 다카시마에 상륙하여 전투를 벌이는데, 당시의 일본 사무라이들은 양측의 대표가 나와 겨루는 방식인 '일기토'(一騎打ち, いっきうち)를 생각하고 있었으나 고려·몽골 연합군은 대규모 전쟁을 수행한 경험을 바탕으로 진형을 구축하고 싸우는 방법을 사용하였으며 몽골군의 철포(鐵砲)의 위력에 삽시간에 무력화되었다.

쉽게 말해 일본 사무라이 영화에서처럼 일본군은 대표 장수가 나와 "나는 ○○ 집안의 자손이고 ○○의 아들이다. 적장은 어서 나와서 나와 겨루자"라고 말을 하는데, 고려·몽골 연합군은 근접전을 피하고 원거리에서 그냥 철포를 쏴 버리는 전술 개념을 적용하였다는 것이다. 사실상 한 번도 외국 군대의 침범을 안 받아 보고 대규모 군사적 전술 개념이 발전하지 않았을 당시 일본의 무장들과 일본인들에게 외국군의 침공은 공포 그 자체였다.

10월 20일 고려군의 '김방경'이 지휘하는 고려군은 '삼랑포(三郎浦)'를 거쳐 내륙으로 진격하던 중 일본군의 습격을 받았으나, 기록에 의하면 김방경이 즉각 대응하여 전투를 알리는 효시를 쏘고 큰 소리로 호령하며 싸우니 일본군의 시체기 산더미 같았다고 한다. 이

앞에서 일본군을 사살하는 것은 고려군이고 후방에 있는 것이 몽골군이다

를 두고 도원수 쿠둔(忻都)이 말하기를 '원 사람들이 싸움을 익혔다고는 하나 어떻게 이보다 더하랴!'라고 하였다[26]고 한다. 일본 원정 작전에서 고려군이 얼마나 적극적으로 작전을 수행했는지를 보여 주는 것이다. 물론 반대로 수많은 일본인들을 죽였다는 반증이기도 하다.

이후 '김방경'이 계속 진격할 것을 강력히 주장하였으나, 도원수 쿠둔(忻都) 의 지시로 병력들이 휴식 차 함선으로 돌아왔는데 마침 그날 밤에 태풍이 불어 대부분의 전선이 침몰당해 수많은 병사들이 죽었는데 이때 익사한 병사들이 무려 13,500여명이나 되었다고 한다.

2차 원정은 7년 후인 1281년 8월에 이루어진다.

---

26) 동사강목 제11하 갑술년 15년(송 도종 함순 10, 원 세조 지원 11. 1274)

> [4월 왕이 합포에 갔다. 4일 만에 합포에서 크게 군대를 사열하였다.]
> 초하루(병인)에 왕경을 출발하여 15일(경진)에 합포에 도착하고 18일(계미)에 군대와 전함 1천여 척을 사열하였다. 김방경 등이 거느린 우리 군대가 27,000명, 쿠둔(忻都)가 거느린 몽골군이 50,000명이요, 지난해 10월에 원에서 '범문호(范文虎)'를 보내어 100,000명을 거느리고 강남(江南)에서 바다를 건너 금년 6월 보름에 이키섬(壹岐島)로 모이기로 약속되었다. 여기에 소요되는 군량이 13만 3천 5백 60여 석에 달하였다.
> '동사강목' 12상 신사년 충렬왕 7년(원 세조 지원 18, 1281)

1차 원정 때와 마찬가지로 원의 쿠둔(忻都), 홍다구 및 고려의 김방경 등이 참전하며 원은 50,000명, 고려는 27,000명, 전선 1,000척과 군량 133,000여석을 가지고 5월에 합포(合浦)에서 출발하였고, 쓰시마섬, 이키섬, 시카노섬 등에서 전투를 하였고, 남송(南宋)에서 투항한 범문호(范文虎)가 이끄는 강남군(江南軍)과 합류하기 위하여 히라도섬(平戶島)으로 이동한다. 이때 일본 본토에서는 '우츠노미야 사다츠나(宇都宮貞綱)'가 100,000여명의 증원군을 이끌고 이동하고 있었다.

범문호가 병력 100,000명 및 전선 3,500척을 이끌고 히라도섬(平戶島)에 도착하자 곧이어 '하카타 만(博多湾)' 공략을 준비하는데 8월 1일 또다시 태풍이 다시 내습하여 강남군 100,000명은 대부분이 물에 빠져 죽었으며, 고려군도 8,000여명이 죽었다고 한다.

원사(元史)에 따르면 강남군 100,000명 중 포로로 잡혔다가 살아 돌아온 이가 단 3명뿐이라고 기록되어 있다. 일본도 이 사건의 영향으로 가마쿠라 막부 정권의 힘에 누수가 생기기 시작하였다. 이로 인해 일본은 '남북조 시대'로 전환되었다고 하며 일본 역사상 처

몽고내습회사 (몽골 침입의 그림과 글)

음으로 일본 본토가 외국군의 직접 공격을 받은 사례로 기록되고 있다.

다만, 원의 입장에서는 몽골군의 피해도 많았으나 2차 원정시 대부분의 사망자와 피해는 남송(南宋)의 군대로 편성된 강남군(江南軍) 소속 100,000명 병력과 3,500척의 선박이 소실된 만큼 일각에서 제기하는 음모론적 학설인 혹시라도 모를 송나라 출신 군사들의 반란 가능성을 없애는 전략적 성과가 있긴 하였다.

당시의 일본이 느낀 공포와 전쟁의 상황은 일본의 '원구도(元寇圖)'와 '몽골침입에마키(蒙古襲詞)' 등에 잘 표현되어 있다. 이 사건으로 인해 일본은 더욱 영토 보호에 대한 의지를 공고히 하게 되고, 이는 메이지유신까지 이어져 군사력 강화 및 선진 기술을 받아 드리는데 열중하게 된다.

아마 일본도 내부적으로 '강해져야 한다. 그것이 나라와 백성을 지킬 수 있는 사무라이의 명예이자 도리이다'라고 다짐했을 것이다. 그리고 오랫동안 원 제국에 대한 복수와 보복을 생각했을 수도 있다. 그러나 일본 본토를 공격한 몽골의 원 제국은 사라졌으며, 남은 것은 원 제국의 일원이었던 고려에서 국호만 바뀐 조선뿐이었다.

이후 일본은 다른 나라로부터의 침략에 대비해야 한다는 통일된 가치를 가지고 남북조 시대, 전국시대를 거치면서 '다케다 신겐', '오다 노부나가', '토요토미 히데요시', '도쿠가와 이에야스'로 이어지는 희대의 지도자들과 명장들이 계속 나오게 되는데 이들은 모두 선진 유럽 문명과 기술을 받아들여 국가를 강성하게 만드는 기반을 구축한다. 침략을 받는 국가에서 침략할 수 있는 국가로 탈바꿈하게 된다.

반면 조선의 경우 강성했던 고려로부터 국권을 찬탈한 '신진 사대부'라 불리는 한족을 떠받드는 사대주의 유학자들에 의해 과학과 기술을 천박하게 여기는 농경주의 국가이자 사대부만을 위한 나라로 끝없는 추락을 하였다. 같은 민족의 50%가 넘는 인구를 노비(奴婢)로 삼아 지탱된 '500년 농경사회' 조선은 결코 일본의 상대가 될 수 없었다. 이것이 임진왜란과 병자호란, 그 이후 '한일병합'으로 가게 되는 근본적 원인이 되기도 한다.

14. 왜구(倭寇)와 신라구(新羅寇) 그리고 가짜 왜구(假倭)

일본의 해적을 의미하는 '왜구(倭寇)'는 누구나 아는 단어일 것이다. 그렇다면 '신라구(新羅寇)'라는 말은 들어 보았는가? '신라구(新羅寇)'란 말 그대로 신라의 해적을 말하며, 신라, 고려, 조선에는 공식적인 기록은 없으나, 일본의 기록에는 존재한다. '신라의 입구(新羅の入寇)' 또는 한구(일본어: 韓寇)라고도 한다. 다만 조선의 기록을 보고 유추하여 보면 왜구를 가장한 조선인 해적들이 많았다는 것을 알 수 있는데 이들과도 깊은 연관이 있어 보인다.

여러 사료들을 종합해 보면 9세기 무렵 '당~신라~일본으로 이어지는 해상 루트'에서 해적을 소탕하고 무역을 통제하던 청해진의 장보고(張保皐, 787년~846년)가 염장에 의해 살해되고 신라 말기에 들어 중앙정부의 통제력이 떨어지자 신라 출신의 해적들의 활동이 많아진다.

'신라의 해적들'은 일본을 빈번히 약탈하게 되는데, 일본의 입장에서는 백제를 지원하다가 실패한 백강 해전의 패배 이후 당과 신라가 언제든지 쳐들어올 수 있다는 경계심을 가지고 있었는데 '신라구의 약탈은 그 전조가 아닐까하는 두려움이 있었다'는 기록이 종종 보인다.

신라구에 대한 구체적 내용은 일본의 역사서에 상당히 자세히 기록되어 있다. 811년 8월, 811년 12월, 813년 2월, 869년 5월,

893년 5월, 894년 2월, 894년 9월 등의 피해 사항에 대하여 아주 세밀하게 기록하고 있다.

이중 810년대 신라구의 피해를 '고닌의 한구(弘仁の韓寇)', 869년 11월부터 876년 3월까지를 '조간의 한구(貞観の韓寇)', 893년 5월에서 895년 9월까지의 피해를 '간표의 한구(寛平の韓寇)'라고 칭하고 있다. 신라구의 출몰로 큐슈 지역에서 살기가 힘들 정도로 초토화되었다는 기록도 있다.

신라 해적 중 유일하게 이름이 나오는 인물이 있는데 '일본기략(日本紀略)'에 따르면 894년 '현춘(賢春)'이라는 신라 해적이 100척의 선박과 2,500명을 이끌고 대마도를 습격한 바가 있다. 894년에 전선 100척과 2,500명의 병력으로 대마도를 습격하여 일본에 크나큰 피해를 주었지만, 쓰시마 노카미(対馬守) '훈야노 요시토모(文屋善友)'가 지휘하는 일본 관군에게 패배해 결국 포로로 붙잡힌다. 이때 일본군은 신병기인 쇠뇌를 사용하여 공격하였으며, 302명을 사살하고, 태도(太刀) 50자루, 활 110, 창 1,000자루 등이 병기를 노획하였다고 한

전기왜구와 후기왜구

다.

당시 기록에 따르면 '현춘(賢春)'은 '신라왕의 명령으로 자신들은 일본의 곡물과 견면(직물)을 약탈했으며 도망친 지휘관 3명중 1명은 당(唐)나라 사람이라고 실토하였다'고 기록하고 있다.

한반도에서는, 망해가던 신라 이후 후(後)고구려, 후(後)백제가 서로 영토를 확장하던 혼란의 시대를 거치면서 당나라로 인해 그 맥이 끈긴 고구려의 옛 영광과 찬란한 백제의 문화를 다시 살리는 진정한 통일 국가인 '고려'가 탄생하자 일본 측 기록에서도 신라구의 기록도 사라진다.

'왜구(倭寇)'의 경우 삼국사기에 따르면 혁거세 거서간 8년(BC 50년)에 왜인이 침범하려다 되돌아갔다는 기록을 시작으로 자립 마립간 2년(459년)까지 10여회의 침범 기록이 보인다.

공식기록에는 없더라도 소규모의 해적 행위는 지속되었을 것으로 보인다. 왜냐하면 해적은 어느 나라에서나 존재했었고 그 해적을 부르는 명칭 중에 딱 잡아서 '왜구(倭寇)'라고 명명된 계기는 4세기 말에 고구려가 신라의 요청으로 군사를 보내 침략 세력을 막아낸 이후 '왜구'라는 말이 생겨났으며 이후부터 통상적으로 쓰이게 되었다는 설이 지배적이다.

4세기 말에 신라가 왜(倭)부터 공격을 받게 되는데 왜군(倭軍)에 의해 서라벌까지 함락당하게 되자 고구려 광개토대왕에게 도움을 요청하는데 고구려는 400년에 원군을 보내어 '임나가라(任那加羅) 종발성(從拔城)'까지 쫓아가 왜군을 몰아낸 이후 기록도 있다.

일본 사학계에서도 광개토대왕비(404년) 조문상에 기록된 '倭, ○○(지명) 寇', 말 그대로 '왜가 ○○ 쳐들어갔다'를 그대로 이어 붙여 왜구(倭寇)가 되었다고 해석하기도 한다.

고려사에 따르면, 고려 말인 1,223년(고종 10년) 5월 22일 "갑자, 왜가 금주를 구하다(甲子 倭寇金州)"라고 한 것이 최초의 기록이며 금주, 즉 김해 지방의 침범을 시작으로 1,350년(충정왕 2년)부터 본격화되기 시작하여 우왕 때에는 14년 동안 378회의 침입을 받게 되는 등 왜구의 약탈이 본격화된다.

왜구의 활동 영역은 한반도에 국한되는 것이 아니라 중국은 물론 동북, 동남아시아 전역에 걸친다. 이러한 근거로 일본 사학자들 사이에서는 일부 오리지널 해적 이외에는 선박 경호, 호송 등 다이묘(번주)나 상인들의 일을 맡아 대신해 주는 '카이조쿠슈(海賊衆)' 또는 단순한 도적의 무리가 아닌 '동아시아 해역의 무법자(Outlaw)'로서 무장단체가 직접 해상무역을 담당하는 '해상무사집단'으로 해석하는 시각도 있다.

그런데 인정하고 싶지 않지만 반드시 알아야 할 사항이 있는데 조선왕조실록의 공식 기록을 보면 한반도를 침범한 왜구는 일본인 왜구가 아닌 왜구로 위장한 한반도인들의 활동이 80~90%가 넘었다고 되어 있다. 당(唐), 명(明) 등 중국의 경우에도 왜구라는 것은 단순히 일본 해적의 개념을 벗어나 동쪽에서 발생한 해적 집단을 이르는 말이었다고 한다.

> **【 판중추원사(判中樞院事) 이순몽(李順蒙)이 상서(上書) 】**
>
> 고려 왕조의 말기에 왜구(倭寇)가 흥행(興行)하여 백성들이 살 수가 없게 되었습니다. 그러나 그간의 왜인(倭人)들은 '10명중 1, 2명'에 지나지 않았는데도 본국(本國)의 백성들이 거짓으로 '왜인의 의복을 입고서 당(黨)을 만들어 난'을 일으켰으니 (중략)
>
> 세종실록 114권, 세종 28년 10월 28일

다시 말해 왜구(倭寇)의 집단 중에 고려 및 조선인이 80~90% 이었거나, 고려 및 조선을 침범한 왜구의 80~90%가 조선인들이 만든 '가짜 왜구(假倭)'이었을 수도 있었다는 것이다.

태종실록(1416년 9월 2일)에서도 '昔有方之用者率十五家入居, 時或 假倭爲寇'라는 기록이 있는데 '방지용(方之用) 일당'이 울릉도를 거점으로 '가짜 왜구(假倭)'로 활동했다는 쓰여 있다.

고려시대의 경우에도 화척(禾尺), 재인(才人)들이 왜적으로 가장하여 고려의 영토로 침범한 가왜(假倭)들을 추격하여 잡았다는 기록이 있는 만큼 그 사례가 빈번하였다. 이는 '왜구(倭寇)'는 물론 '신라구(新羅寇)'와도 직접적으로 연결되는 역사적 진실이다.

중국의 후한서를 보면 아주 흥미로운 기사가 나온다. 왜(倭)에 대한 정의가 그것인데, '후한서 권 85 동이열전 제75'에 나오는 내용을 간략히 확인해 보자. '韓은 馬韓, 辰韓, 弁韓이 있는데 마한은 서쪽에 위치하며 남쪽으로 왜(倭)와 접하고 있다. 진한은 북쪽에 있고 변한은 진한의 남쪽인데 그 남쪽은 왜(倭)와 접하고 있다'로 기술되어 있다.

다른 중국의 기록을 보더라도 중국 황하강의 동쪽 지역을 왜(倭)라고 기술하고 있는 사료들도 많이 있다. 여러 가지 자료를 종합해 보면 백제, 신라와 인접하고 있던 '구야', '가라', '임나'로도 불리기도 하였으며 많은 소국들 중 비교적 강성했던 금관국과 반파국의 명칭인 '가야'의 영토와 거의 일치한다. 무엇보다도 백제와 가야, 그리고 일본은 상호간 통상이 활발히 이루어지던 나라들이다.

또한 앞에서 언급한 바와 같이 광개토대왕비문에 '背急追至任那加羅從拔城' 즉, 왜(倭)를 급히 쫓아 '임나가라의 종발성(현재의 부산 동래구)'에 이르렀다는 기록이 있다. 결국 왜의 종착점이 배를 타고 건넜다가 아니라 한반도 남단에 위치한 '가야의 성'이라는 것이다. 따라서 이때 등장하는 왜를 통해 확인할 수 있는 것은 이 기록의 왜(倭)가 우리가 알고 있는 섬나라 일본이 아닐 수도 있고 최소한 가야가 일본과 연합 관계이었음을 반증하는 것이기도 하다.

그리고 백제의 성왕이 전사한 554년을 전후로 부산, 창원, 김해 등 남해안을 중심으로 한 지역에 위치했던 가야의 소국들이 하나 둘씩 신라에 강제 복속이 되는데 이 이후부터 고려 말기까지는 왜(倭)의 침범에 대한 기록이 거의 나타나지 않는다. 이를 두고 한중일 역사서를 비교 분석하여 이 이후부터 왜(倭)를 일본 열도로 한정시키게 되었다고 보는 시각도 있다.

공교롭게도 고려를 멸망시킨 이성계, 묘청의 난을 토벌한 고려의 유학자 김부식, 일본의 쓰시마와 이키섬의 대학살을 주도한 고려 장수 김방경 등 모두가 신라 왕실의 세계(世系) 및 신라의 귀족들로 호남지방으로 이주하여 본관을 새로이 만든 가문들로 모두 신라 왕실과 맥을 같이한다.

아주 현실적으로 백제를 멸망시킨 이후 신라의 왕족들과 귀족들의 점령지인 백제의 '곡창지대인 호남지역'을 그냥 두었을 리가 없었을 만큼 이 지역의 기존 지배층을 몰아내고 신라 지배층이 이주하여 곡창지대를 확보함으로서 부를 축적하였을 것으로 유추되어지기도 한다.

백강 해전 이후 100,000명이 넘는 백제의 지배층 인구가 일본으로 이주한 상태인데다, 이미 신라가 가야 연합의 여러 나라들을 강제 복속시킨 이후에 현지 지배계층을 척박한 곳으로 이주시켰다는 기록이 있는 만큼 백제에 대해서도 똑같이 처리하였을 것으로 보여 진다.

어찌 보면 백제 시절에는 서남해 쪽으로는 발생하지 않았던 왜구의 약탈이 신라 말기 또는 신라의 영토를 그대로 인계받은 고려시대에 들어서는 서남해에 집중되었던 것으로 볼 때 혈맹국가이었던 백제를 멸망시킨 신라에 대한 기나긴 복수의 흔적이 아닐까 라는 합리적 의심마저 들게 한다. 사실 이렇게 생각하면 왜구(倭寇)의 발생과 활동에 대한 이해가 쉽게 정리된다.

아이러니하게도 왜구(倭寇)의 활동의 금지는 일본 전국을 통일한 '토요토미 히데요시(豊臣秀吉)'이며 1589년 전국적으로 왜구(倭寇)의 활동을 중단시킴에 따라 소멸된다. 기실 왜구가 주변국은 물론 일본 본토에서도 약탈을 했기 때문이다.

이후 강제 해산된 왜구와 '카이조쿠슈(海賊衆)'는 대부분이 각 지역별 다이묘의 휘하로 들어가 수군으로 편성되었고 임진왜란, 정유재란시 조선 침공의 선봉에 서게 된다.

중국의 경우 1420년 명나라 수군이 대련 부근에서 왜구를 토벌한 기록이 있고, 중국의 유명한 장군인 '척계광'이 1567년에 '원앙진(鴛鴦陣)', 요즘 말로 '근접전투기술'을 개발하여 왜구(倭寇)를 대파한 이후 공식적으로는 추가 침범 및 약탈의 기록이 나타나지 않는다.

다만 이 또한 척계광에게 놀라서 더 이상 중국 남부를 침범하지 않았다기보다는 1589년 토요토미 히데요시의 해적 금지령에 따른 영향으로도 볼 수 있다.

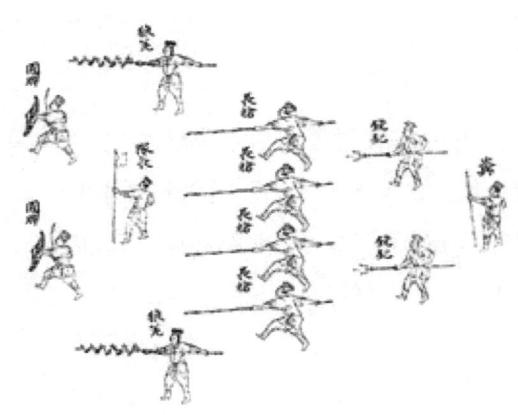

척계광이 개발한 원앙진법(무예보통도지 삽화)[27]

여하튼 척계광은 왜구를 물리친 경험을 토대로 '기효신서(紀效新書)'라는 병법서를 집필하게 되는데, 이는 1592년 임진왜란 발발

---

27) 나무위키 '원앙진' 그림 인용, https://namu.wiki/w/%EC%9B%90%EC%95%99%EC%A7%84

이후 조선에 그대로 전수되어 훈련도감을 창설하게 되었으며 명나라군이 일본군과 교전 시 실제 사용하기도 한다.

왜구(倭寇)의 동아시아를 상대로 한 광활한 해상 활동으로 인해 극단적으로 지나치게 일본에 유리하게 평가하는 시각도 있다. '나카무라 히테타카(中村榮孝)'라는 일본 학자의 경우 지나치게 긍정적인 측면만 강조하며 왜구가 아닌 '해구(海寇)'라는 용어를 만들어내었고, 해외 진출을 통한 동아시아 제해권을 확보했다고까지 주장한 바 있다.

다만, 이는 거의 동시대의 유럽 왕실과 해적과의 관계, 예를 들어 '영국 엘리자베스 여왕과 해적 프란시스 드레이크의 관계'에서 볼 수 있듯이 '카이조쿠슈(海賊衆)'의 활동을 '관제적(官制的) 해적'으로 해석할 경우 어느 정도 이해할 수도 있다.

또한 정부가 해적의 활동을 암암리에 장려를 함으로서 부족한 국가의 재원을 확보했다는 것인데, 이 논리대로라면 신라시대에 활동했던 '신라구(新羅寇)'도 그 범주에 포함될 수도 있다. 신라 해적 '현춘(賢春)'의 사례가 대표적인 유사성을 가진다고 볼 수 있다.

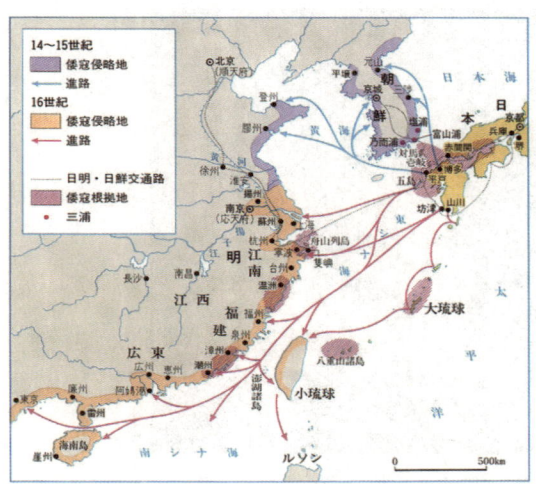

14~16세기 왜구(倭寇)의 활동 영역[28]

여기서 잠깐 '프란시스 드레이크(francis drake, 1540~1596년)'에 대해 알아보자.

드레이크는 영국의 해적으로 1581년 영국 엘리자베스 1세로부터 기사 작위를 받고 해군 중장(中將)에 임명된다. 해적 두목에서 바로 별이 무려 3개인 해군 제독에 임명되었다는 것이다.

우리 역사에서는 경우는 다르나, 신라의 천민 출신으로 당나라의 무녕군 소장으로 활동하다가 신라로 넘어와 중국~한반도 남해안~일본으로 이어지는 해역에서 해적을 소탕하였던 장보고로 하여금 청해진 대사로 활동하도록 한 사례가 있다.

---

28) 위키백과 '왜구' 그림 인용, https://ko.wikipedia.org/wiki/%EC%99%9C%EA%B5%AC

프란시스 드레이크

'프란시스 드레이크'는 1543년 가난한 농민의 아들로 태어나 늙은 선장 밑에서 일하다가 성실함을 인정받아 선박을 물려받는다. 이 배를 팔아 자신 인생의 첫 종자돈으로 삼고 '노예 무역상'으로 활동하던 친척인 존 홉킨스와 함께 일하게 되는데, 항해 중 베라크루스 부근에서 에스파냐(스페인) 해군에게 공격을 받아 선단은 괴멸당하고 구사일생으로 살아난다.

'프란시스 드레이크'는 베라크루스에서 살아남은 후 오랜 기간 동안 에스파냐에 대한 복수심을 가지고 해적이 될 준비를 하고 1570년부터 본격적으로 해적으로 활동하게 되는데, 1573년에는 에스파냐 선박을 습격, 막대한 금과 은을 약탈해 자금력을 확보한다. 1577년에는 3,000톤급 선박인 '골든하인드호'를 기함으로 추가 4척의 선박으로 구성된 자신만의 '해적 선단'을 만들었으며 이 해적

선단을 가지고 에스파냐 왕실의 '은 26ton, 금 36kg, 장식품' 등을 약탈하는 등 강력한 해적으로 활동하면서 세계에서 두 번째로 세계 일주 항해에 성공하기도 한다.

1580년 9월에 이르러 그간 약탈한 총 30만 파운드의 금은보화를 영국의 왕인 엘리자베스 1세에게 헌납하는데 당시 재정이 어려웠던 영국 왕실의 엘리자베스 1세는 에스파냐의 처벌 요구에도 불구하고 그를 영국 해군 제독(중장)으로 임명한다.

1588년에는 찰스 하워드 사령관이 이끄는 영국 함대의 부사령관이 되어 명실상부 영국의 운명을 건 '칼레 해전'이라는 세계 해전사에도 대표적으로 그 이름을 남기는 전투에서 '에스파냐의 무적함대'와 겨루게 된다.

드레이크는 '근접 함포전'을 위주로 하던 이전까지의 정규작전이 아닌 화약과 기름 등 폭발성 물질을 실은 배를 적선으로 돌진시켜 폭발시키는 전술을 사용하여 무적함대를 궤멸시킨다. 이 전술은 해적들이 사용하던 전술이라고 한다. 이로서 영국이 대영제국으로 나아가는데 초석을 다졌고 영국 최고의 전쟁영웅이 되는데 1593년 이질로 병사하였다고 한다.

드레이크가 대서양에서 활동할 시기인 '대항해 시대'에 일본은 전국시대를 지나 강력한 막부 정권이 형성하고 그 세(勢)를 해외로 확장하려던 시기였다.

일본의 경우 15~16세기 동안 막부 정부가 큐슈를 중심으로 '포르투갈 및 네덜란드 노예상인들과 활발한 노예무역을 통해서 그 대가로 유럽 문화와 군사기술을 받아들이고, 재정과 군사력을 키우게 된다. 반대로 당시의 조선은 상국인 명나라만을 바라보며 그에 의존하는 공무역 성격의 조공무역에 치우친 나머지 급속한 시대의 변화를 인지하고 못하고 있었다.

한편, '신라구 현춘(賢春)'의 이야기로 다시 돌아가 보면, 비록 그 역사적 사실이 신라 측의 기록에는 없고 일본 역사서에만 기록되어 있어 상호간 비교 분석은 어려우나 당시 일본의 공식 자료에 '구체적인 날짜, 피해 사항'과 '신라 왕실의 지시로 해상 노략질을 했다'는 기록이 있거니와 1592년 임진왜란 당시에도 기존의 '왜구 출신들이 일본의 정규군으로 승격'되어 조선을 침범하기도 하였다는 기록도 있는 만큼 그 역사적 사실을 연관시켜 볼 수 있으며 이를 통해 동서양 모두 해양 국가들에서는 공히 수세기에 걸쳐 전 세계적으로 '순수 노략질을 하는 해적'과 '관제 성격의 해적'도 상존하였을 것으로 파악할 수 있다.

또한 구체적으로 이를 뒷받침할 수 있는 역사적 사실이 있는데 서구 열강들은 세계 각 지역의 후진국들을 식민지화 하고, 국가의 부를 축적하던 '대항해 시대'에 즈음하여 '영국, 프랑스, 스페인, 포르투갈' 등의 해양 강국들은 '사나포선(私拿捕船), 포획사선(捕獲私船)'으로도 불리던 '사략선(私掠船, privateer ship)'을 적극 활용하였다는 것이다.

'사략(私掠, privateering)'이란 말은 국가로부터 개인 선박의 무장과 다른 선박에 대한 약탈에 관한 공식 허가증을 받았다는 것을 의미하는 것이다. 겉으로 올바른 척하는 성리학적 윤리관에 아직도 머물고 있는 한국 사람들의 사고체계로는 좀처럼 이해하기 힘든 것일 수도 있다.

그러나 이러한 행위는 사실이었으며 이를 토대로 근현대사에 있어 대표적인 강대국들이 만들어졌으며 이때 국가공인 해적 행위에 동원되는 함선을 '사략선(私掠船)'이라고 불렀다.

특히 당대 대부분의 유럽 국가들이 막대한 국가예산이 소요되는 해군력 유지에 있어 한계에 봉착하자 이러한 사략선의 활동을 적극적으로 장려하게 된다. 그리고 함포 등을 설치하고 준(準) 군함으로서 해상에서의 '교전권'까지 부여한다. 군함은 국제법상 국가의 영토를 인정받는다.

당시의 해상 통제권과 무역 경쟁의 우위를 선점하고자 많은 국가들이 경쟁국가의 선박을 습격하여 상대국의 해상 무역을 방해하거나 물리적으로 상대국의 무역 선박이 숫자를 감소시키는 한편 약탈한 재화로 국가 재정을 늘리는데 사용하였다.

만일 정규군을 사용할 경우 외교적 문제가 발생하니 '용병(用兵) 형식으로 고용된 해적(海賊) 제도'를 운영하였다는 것인데, 사실 상대국에게 잡히면 해적으로 처벌받아 교수형을 당하게 되지만, 안 잡히면 국가적 영웅으로까지 추앙받을 수 있게 된다.

그런 시스템으로 운영되었던 국가공인 해적제도가 '사략 제도'인데 1856년에 개최된 '파리 선언'을 통해 에스파냐를 제외한 모든 국가에서 폐지되었으며, 사실 에스파냐는 영국으로부터 피해를 가장 많이 본 나라다. 따라서 그것을 만회할 때까지 계속 진행을 했을 것이다.

사략제도는 1907년에 '제 2차 헤이그 평화회의'에서 완전 금지되었다. 이 분야는 상당히 흥미로운 분야인 만큼 향후 동북아에서 벗어나 대항해 시대의 유럽 국가와 비교하여 연구해 볼 필요가 있다. 정의로운 모습으로 그려지는 영화에서의 해적의 모습은 다소 과장되었더라도 선과 악의 경계선에서 존재하는 국가의 이익을 보장하던 이 사략선을 두고 만들어진 전설이 아닐까?

그것이 '순수 노략질을 하는 해적'과 유럽에 사략에 부합되는 '관제 성격의 해적'이었던지 아니면 다른 이유이던지 결과적으로 왜구(倭寇)에 의한 피해가 많았던 것은 사실이었던 만큼 수군(水軍)의 군사력이 대폭 강화된 고려 말에 들어 드디어 일본 본토에 대한 군사적 행동에 나선다.

제 3 장

여말 선초, 일본 본토를 공격하여
왜구(倭寇)를 정벌하다

15. 어떻게 대마도 정벌이 가능했을까?

16. 이성계로 인해 잊혀진 한민족 최고의 전승기록 '진포 대첩'
그리고 동정론(東征論)

17. 총 3차례 걸친 '대마도 정벌'은 이렇게 시작되었다

18. 요동정벌을 꿈 꾼 비운의 왕, 그 이름은 '우왕(禑王)'

여말 선초, 일본 본토를 공격하여 왜구(倭寇)를 정벌하다

- 고려·몽골 연합군의 일본 침략이 공포가 다시 시작된다.

15. 어떻게 대마도 정벌이 가능했을까?

　　여말선초에 일본 본토로의 출병이 가능했던 이유는 당시 고려라는 나라가 비록 대몽항쟁 기간으로 통하면서 국력이 많이 쇠진하였다 치더라도 당초 고려는 전형적인 병영국가의 형태로 유지되었으며, 충렬왕 시절 두 차례에 걸친 일본 본토 침략 경험과 고려 말 우왕이후 공민왕까지 이어지는 '요동정벌' 준비 과정에서 강력한 군사력과 실전 경험을 확보하고 있었다.

　　무엇보다도 1232년 2차 대(對)몽골전쟁시 북계병마사 '민희(閔曦)'가 '가병(家兵) 3,000명'을 이끌고 고려를 침공한 '홍복원'의 잔당을 토벌했다는 기록에서 볼 수 있듯이 이성계와 같은 군벌(軍閥)들의 고도로 훈련된 '전문군사집단'인 사병 육성에 기인한다.

　　그리고 그 강력한 군사력을 기반으로 쿠데타를 일으킨 이성계와 그의 손자인 세종 시기까지는 그 군사적 경험을 가진 군사들이 유지되었다. 다시 말해 그것은 고려 말에는 '사병'으로 불리다가 조선 초기부터는 '갑사(甲士)'로 불리던 '전문 직업군인'이 존재했기 때문에 가능한 일이었다. 지금으로 보면 고도의 전투훈련을 받은 전문 직업군인인 특전사의 부사관으로 비유하여도 좋을 듯하다.

그리고 조선 초기까지 그들은 보유한 전투력과 충성에 부합되는 권위와 대우를 받았다. 태종실록 21권, 태종 11년 3월 24일에는 이러한 기록이 나온다.

> **【창덕궁 행차시 경필을 범한 갑사 이완을 용서하다】**
>
> 창덕궁(昌德宮)에 행차하여 저물어서 돌아왔다. 갑사(甲士) 이완(李緩)이 앞을 막고 검문을 하는 경필(警蹕)을 범하여, 그 죄가 교형(絞刑)에 해당되었으나,
> 임금이 말하기를, "위사(衛士)를 일반 백성이 경필을 범한 것으로 논죄(論罪)함은 부당하다" 하고, 이완을 놓아 주었다.

우리에게 '알렉산더 대왕'으로 알려진 알렉산드로스 3세 대왕(BC 356~323년)은 수많은 전장(戰場)에 나아갈 때 언제나 '은방패 병단(銀防牌兵團)'으로 불리던 정예보병 3,000명의 친위 병력과 함께 대부분의 전투에서 병력수가 훨씬 많은 적군을 상대로 언제나 승리를 쟁취하였다.

BC 331년에는 당대 최고의 군사력을 보유한 페르시아의 다리우스 3세와 벌인 전투로 그 유명한 '가우가멜라 전투'에서도 중장보병 및 기병으로 구성된 47,000명의 병사로 2배가 넘는 페르시아의 군대를 궤멸 상태로 몰아간다. 실제 전투라는 것이 그런 것이다.

이와 마찬가지로 이성계의 경우 쌍성총관부 다루가치 시절부터 양성해 온 고려인 및 여진족으로 구성된 강력한 '전문 전투병력 2,000명'의 사병들과 함께 전장(戰場)을 누볐다. 이성계와 그의 친위부대의 전투력은 실로 막강하였다.

무엇보다도 원 제국을 건설한 몽골의 전투방식과 수많은 실전을 통해 양성된 고려인과 여진족으로 구성된 그의 혼성 부대는 고려군에서도 최강의 전투력을 보유했던 것으로 보인다. 비록 뜻을 달리한 이성계에게 배신을 당하고 죽임을 당한 최영 역시 이성계와 그의 친위부대의 전투력을 신뢰하고 요동 정벌을 추진하였을 것이다.

　1370년 1월 1차 요동 정벌 시 난공불락의 '오녀산성(고구려 수도인 졸본성 추정)'을 쉽게 함락시키는데 이때 동원된 군대는 14,500여명이었으며, 구체적인 기록은 없으나 1370년 11월 요동성 점령 시에도 동원된 병력의 규모는 유사했을 것으로 보인다. 이후 1388년 실시한 2차 요동정벌은 참여한 군대는 무려 3배 규모인 50,000명에 이른다.

　대부분의 학자들이 1100년 요나라의 고려 침범시 '강조'가

이성계

동원한 군사 숫자인 300,000명과 1388년 2차 요동정벌시 동원한 50,000명의 병사의 규모를 단순히 숫자적으로 비교하여 고려 말의 군사력이 낮아졌다거나, 혹은 1231~1257년간 진행된 고려~몽골 전쟁으로 고려의 군사력이 쇠퇴하였다고 평가하기도 한다.

그러나 고려 말의 병사는 당시의 군사제도를 고려할 경우, 그 수많은 전투를 통해 단련되고 살아남은 최고의 전투력을 보유한 군벌들의 사병화(私兵化)된 '전문 군사집단'이었다. 전투란 극단적인 수적 열세가 아니라면 초전에 기선을 제압함으로써 적의 사기를 저하시킬 수 있으며 전투에서도 반드시 승리한다.

예를 들어 명나라 시대에 나관중이 지은 삼국지연의에서 나오는 대표적인 사건인 관우의 오관 돌파 즉, '오관참육장(五關斬六將)'은 너무나 유명하여 모르는 사람은 거의 없을 것이다. 그리고 관우가 일기토(一騎打)로 적토마를 타고 청룡언월도를 들고 달려가면 수많은 위나라 병사들이 홍해의 기적처럼 갈라지는 모습을 영화나 드라마로 보았을 것이다.

관우의 오관참육장(五關斬六將)은 정사에는 기록되어 있지 않은 소설 속의 이야기이나, 삼국지의 시대 배경인 3세기에는 그런 일은 충분히 가능했다. 사실 나관중의 삼국지연의는 청(淸)나라에서는 금서로 지정되어 있었으며, 조선에서도 그 내용이 황당무계하다 하여 대중이 읽지 못하게 하였고, 대한민국의 경우 1980년대 이후 대중소설이 나옴으로서 비로써 대중화되었다.

일본의 경우에는 앞의 고려·몽골 연합군의 일본 원정에서 언급한 바와 같이 외국의 침입을 받기 어려운 도서 국가라는 폐쇄성으로 인해 13세기까지도 나름 낭만적으로 양측의 지휘관들이 '일대일'로 싸우고 그 결과에 따라 전반적인 전투의 승패를 가늠할 수 있는 '일기토(一騎打)의 전투 방식을 답습'하고 있었다. 그러다가 1274년 고려·몽골 연합군의 일본 침공 시에도 일본군은 이런 전투 방식을 사용하다가 처참하게 패배한다.

그리고 전쟁에 동원되는 수십만의 대군이라더라도 정작 구성원들은 훈련을 제대로 받지 못한 '병농(兵農) 일치'의 군인들이거나, 대부분 징집된 농민들로 구성되어 있으면, 혹시라도 이름을 떨치고 있는 강력한 상대가 나오면 벌벌 떨다가 도망가는 경우가 태반이었다. 물론 조선시대의 임진왜란, 병자호란 때도 유사한 일들이 많이 발생하였다.

따라서 현실적으로는 강력한 통솔력을 갖춘 지휘관 및 소수 정예의 전문 군인들이 전투를 주도하고, 많은 군사들이 이에 동조하는 형태의 전투가 대부분이었다. 그런데 만일 그 소수 정예의 전문 군인들이 수천 명에 달할 경우 그 군대의 전투력은 상상을 초월한다.

알렉산더 대왕의 '은방패 병단(銀防牌兵團)'은 그의 사후에도 많은 전투에 참가하였으며 후반기로 가면서 병사들의 나이가 '60대의 노병들'이었음도 불구하고, 그들의 전투력은 막강하였다고 전해진다. BC 316년 '가비에네 전투'에서도 맹활약을 하였으나 우연히 후방에 있던 가족들이 포로가 되는 사건을 당하고, 알렉산더 이후의 장군들이 직접 통제가 쉽지 않다는 이유로 전체 병력을 변방인 아라코시아에 배치하게 되는데 그 곳에서 생애를 마쳤다고 전해진다.

1370년 11월 요동성을 정복하는 1차 요동정벌에 성공한 이후 1388년 2차로 진행되었던 요동정벌이 이성계의 '위화도 회군'으로 결행이 안 되었으나, '위화도 회군'부터 1419년 조선의 세종 시대에 이루어진 3차 대마도 정벌까지 나라가 바뀌고 5명의 왕이 바뀌었지만 시간은 불과 31년 정도 지난 만큼 고려말의 군사력은 알렉산더의 은방패 병단처럼 그대로 유지되어 조선 초의 정예 군사력으로 명맥을 이어가게 된다.

　　즉 국호가 고려에서 조선을 바뀌는 대변혁이 있었지만, 국가 단위의 큰 전투가 없이 우왕과 최영의 세력을 축출하는 수준의 '내부적 왕권 이양 형식'의 정권 교체이었던 만큼 병력과 군사장비들은 그대로 보존되었다.

　　고도의 전투력을 갖춘 이들은 조선의 '갑사(甲士)'라는 명칭으로 구성된 전문군인집단으로 이어지는데, 군마와 갑옷과 무장을 개인이 보유하고 있었다는 점에서 어느 정도의 재력과 용력(勇力)을 보유한 사족(士族)들로 구성되었으며, 조선 초의 '갑사(甲士)'들은 앞서 이야기 한바와 같이 알렉산더 대왕의 '은방패병단(銀防牌兵團)'이나, 로마 시대 '군단' 소속의 직업 군인들과 같은 고도의 전사들이었다고 평가할 수 있다.

　　그러나 세종 이후 농경주의 사회가 정착되고 국가 재정 문제로 전문군사집단 계층인 갑사(甲士)에 대한 대우가 낮아짐에 따라 명예직으로 바뀌면서 조선의 군사력은 비참할 정도로 약해진다.

16. 이성계로 인해 잊혀진 최고의 해상전투 '진포 대첩' 그리고 동정론(東征論)

'고려·몽골 연합군'의 '일본 원정' 이후 고려는 군사력 강화에 매진을 한다. 충렬왕은 일본 원정 당시에도 주도적인 일본 원정 준비를 함으로써 쿠빌라이 칸의 신임을 얻고 원 제국으로부터 군 통수권 확보는 물론 군대 양성의 대한 제한을 어느 정도 벗어나게 된다.

당초 1388년 고려는 요동을 정벌하려 했으나, 신진사대부들의 이성계를 통한 권력 창출을 위해 진행된 '위화도 회군'이라는 사건으로 인해 요동에서의 역사는 아쉽게도 우리 민족이 지배층으로

쿠빌라이 칸

통치하던 발해를 마지막으로 영원히 사라지게 된다. 원 제국의 쇠퇴, 북원(北元)의 성립, 홍건적의 난, 명나라의 성립 등 복잡 다양해지는 동북아 국제정세의 심각한 변화가 진행된 시기인 고려 말, 조선 초로 이어진 40년간에는 왜구의 침범도 덩달아 많아진다.

또한 정권을 잡은 신진사대부와 신군부 세력은 통상의 역성혁명 세력이 그러하듯이 국가 총력전인 요동 정벌보다는 실생활과 직접적으로 연계된 왜구(倭寇) 소탕에 진력을 하게 된다.

고려 말은 원의 세력 약화를 기회로 한 '군사력 증강의 시기'였다고 해도 과언은 아니다. 권문세가들이 가문별 사병을 양성하는 한편 중앙에서는 왕권 강화를 위해 직접 통제가 가능한 중앙군의 육성이 동시에 진행되었다. 특히 수군이 눈에 띄게 발전하는데 화약 제조법의 확보와 더불어 화약무기 개발이 급속도로 이어지고, 이를 이용한 수군의 전술도 변하게 된다.

공민왕 5년인 1356년 9월 고려사 병지를 보면, "재상들이 숭문관에 모여 서북면에 보낼 무기를 검열하고 총통 발사 실험을 하였다"라는 기록이 있는데, 이로 보아 이미 화약을 개발한 것으로 보이며, 우왕 3년인 1377년 최무선을 하여금 '화통도감'을 설치토록 하고, 20여종[29]의 신형 화약무기를 개발하였다.

또한 1372년 공민왕 22년부터는 왜구를 해상에서 격퇴한다

---

29) 대장군포(大將軍砲), 이장군포(二將軍砲), 삼장군포(三將軍砲), 육화석포(六花石砲), 화포(火砲), 신포(信砲), 화통(火㷁), 화전(火箭), 철령전(鐵翎箭), 피령전(皮翎箭), 질려포(蒺藜砲), 철탄자(鐵彈子), 천산오룡전(穿山五龍箭), 류화(流火), 주화(走火), 촉천화(触天火) 등을 개발

는 '해방론(海方論)'을 기본으로 하는 강력한 수군 육성의 토대를 다지게 되었다. 아쉽게도 이 해방론의 개념은 이후 일본의 정한론(征韓論)의 배경으로 연결되기도 한다. 오히려 강력한 고려의 수군을 인계받은 조선은 임진왜란 발발 초기 경상 좌수사, 우수사는 전선을 침몰시키고 도망갔으며, 수군을 없애고 육전만으로 일본군을 상대하자고까지 하였다. 이순신의 고집이 아니었으면 조선의 수군은 스스로 무너지고 1910년이 아닌 1592년에 일본의 식민지가 되었을 수도 있었다.

공민왕의 아들인 우왕 6년인 1380년 8월에는 왜선 500여척이 전라도 진포(鎭浦)로 침입하자 고려 수군이 출전하여 왜구 선박에 화포와 화약무기를 사용하여 모조리 불태워 격침시켜 버렸다는 기록이 있다. 이는 곧 세계 최초로 화포를 사용하는 해전이 시작되었음을 알리는 계기가 되었으며, 일본군을 상대로 한 한민족 역사상 최고의 승리이며 강력한 수군의 탄생을 알리는 이정표와 같은 사건이다. 그러나 조선의 탄생과 함께 기억 속에서 사라졌다.

역사상 최고의 성과를 얻은 해전의 승리임에도 불구하고 왜 관심 밖의 일이 되었을까? 그리고 이성계가 고려의 영웅으로 탄생되는 배경이 된 '진포해전'에 대해 자세히 알아보자.

우리 기록에는 왜구라고 기록되어 있으나, 당시 시대상황을 고려시 수군과 해적의 구분이 모호하고 일본은 '사략 행위'에 기반을 둔 '해상 무사단'의 성격이 강했던 만큼 500여척 이상의 선박은 단순 해적 수준을 벗어난 정규군의 대규모 원정 작전과 같은 범주에서 고려해야 한다. 특히 일본은 '수군(水軍)'이라는 정부군의 개념은

1588년 '토요토미 히데요시'의 '해적 금지령' 이후에야 각 지역의 다이묘에 흡수되면서 비로써 수군의 형태를 갖추게 된다.

당시 큐슈로 추정되는 출발지에서 고려의 서해안까지 긴 항해를 하였고 선단의 규모를 볼 때 인원에 대한 명확한 기록은 없으나, 663년 '백강 해전'에서 백제를 돕기 위해 일본에서 원정을 온 선박의 수가 400척이고 전사한 일본군의 숫자가 27,000명이었다는 점과 고려사 및 조선왕조실록의 기록에 나오듯이 500척이 침몰할 때 대부분 불에 타 죽거나, 물에 빠져 죽었다는 기록이 있고, 살아남은 패잔병들이 고려 각지를 돌며 약탈을 계속하다가 황산 전투에서 왜구 5,000명이 전멸했다는 기록을 볼 때 원정 온 병력은 30,000명 내외로 추정된다.

왜구들은 당시 고려 조정에 곡물을 바치는 조운선을 수시로 약탈하였는데, '진포 해전'에서의 원정 병력의 규모로 보아 대규모로 약탈하기 위해 온 것으로 보이며 약탈한 곡식을 신속하게 옮기기 위해 500척의 선박을 서로 묶어 놓았다는 기록도 있다. 삼국지연의의 적벽대전 편에서도 조조의 수군 선박들을 서로 묶어놓는 연환계를 썼다가 손권, 유비 연합군에게 궤멸을 당한다는 이야기가 나온다.

고려의 우왕은 원 제국에서 귀화한 '나세(羅世)'를 상원수(上元帥)로 임명하고 해도원수 '심덕부(沈德符)', 해도부원수 '최무선' 등과 함께 출정시킨다. 이들은 화통도감에서 새로 개발한 화포와 각종 화약무기를 탑재한 누선(樓船) 8척을 포함한 신형 전선 100척을 이끌고 출정하여 진포항과 해상에 포진한 일본 선박 500척을 대상으로 화포 공격과 화공으로 전부 침몰시켰다.

이때 무려 500척을 이끌고 원정 온 대규모의 왜구는 고려 수군의 함선이 100척에 불과하다는 것을 확인하고 압도적인 전력을 기반으로 신속히 고려군의 함선으로 기어올라 그들의 특기인 '등선육박전(登船肉薄戰)'을 준비하고 있다가 생전 처음 접해보는 화포 공격으로 인해 폭음, 화염 등에 정신을 잃고 우왕좌왕하다가 500척이 침몰하게 되면서 몰살당했을 것으로 보인다.

참으로 아쉬운 한 가지는 최영, 이성계 등 당대 육전에서 명성을 쌓은 명장들이 진포항 인근에 대기시켰다가 협공을 했으면 잔존 병력까지 일거에 전멸을 시켰을 수 있었으나, 고려 조정과 고려군 내부에선 일본 함선을 격파하고 많은 병력을 사살하고 나면 나머지 인원은 배를 타고 도망갈 것이라고 생각했거나, 처음 실전에 사용하는 화포의 성능에 대해 신뢰성이 아직 없는 만큼 화포 사격 후 치고 빠지는 전술을 계획했을지도 모른다.

약간의 전략적 실수는 화포와 화약무기를 이용한 공격의 효과가 너무 좋아 도망갈 선박까지 전부 침몰시켰다는 것이며, 이로 인해 500척에 분승해 있던 20,000여명 이상의 일본군을 수장(水葬)시켰으나, 지상으로 노략질을 나갔다가 생존한 일본군들은 그대로 도주하여 상주, 함양, 남원 등지로 돌아다니며 고려인 대상 살상과 노략질을 지속하였다.

한달 후인 1380년 9월 우왕은 이성계를 삼도 도순찰사로 임명하고 왜구의 잔당을 토벌하도록 하는데, 이성계가 남원 인근에서 아기발도(阿其拔都)와 부하 5,000명을 전멸시켰으며 지리산으로 도망간 왜구가 70여명이라고 기록하고 있는데, 이 전투가 바로 '황산대첩'이다. 아기발도는 정확히 확인된 일본 이름은 아니고 '어려보이는 투사'란 의미로 고려 병사들이 부른 호칭이다. 이 황산대첩의 승리를 계기로 이성계는 고려 국민들의 영웅으로 추앙받게 되고 고려를 멸망시키고 조선을 건국하게 되는 중요한 모멘텀(Momentum-동력)이 된다.

정작 '진포 해전'이야 말로 한민족 역사상 최고의 전과를 올린 해상전투이다. 그리고 단일전투로는 그 규모만으로도 임진왜란 당시의 이순신 장군의 업적을 능가한다. 그러나, 오직 이성계를 왕으로도 만들고 고려의 역사를 폄훼해야 하는 조선의 사대부들은 이러한 전과를 모조리 무시한 채 불과 5,000명을 이긴 이성계의 성과만을 부각시키기 위해 진포해전의 성과를 역사 속에서 잊혀지게 만들고 만다.

단순히 산술적으로만 보자. 20,000여명이 넘는 병력과 500척의 전선을 격침시킨 전공과 갈 곳이 없는 패잔병 5,000명을 추적하여 사살한 전공 중에 어느 것이 더 값지고 위대한가?

우왕 9년인 1383년에는 남해현(南海縣) 북방의 관음포 앞바다로 왜선 120척이 침입해 오자 해도원수(海道元帥) '정지(鄭地)'가 화포를 이용하여 왜구 전선 17척을 침몰시키고 2,000여명을 죽이게 된다. 이 또한 잊혀진 승리의 역사인 고려말 '관음포 해전'이다. 역사상 고려말 우왕 시대의 전과는 수나라, 당나라를 이긴 고구려의 전성기에 육박한다.

연이은 대규모 전투에서 연전연승으로 자신감이 쌓이자 정지를 비롯한 고려의 장수들은 1387년 일본 본토를 정벌하자는 '동정론(東征論)'을 건의하였으나 즉각적으로 실행되지 않았다. 그러나, 우왕의 아들인 창왕(昌王)이 즉위한 이후 2년간의 일본 원정 준비를 끝낸 고려군은 1389년 2월 '박위(朴葳)'를 지휘관으로 하는 2차례의 몽골과 연합하여 일본 본토를 공략한 이후 처음으로 고려군 단독의 일본 원정인 '대마도(對馬島) 정벌'을 단행하게 된다.

　　힘이 강한 나라는 약한 나라를 정복한다. 그리고 힘이 없는 나라는 침략을 당한다. 그것만이 진실이다.

17. 총 3차례 걸친 '대마도 정벌'은 이렇게 시작되었다

1389년 2월에 '진포 해전', '관음포 해전'으로 강력한 수군을 육성하고 화포를 탑재한 신형 전함과 포격 및 화약무기를 사용한 해상 전술의 발전으로 일본과의 해전에서의 자신감을 가지게 된 고려군은 박위, 김종연 등을 지휘관으로 삼고 전선 100척과 10,000명의 대군을 이끌고 대마도를 직접 공격하고 일본함선 300척을 침몰시키며, 대마도 내의 모든 관사와 민가를 모두 불태운다. 이것이 고려 말의 '대마도 정벌'이다. 당시의 기록에서는 대마도에 있던 일본인들은 싸울 염두도 못 내고 산속으로 모두 도망갔다고 되어 있다.

앞서 실시한 '고려·몽골 연합군'의 일본 원정에 이어 두 번째

대마도 위치

일본 원정이다. 그리고 진포해전을 겪은 일본인들에게는 고려의 수군이 일본 본토로 왔다는 것만으로도 고려군은 공포와 두려움의 대상이었으며 그들의 머릿속에 깊이 각인되어버리는 결정적 역할을 하게 된다.

더욱이 이때부터의 고려 수군은 기존의 전술인 배를 들이받는 '충각전술', 신속히 적선으로 기어올라 백병전을 벌이는 '등선육박전(登船肉薄戰)'과 불화살로 공격하는 단순한 화공(火攻)이 아닌 화포(火砲)를 해전에서 처음 사용하는 당시로서는 최첨단 군대였으며, 수많은 화약무기를 사용한 고려의 수군력은 가히 '동북아 최강'이었다고 해도 과언은 아니다.

또한 과학문명이 발전한 유럽에서 조차 해상에서 함포를 사용하여 전투를 수행하게 된 것은 1571년 '유럽 신성 동맹'의 연합함대가 '오스만 투르크 제국' 함대와 싸워서 이긴 '레판토 해전'이 역사상 처음인데, 고려 수군의 화포 사용은 이보다 무려 191년이나 앞섰다는 점에서 그 의미가 매우 크다고 할 수 있다. 유럽 국가들은 레판토 해전에서 승리를 쟁취한 이후 경쟁적으로 대항해 시대로 나아가고 이를 통해 전 세계를 대상으로 그들의 활동 영역을 넓히게 된다.

만일 이성계와 신진사대부들이 자신들의 권력욕을 채우기 위해 쿠데타로 고려를 빼앗지 않고, 최영 장군이 몽골인 이성계를 그토록 신뢰만 하지 않았더라면 해양을 지배할 수도 있었던 한민족의 역사는 근본적으로 달라졌을 것이며, 주변국인 일본 영토에 대한 지배력도 강해졌을 가능성이 많았다.

고려말 창왕(昌王)의 대마도 정벌 이후 2차 대마도 정벌은 13년 후인 국호가 조선으로 바뀐 1396년(태조5) 12월에 추진된다. 조선의 문하우정승인 '김사형(金士衡)'이 오도병마처치사가 되어 도병마사 '남제', 병마사 '신극공', 도체찰사 '이무' 등과 함께 '대마도(對馬島, 쓰시마)'와 '이키섬(壹岐島)'를 정벌하였다.

김사형이 누군가 하면 바로 고려·몽골 연합군의 일본 원정시 고려군의 총지휘관이었던 김방경의 현손으로 가문에서는 두 번째의 일본 본토에 대한 정벌이었다. 더욱이 대마도와 이키섬은 이미 '고려·몽골 연합군'의 일본 정벌시 섬 주민이 모조리 학살당했던 대표적인 곳이기도 하다. 따라서 일본의 입장에서는 바로 그 '김방경'의 후손인 '김사경'에게 또 다시 초토화되는 꼴을 당하게 되었다. 한반도의 국가가 일본을 압도하던 마지막 시절이었다.

3차 대마도 정벌의 경우 1419년(세종1년) 6월 19일 이종무가 병선 227척, 군사 17,285명을 이끌고 마산포(馬山浦)를 출발하여 20일 대마도에 도착한다. 첫날 114명을 참수하고 1,939호의 가옥을 불태운다. 선박도 129척을 빼앗아 109척을 불태운다. 이후 좌군절제사 박실이 수색작전중 복병의 기습을 당해 박홍신, 김해 등 장수와 함께 100여명이 병사가 전사하였다.

일본의 역사서인 '조선통교대기(朝鮮通交大紀)'에서는 조선군 1,500명을 죽였다고 기록되어 있으나 양국의 기록의 차이가 많아 조선군도 피해가 많았다는 선에서 이해해야 할 것 같다. 이후 원정군은 대마도주의 요청으로 작전을 종료하고 7월 3일 거제도로 복귀하게 된다.

사실 세종 시기의 대마도 정벌에 대해서는 다양한 이견이 존재한다. 실록의 기록과는 다르게 그렇게 성공한 작전이 아니라는 평가가 바로 그것이다. 당초 이종무는 65일분의 식량을 가지고 대마도로 17,285명이라는 대군을 이끌고 갔다. 그런데 대마도에 도착한 지 15일도 안되어 거제도로 철군한다.

  이를 두고 약탈행위를 방지하려고 하는 목적이 달성되었기 때문에 조기에 복귀하였다고 이야기하는 측이 있는 반면 숲으로 이루어진 지형지물을 이용한 왜구의 반격으로 인한 피해가 계속 커지자 대마도 도주와 합의만 보고 돌아왔다는 주장이 그것이다.

  그러나 그 당시 국내외 상황을 고려시 조선이라는 나라가 무려 17,285명이라는 대군을 이끌고, 그것도 배를 타고 해외로 파병하였다가 15일도 안 되어 돌아왔다는 것을 설명하기에는 다소 무리가 있어 보인다. 또한 거제도로 철군한 직후인 7월 3일도 왜구의 침범이 있었으며, 1420년 1월에 대마도주가 다시 항복하겠다고 했다가 이를 번복하는 일이 발생했었고 1421년에 와서야 통상 허가를 조건을 왜구의 침범을 단속하겠다는 다짐을 받게 된다.

  사실 왜구라는 무장단체를 대마도주가 관리하기에는 한계가 있었으며 막부 정권과 연계된 무장 해상무역의 일환으로 설명할 수밖에 없다. 이후에도 왜구의 침범이 완벽히 차단된 것은 아니나 점차 해상무역을 하는 것으로 변화하는 계기가 된다.

  1390년 공양왕 2년에는 이전의 도부서를 폐지하고 '사수서(司水署)'를 만들어 함선을 건조하고 수군을 집중 육성한다. 이러한 노력은 조선 초로 자연스럽게 연결되어 조선 초 수군의 병력은 전체 지방군의 70%를 차지할 정도로 성장하게 되었으며, 이를 그대로 인계

받은 세종 때에는 전국 72곳의 진(陣)에 829척의 전선과 50,169명의 기선군을 보유하게 된다. 2018년 기준대한민국의 해군 병력은 해군 39,000명과 해병 28,000명인 것을 고려하면 엄청난 숫자이다.

    물론 이는 고려 말 공민왕과 우왕이 건설했던 군사력이 유지되던 고려말~조선초로 이어지는 불과 30년 사이의 이야기일 뿐이고, 성리학으로 인해 썩어가는 조선의 군사력은 계속해서 퇴보하고 병장기는 녹이 쓸며, 병력은 서류상의 숫자로 남아있게 되고 그 전투력을 상실한다. 16세기까지 가면 관청의 병기고에 보관 중이던 칼의 날에 녹이 쓸어 칼집에서 꺼낼 수도 없었으며 활의 시위도 끊어지고 활의 연결부위의 아교도 떨어져 활도 사용할 수 없게 되었다는 기록까지 발견된다.

18. 요동정벌을 꿈 꾼 비운의 왕, 그 이름은 '우왕(禑王)'

조선시대에 편찬된 '고려사'에는 고려의 왕들의 기록을 적은 국왕 열전에서는 공민왕의 아들인 우왕(禑王)의 이름을 찾아 볼 수가 없다. 왜 그럴까? 그럼 우왕의 기록은 어디에서 찾아볼 수 있을까? 그의 행적은 정작 국왕 열전이 아닌 '반역 열전'에서 찾아 볼 수가 있다.

고려의 내용을 담은 드라마에서 잠시 우왕의 행적이 보이기는 하나, 그저 주색잡기에 빠져 헤매다 신진사대부들에 의해 강제로 퇴위된 연산군과 같은 왕으로 묘사된다.

그러나 부정적으로 그려진 그와 관련한 고려 말 사료를 보면 우리는 놀라운 사실을 알게 된다. 그것은 비록 그가 고려를 망친 왕이거나, 한반도 역사 속에서 비중이 없어 보이기도 할 수 있으나, 그는 실제로는 저물어 가는 고려의 국운(國運)을 되살리고자 대외적 역량을 강화하고 '군사력을 강화'하였으며 이를 바탕으로 한민족 역사상 '요동정벌을 실행한 마지막 왕'이자 '최초로 대마도를 정벌'한 왕이기도 하다.

오히려 구한말 나라를 재정을 파탄시켰을 뿐만 아니라 '동학군의 봉기'의 원인이 되고 청나라 군대와 러시아를 끌어들임으로서 조선이라는 나라를 멸망으로 이끌었음에도 불구하고, 일부 영화와 드라마, 뮤지컬 그리고 유명 소프라노의 노래속의 주인공이 되어 마치 국권을 회복하고 백성을 지극 정성으로 사랑하다가 일본 낭인들에 의해 무참히 죽었다고 미화된 민비와 국민들이 받아들이는 느낌이 매우 대조적이다. 영화는 영화일 뿐 민비의 모습이 하이틴 스타 출신인 배우 '이미연'의 연기가 아니며, 영화배우 '수애'가 아니다.

우선 우왕의 집권기간인 1374년부터 1388년 사이의 업적의 일부 기록만 살펴보자.

1377년 최무선으로 하여금 화통도감을 설치하여 화포 등 20여종의 신무기를 개발하고 수군을 육성하여 1380년 8월 최무선 등을 전라도 '진포(鎭浦)'로 보내 왜구 전선 500여척을 침몰시키고 왜구 20,000명 이상을 수장(水葬), 1380년 9월 이성계로 하여금 진포해전에서의 잔당 5,000명을 토벌(황산대첩), 1383년에는 해도원수(海道元帥) 정지(鄭地)로 하여금 '관음포 해전'에서 왜구 전선 120척을 상대하여 17척 침몰, 2,000여명이 몰살시킨다.

그리고 1388년에는 고구려의 명맥을 잇는 고려의 숙원 사업이자 아버지인 공민왕의 업적이기도 했던 1차 요동정벌에 이어 2번째로 요동 지역을 회복하기 위해 50,000명의 정예병을 파병한다. 하지만 이것은 이성계의 위화도 회군으로 수포로 돌아간다.

고려 말의 '주요 군사적 성과'가 '우왕이 집권한 불과 14년 동안'에 이루어진 것이다. 그러나 요동 정벌의 꿈을 송두리째 빼앗아 가고 더욱이 고려까지 멸망시키고 조선을 건국한 신진사대부들에 의하여 그는 무능하고 주색잡기만 아는 인물로 왜곡되었으며 공민왕이 아닌 신돈의 아들이라는 오명을 씌우고 오직 고려를 망국으로

최영장군의 묘

이끈 파렴치한 국왕으로 기록되었다.

그 기록조차도 왕의 기록이 아닌 '반역 열전'에 포함되어 있으니, 조선의 사대부들이 얼마나 우왕을 견제하고 그의 행적을 지우려고 했는지 알 수 있다. 이는 백제 멸망 이후 만들어진 의자왕의 이야기와 별반 차이가 없다. 의자왕 역시 신라의 40여개의 성을 정복한 왕이었으나, 신라에 의해 기록된 역사에는 그저 무능하고 주색잡기만 아는 백제를 망국으로 이끈 파렴치한 국왕일 뿐이었다는 것이다.

조선의 건국을 주도한 신진사대부들은 고려의 정통성을 말살하기 위하여 그의 출신 성분을 문제 삼아 1388년 강제 퇴위 시킨다. 그의 어릴 적 이름은 모니노(牟尼奴)이며 공민왕의 서자이자, 당시 최고 권문세가인 최영 가문의 사위로 그의 부인인 영비 최씨가 최영의 서녀이다.

우왕이 왕위에 오른 1374년에는 8촌 형이자 요동 지방을 다스리는 '심양왕'인 '토크토아부카(脫脫不花)'가 고려의 왕위를 요구하였으나, 이인임과 최영 등을 통해 이를 차단하고 왕권을 공고히 한다. 앞서 기술한 바와 같이 우왕은 최무선을 통해 화포를 장착한 전선을 개발하여 동북아 최고의 수군력을 확보하였으며, 지상전의 경우 최영과 이성계라는 걸출한 장수를 휘하에 두고 '해상전'과 '지상전'의 압도적 능력을 기반으로 한 강력한 국가를 만든 인물이다.

그러나 1388년 이성계의 위화도 회군으로 장인이자 고려군의 최고 지휘관인 최영 장군이 신진사대부들에 의해 붙잡혀 사형을 당하자, 신변의 위협을 느끼고 그해 6월에 80명의 직속 호위무사를 데리고 반역자 이성계와 조민수 등을 직접 제거하려 하지만 실패하고 만다.

> 우왕 14년(1388년) 6월 병오일. 이날 밤에 우왕이 환수(宦竪) 80여 명과 함께 무장한 채 태조와 조민수(曺敏修), 변안열(邊安烈)의 집으로 쳐들어갔지만 모두 집에서 나와 사대문 밖 군영에 있었으므로 해를 입히지 못하고 그냥 돌아갔다.
> 「고려사」 권137, 열전50 우왕5

이 일을 빌미로 하여 강제로 폐위당하고 1388년 6월 9일 아들 창왕(昌王)에게 왕위를 인계한 이후 1389년 11월에 최영의 생질인 김저(金佇)와 최영의 최측근 정득후(鄭得厚) 장군 등과 함께 이성계와 신진사대부들이 팔관회에 참석할 때를 노려 제거하기로 계획을 세웠으나, 함께 하기로 했던 '곽충보(郭忠輔)'의 배신으로 인해 암살 계획이 들통 나게 되면서 1983년 12월 강릉에서 시해당했다.

그 사이 아들 창왕도 아버지 우왕의 복위를 비밀리에 도모하던 중 그 또한 영특하다는 것을 알게 된 사대부들이 신돈의 자손이라는 누명을 또다시 씌워 폐위시켰다. 그러나 1년이라는 짧은 재임 기간 동안 권문세가 중심 토지제도의 개혁을 추진하였고, 백성들에게 과도하게 부여되는 공물 징수제도를 조정하게 하는 등 성군으로서의 자질이 있었다.

특히, 1389년 1월 경상도원수 '박위(朴葳)'로 하여금 병선 100척을 이끌고 대마도(對馬島)를 정벌하게 하였다. 그러나 그해 11월 15일에 불과 9살의 나이에 사대부들에 의해 강화도로 유배된 후 시해당한다.

역사를 평가함에 있어 만일은 없다고 한다. 그러나 요동 정벌 시 최영이 현장 지휘관으로 나갔다면, 그리고 우왕의 이성계 암살계획이 성공하였다면 우리는 지금 어떤 나라에 살고 있었을까? 국호가 바뀌지 않아 조선(Chosun)이 아닌 말 그대로의 고려(Korea)로 살고 있지 않았을까? 그리고 충선왕이 가지고 있던 요동지역을 다스리는 심양왕의 권한을 조카가 아닌 아들 충목왕에게 주어 고려왕이 '심양왕'을 끝까지 겸직하였다면 어떠한 역사적 변화가 있었을까?

만일 그랬다면 성리학 세계관이 빠진 사대부 중심의 조선이 '농경사회'로 전락하는 일도 없고, 오히려 강력한 군사력으로 동북아의 강자로 거듭나게 되어 결코 임진왜란이나 병자호란을 겪지도 않고 구한말에 이르러 일본제국의 식민지가 되지 않았을 거라는 아쉬움이 든다.

제 4 장

진정한 '한족(韓族) 사대주의' 국가,

조선

19. 이성계의 조선은 '단군 조선'이 아닌 '기자 조선'이다
20. '단군 조선'에 대한 조선시대 유학자들의 사념(邪念)
21. '위화도 회군', 그리고 본격적인 '漢族 사대주의'의 시작
22. 중원의 元明 교체기, 고려는 망할 나라가 아니었다
23. 조선의 사대부, 자신들만의 권력을 탐하다
24. 조선初 강력했던 군사력은 어디로?
25. 조선의 사무라이, 갑사는 그렇게 사라진다
26. '정왜론(征倭論)'과 '정명가도(征明假道)'

진정한 '한족(韓族) 사대주의' 국가, 조선
　　　　　　- 위대했던 韓民族, 중국 漢族의 정신적 식민지로 전락하다.

19. 이성계의 조선은 '단군 조선'이 아닌 '기자 조선'이다

　　일반적으로 이성계라는 원 제국 다루가치 출신의 무인과 정도전으로 대변되는 신진사대부(士大夫)들에 의해 만들어진 '조선(朝鮮)'이라는 나라의 명칭을 보면 흔히 민족의 뿌리인 '고조선'이라 불리는 '단군조선'으로부터 시작되는 장구한 역사를 이어가는 것으로 생각할 수도 있다.

　　그러나 이것은 철저한 오해다. 이성계와 정도전, 그리고 신진사대부들은 조선을 개국한 이후 명나라 황제의 승인을 받으려고 '화령'과 '조선'이라는 2개의 국호를 제출한다. 명 황제는 이중 '조선'이라는 국호를 사용하라고 지시한다. 과거 고구려가 패망한 이후 마지막 왕이던 '보장왕'에게 당의 황제가 내린 직책도 '조선왕'이었다.

　　그들이 말하는 조선은 단군 조선이 아닌 중국에서 넘어온 중국 상나라의 왕족인 '기자(箕子)'가 만든 조선인 '기자의 조선'이다. 기자 조선에 관해서는 여러 가지 설(說)이 있긴 한데 중국 고대 국가인 '상나라 왕족 기자설'과 '기자 동래설', '기자 한민족설' 등이 그것이다.

'상나라 왕족 기자설'의 경우 주나라 무왕이 상나라를 멸망시킨 후 은둔중인 기자에게 천도를 묻자 '홍범구주(洪範九疇)'를 주었고 주나라 왕실의 신하가 되었다는 것이며, '기자 동래설'의 경우 상나라가 주나라에 의한 멸망한 후 기자 일족이 단군 조선을 들어와 기존 지배층을 대신하여 조선을 지배했다는 것으로 중국의 '상서대전(尙書大傳)'에 근거를 두고 있다.

그러나 중원 대륙에 한족들이 개국한 한나라 이전의 역사서인 상서(尙書)에는 그 기록이 없다. 이를 근거로 중국의 역사서에 나오는 한민족의 고대사가 대부분 위조되었다고 보는 시각이 다분하다. 현재 동북공정을 주장하는 그들로서는 충분히 그럴만한 것이기도 하다.

'기자 한민족설'은 이병도 박사가 주창한 내용으로 고조선에서 기원한 한후(韓侯)가 요서로부터 아사달로 이동하여 조선의 지배세력이 되었다는 것으로 '기자가 처음부터 한민족(韓民族)'이었다는 주장이다. 이를 토대로 학계에서는 '기자 한민족설'을 편 이병도[30]에게는 친일사학자라는 기존의 평가와는 달리 민족주의적 역사학을 연구한 학자였다는 평가도 상존하고 있다.

잠시 일본제국이 만들어 낸 식민지 사관의 핵심이 무엇인가를 알아보자. 이는 1895년에 작성된 '조선사강(朝鮮史綱)', '일한고사단

---

30) 충정도 수군절도사 이봉구의 아들로 1896년 9월 20일 용인에서 태어난 그는 1919년 '와세다 대학'을 졸업하고 1925년 '조선사편수회'에서 잠시 근무했다. 이로 인하여 일각에서 친일 사학자라고 주장하나, 실질적으로는 정작 창시개명을 반대하였으며 1934년 '진단학회'를 만들어 '민족주의에 입각한 한국사'를 연구를 한 인물로 평가가 아직까지 양분되고 있다.

(日韓古史斷)' 등에서 쉽게 확인해 볼 수 있다. 그 주된 내용은 고조선의 건국과 일본의 건국을 신화 차원에서 연결시켜 만들어졌다는 것이다. 간략히 설명하면 일본을 만든 신(神)인 '이자나기'의 셋째 아들이 폭풍의 신(神) '스사노오'인데 이 스사노오가 환웅의 또 다른 이름이고 환웅의 아들 '단군'은 '스사노오'의 아들 '이다케루'와 동일 인물이라는 내용이다. 이러한 내용의 사관을 일본제국은 식민지 시절 일본 민족과 조선 민족에 대하여 '일선동조론' 즉 '내선일체(內鮮一體)'의 근거로 사용하였다.

사실 이성계와 사대부들이 쿠데타를 일으킨 이후 '고려'라는 국호를 바꿀 필요도 없었다.

위화도 회군 병력과 개성을 지키는 최영의 병력과 교전은 있었으나 당초 조선을 건국하기 위해 고려 정부군과 반란군 사이에 대규모의 전쟁을 한 것도 아니었으며, 강력한 군사적 충돌이 있었던 것도 아니었다. 단지 지방 중소 지주인 향리 출신의 신진사대부들이 그들의 성리학적 사상을 토대로 기존의 중앙 귀족들을 무너뜨리고 그들의 권위와 권력을 빼앗으려고 했을 뿐이다.

그런데 이미 신흥 권력층이 되어버린 '신진사대부'들은 민족의 정통성을 외면한 채 한족과 유학의 뿌리이자 '기자(箕子)의 나라'인 기자 조선이 되고 싶었을 뿐이다. 왜 그랬을까?

'기자(箕子)의 나라'가 되고 싶었던 것에는 두 가지 이유가 있다. 긍정적인 측면과 부정적인 측면이 그것인데, 전자의 경우 한족의 정통성의 정점에 있는 주나라의 무왕에게 홍범구주(洪範九疇)를 만들어 준 기자(箕子)가 직접 다스린 나라의 후예라는 자긍심 아닌 자긍심의 표현이며, 반대로 부정정인 측면은 이 또한 신진사대부들에게는 긍정적 요인이겠으나, 한족의 나라와 조선민족은 수천 년 동안 군신(君臣)의 관계를 유지해 왔다는 '소중화(小中華) 사상'의 발현이다.

조선 시대는 한족 사대주의자들에 의해 한민족 역사상 가장 심각한 역사 왜곡의 순간이고 본격적인 한민족의 '민족정신 말살'의 시작이 되었다고 볼 수도 있다. 앞서 소개한 조선의 역사서 '동사강목(東史綱目)' 중 '단군(檀君)'에 관하여 유학자들이 평가했던 부분을 보도록 하자.

【 '동사강목(東史綱目) 부록 상권 중 괴설변증(怪說辨證)' 중 단군 관련 】中

"(중략) 상고하건대 이 말은 너무 허황하여 변증할 수 없으니, '통감(通鑑)'에서 생략한 것이 옳다. (중략) 어찌 그처럼 무리(無理)한 일이 있을 수 있겠는가? '삼국유사(三國遺事)'란 고려의 중(僧) 일연(一然)이 지은 것이요 (중략) 이 같은 것을 정사에 엮어, 한 구역 어진 나라를 모두 괴이(怪異)한 무리로 만들었으니 너무나 애석한 일이다."

냉철하게 잘 생각해 보자. 일본을 만든 신(神)과 단군을 '동질화'시켜 버린 '식민지 사관'과 '단군'이라는 것 자체가 '무리(無理)'하고 '괴이(怪異)'하다고 평가한 조선 중에 누가 역사를 왜곡하고, 어느 것이 식민지 사관이란 말인가?

그간 통상적으로 알고 있던 일본제국이 만든 식민지 사관의 가장 큰 문제점은 고조선을 건국한 단군의 역사를 곰과 호랑이가 마늘이나 먹는 토템 신화로 만들어 버렸다는 것이다. 그런데 신진사대부들이 만든 조선은 정작 단군이 건국한 고조선의 역사 자체를 무시

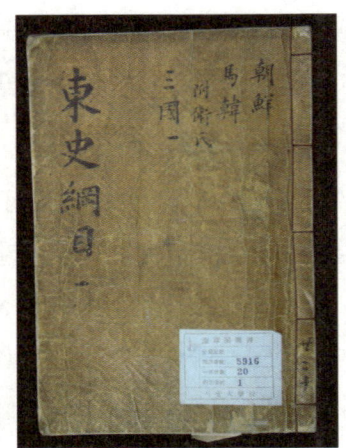
동사강목

해 버렸다는 것이다. 일본제국이 만들어 낸 일선 동조론도 억지스러운 측면이 있으나, 몸과 마음으로 한족의 식민지였던 조선의 경우에는 자발적으로 그러했다는 점에서 그 심각성이 더하다고 하겠다.

철저하게 '한족의 식민지 사관'을 가진 이성계와 신진사대부들의 조선은 고려까지 이어져 내려 온 민족적 정통성을 유지하고 새로운 국정운영 방법을 가진 새로운 개혁국가 조선이 아닌, 전쟁도 안하고 스스로 식민지가 되어버린 '후(後) 기자 조선'의 건국을 말하는 것이며, 500여 년간의 본격적 '사대주의의 시작'을 알리는 출발점이 되었다.

참 아이러니하게도 이는 1910년 8월 22일 '한일병합조약(韓日倂合條約)'으로 인해 일본의 천황으로부터 또 다시 '조선왕'의 칭호와 귀족 작위, 은사금을 받으면서 자신들만의 안의와 권력 보장을 위해 국가를 일본에 넘긴 이성계의 후손들과 신진사대부들의 후손인 각 부 대신들의 행위는 처음과 끝의 대상이 달라졌을 뿐 그 맥을 같이 한다. 지금도 이성계의 후손들은 사단법인 '대한황실문화원'으로 그 세계(世系)를 유지하고 있으며, 영친왕의 아들인 '이구(李玖)'가 후손이 없이 사망하자, 직계가 아닌 방계인 이상협(李相協)을 양자로 입적시키고 이름을 이원(李源)으로 개명한 이후 '황사손'의 자격으로 대한황실문화원의 대표직을 하고 있다.

그렇다면 원 제국의 다루가치 출신으로 고려 왕실을 멸망시키고 한족 사대주의자들인 신진사대부들이 기자 조선을 다시 건국하는데 가장 큰 힘이 되어 준 이성계는 정작 누가인가?

그는 고려 무신정변을 일으킨 이의방의 동생인 '이린(李隣)'의 6대손이며, 원 제국에 귀화하여 다루가치로 활동하던 '울루스부카(吾魯思不花)'의 아들로 원 제국의 핵심세력인 '동방 3왕가'(東方諸弟王家)의 실력자 '테무게 옷치긴(鉄木哥斡赤斤) 울루스(王家)'에 충성을 다하던 '몽골인'의 후손이었다.

몽골은 징기스칸의 압도적인 정복활동을 통해 그 세가 커지자 서방으로 계속해서 영토를 확장하게 되는데, 서방 정복을 맡은 '주치, 차가다이, 우구데이 울루스(王家)'와 동쪽을 관리하는 '카사르, 치운, 테무게 옷치긴 울루스(王家)라 불리는 '동방 3왕가(王家)'로 제국을 분할하여 관리했다. 이중 가장 큰 세력이 이성계 집안이 모시던 주군(主君)의 가문인 '테무게 옷치긴 울루스'였다.

이성계의 집안이 몽골과 연을 맺게 되는 과정에서 아주 재미있는 이야기가 있다. 물론 이 이야기는 '태조실록'에만 기술되어 있고 그 외 사서에는 기록이 되어있지 않다. 이로 인해 이성계 조상에 대한 이야기가 고려사에는 기록이 없는 것으로 보아 이성계 집안을 신격화하는 학자들도 있다. 단순히 태조실록의 기록된 이야기를 있는 그대로 살펴보자.

당초 무신정변을 주도하고 국정을 주도하였던 이의방이 정중부와 그의 아들 정균에 의해 암살된 직후 이의방의 동생 이린(李隣)은 고향인 전주로 낙향한다. 그리고 시간이 흘러 '이린'의 손자이자 훗날 이성계의 고조부이자 목조(穆祖)로 추존될 인물인 '이안사(李安社)'는 전주에서 호족세력 집안의 한량으로 살다가 관기(官妓)를 놓고 지역의 관리인 산성별감과 싸우게 된다. 그러나 산성별감은 화가 풀리지 않아 상관인 안렴사(按廉使)에게 고하고 정당한 이유를 만들어 이안사를 처벌할 계획을 한다.

이런 낌새를 눈치 챈 이안사는 처벌받을 것을 우려하여 가솔들과 함께 강원도 삼척으로 도망가 살았다. 그런데 얼마 지나지 않아 사이가 좋지 않던 산성별감이 강원도를 관리하는 안찰사로 온다는 소식을 듣게 되자, 다시 가솔들을 데리고 야반도주하듯이 의주로 이주한다.

사실 이 대목이 참 웃기는 부분이다. 조선의 정당성을 만들고 이성계 집안을 신격화시키는 작업의 일환으로 실록을 편찬하였는데, 정작 '이성계의 직계 조상이 여자 문제로 도망쳤다'고 기술해 놓았다. 그것이 사실이라면 내용을 많이 순화시킨 것이고, 이안사라는 사람은 실제로 아주 파렴치한 난봉꾼에 해당되는 인물일지도 모른다.

다시 이야기로 들어가면 몽골의 침입이 본격화되자, 고려 조정에서는 한때 주름잡았던 무신 집안의 후예인 만큼 그에게 '의주 병마사'의 직책을 부여하고 몽골과 대항하게 한다.

그러나 1254년 이안사는 곧바로 고려를 배신하고 스스로 몽골군에 투항한다. 때마침 의주에서 가까운 '화주'에 원 제국의 '산길대왕(散吉大王)'이 대군을 이끌고 주둔하고 있었는데 그는 '동방 3 왕가(울루스)'의 대표적 가문으로 몽골의 고려 침공을 주도했었던 왕가인 테무게 옷치긴(鉄木哥斡赤斤)'의 군주인 '타가차르'와 아주 가까운 제후왕(諸侯王)이었다. 여기에서부터 이성계의 가문의 역사를 바꾸는 기회가 온다.

> 高麗以穆祖爲宜州兵馬使, 鎭高原以禦元兵. 時雙城以北, 屬于開元路. 元 散吉大王來屯雙城, 謀取鐵嶺以北, 再遣人請穆祖降元, 穆祖不得已率金甫奴等一千餘戶降. 散吉聞于元帝, 元爲立斡東千戶所, 給降金牌, 爲南京等處五千戶所, 首千戶, 兼達魯花赤.
>
> — 太祖實錄, 1 總書

그것은 1255년 이안사가 우연히 '칭기스 칸(테무진)'이 6살 아래 동생으로 유난히 아끼던 막내 동생인 '테무게 옷치긴(鉄木哥斡赤斤)'의 휘하로 들어가게 되었던 것이고, 이는 곧 '칭기스 칸'이 가장 아끼던 황족 일가의 가신(家臣)이 되었다는 것을 의미한다.

또한 몽골에는 '말자(末子, 막내아들) 상속제도'가 있어 큰 형들은 계속 정복 활동을 해서 영토와 부를 스스로 축적해야 하지만, 막내 동생은 가장 많은 영지와 재산을 분할받기 때문에 '칭기스 칸'의 직계 일가족 중에서도 가장 큰 세력의 휘하로 들어갔다는 것을 의미한다.

이를 계기로 이안사는 '오동 천호(千戶)' 및 '다루가치(達魯花赤)'로 임명되고 후손들은 계속 이 직책을 세습하면서 함경도 일대의 고려인과 여진족들을 아우르며 '신흥 군벌 세력'으로 자연스럽게 성장해 간다.

'테무게 옷치긴(鉄木哥斡赤斤)'의 왕가는 1287년 타카차르의 손자가 일으킨 '나얀(乃顔)의 반란'으로 그 세가 잠시 주춤하였으나, 1316년 이후에는 타카차르 시절의 수준으로 회복하였다.

정작 수많은 고려의 백성들과 셀 수도 없이 많은 군사들이 목숨을 바쳐 몽골과 싸워가며 고려의 국토를 지킬 때 이안사의 집안은 몽골로 귀화하고 원 제국의 장군이 되어 호위호식(好衣好食)하며 약 100년간 자신들의 조국인 고려로 향해 칼을 겨누고 감시하는 일을 하였다.

과연 이성계의 가문이 같은 시기에 똑같이 몽골로 망명하여 대(代)를 이어 원 제국의 장군이 된 '홍복원'과 그의 아들로 1,2차 일본 원정시 원의 지휘관으로 참여한 '홍다구'와 무엇이 다른가? 결국 울루스부카(吾魯思不花)와 홍복원, 그들의 아들인 이성계와 홍다구는 유사한 삶을 살았다는 것이며, 이성계는 홍다구보다 한발 더 나가 고려를 멸망시키고 철저하게 '한족의 정신적 식민지'인 조선을 개국하게 된다.

【 홍다구와 이성계 】

홍다구(1244~1291년)는 1218년 몽골에 투항한 홍복원의 아들로 몽골식 이름은 '차르구'이다. '쿠빌라이 칸'의 총애를 받았으며, 삼별초의 난을 고려 장수 김방경과 함께 진압하였고 또다시 김방경과 1274년 '1차 일본원정', 1277년 '2차 일본원정'을 지휘한다.

그러나 김방경과는 사이가 안 좋아 그를 탄핵하고 직접 고문하기도 한다. 1287년 元나라에서 발생한 '나얀(乃顔)의 반란'을 진압, '요양행성우승'이 되었으며 1291년 죽었다.

그의 아버지인 '홍복원'은 '동경총관'으로 40여개 성을 관할하였으나, 원(元)에 질(質)로 가 있던 '영녕공 왕준'을 개(犬)라고 했다가, 몽골 황족인 '왕준'의 부인이 황제에게 고하여 황제가 보낸 장사 10명에게 맞아 죽었는데 이 일로 인해 '쿠빌라이 칸'이 미안한 마음을 가지고 '홍다구'를 잘 대우해 주었다고 한다.

이성계(1335~1408년)는 1254년 몽골에 투항한 이안사의 자손으로 '울루스부카(吾魯思不花)'의 아들이다. 이성계의 몽골식 이름도 있었을 것이나 그 기록은 지워진 것으로 보인다. 그의 집안은 대대로 다루가치를 지냈는데, 1356년 공민왕이 쌍성총관부 공격 시 조상의 죄를 씻어준다는 회유를 받고 고려로 망명하고 1361년 '울루스부카'가 죽자, 그의 고려 직책인 금오위상장군(金吾衛上將軍)·동북면상만호(東北面上萬戶)를 인계 받았다.

고려의 장군으로 황산대첩 등에서 공을 세우기도 했는데 1388년 '위화도 회군'을 일으켜 고려를 멸망시키고, 1392년 7월 17일 조선의 초대 왕이 된다. 이후 왕(王)씨 말살 정책을 펴 많은 王씨의 친족들을 집단학살하였으며, '태종 이방원(李芳遠)'의 아버지이자 '세종 이도(李祹)'의 할아버지이다.

참 아이러니하게도 이성계 집안의 내력은 처음에는 무신정변을 일으켰다가 숙청되고, 이후 여자 문제로 쫓겨 도망쳐 숨어 지내다가 고려를 배신하고 몽골에 귀화하여 다루가치가 되었다가 다시 원 제국을 배신하였고, 자신을 중용한 공민왕과 그의 아들인 우왕, 그리고 군사적 조력자인 최영까지 배신하여 죽이고 고려를 멸망시키게 되는 '계속된 배신의 역사'일 수도 있다.

어찌 보면, 그가 고려를 망하게 만든 사건인 '위화도 회군'은 신진사대부들의 충동질에 의한 것이 아니라, 신진사대부들을 이용한 그의 계획일 수도 있다.

그리고 그의 후손인 조선의 왕들은 그들의 조상처럼 누군가 또다시 역성혁명을 일으킬 수 있다는 의심으로 직언을 하는 충신들과 유능한 무관들과 인재들을 잔혹하게 숙청하고 혹시 모를 쿠데타를 미연에 방지하고자 군사력 자체를 약화시키며, 절대적인 지지 기반인 사대부들의 재산 증식을 위해 전대미문(前代未聞)의 가혹한 '노비제도'와 '양천제(良賤制)'라는 신분제를 기반으로 한 500년간의 농경국가를 지속하게 된다.

20. '단군 조선'에 대한 조선시대 유학자[31] 들의 사념 (邪念)

앞서 조선시대의 귀중한 역사 자료로 인정받는 안정복의 '동사강목(東史綱目)'을 예로 들었는데, 동사강목의 부록 상권 중 '괴설변증(怪說辨證)'을 통해 '단군 조선'에 관한 유학자들의 인식을 보았다.

안정복의 논거로는 단군 조선 등 한민족의 고대사는 다 거짓이고, 한 구역에 위치한 어진 나라가 조선이라는 것이다. 한 구역은 어디로부터인가? 물론 명나라 즉 한족의 나라이다.

그리고 정작 한 구역의 '어진 나라'라는 조선이 어질고 바른 나라였던가? 전 국민의 50% 이상이 노비(奴婢)인 나라로, 대항해 시대의 유럽 국가들을 거쳐 미국에서 존재했던 흑인 노예제도에 버금가는 노비제도를 가지고 있는 반인륜적 문화를 가진 나라였다.

게다가 서양의 국가와 가장 큰 차이점은 미국의 노예는 아프리카에서 잡아 온 흑인들인 반면, 조선의 노비는 같은 민족이라는 근본적이 차이가 있다. 조선의 사대부들은 같은 민족을 노비로 만들

---

31) '유학 즉, 성리학이라는 용어는 원래 '성명·의리의 학(性命義理之學)'의 준말이다. 중국 송(宋) 대에 들어와 공자와 맹자의 유교사상을 '성리(性理)·의리(義理)·이기(理氣)' 등의 형이상학 체계로 해석하였는데 이를 성리학이라 부른다. 성리학은 보통 주자학(朱子學)·정주학(程朱學)·이학(理學)·도학(道學)·신유학(新儒學) 등의 명칭으로 통용되고 있다. 송의 주희(朱熹)는 주렴계(周濂溪), 장횡거(張橫渠), 정명도(程明道), 정이천(程伊川)을 계승하여 성리학을 집대성하였다.' 한민적문화대백과사전 발췌

세종

어 심지어 정적들을 모함하고 그 가문을 몰락시켰다. 그리고 그의 처와 자식들을 노비로 만들어 가며 2000년 전에 만들어진 공자의 글이나 읽으며 국가를 방치하였다.

전 세계 어느 나라가 자신의 동족을 노예를 삼는다는 말인가? 어떤 이들은 요즘 부각되고 있는 남성 육아 휴직을 이야기하면서 세종 때의 사례를 들며 노비들에게도 '육아 휴직'을 시켜주는 등 세종은 무조건 성군이었고 조선은 합리적 시스템으로 운영되었다고 말하는 이들이 있다. 그러면 '그렇게 합리적인 조선에서 노비로 살라고 하면 살겠는가?' 라는 질문을 받으면 과연 무엇이라고 답을 할지 궁금하다.

우선 조선 법률은 명나라의 것을 기반을 하였는데 만일 국가 전복 행위에 해당되는 모반 대역(謀反大逆)의 경우 연좌 처벌에 해당하여 말로만 듣던 삼족을 멸하는 형벌을 그대로 집행하였다. 당사자에 대한 처벌은 사지를 찢어 죽이는 능지처참(凌遲處斬)이었고 그의 가족들 중 아버지와 16세 이상 남자는 교수형으로 모두 죽였으며 '15세 이하 남자, 어머니와 딸, 처와 첩, 할아버지와 손자, 형제, 자매, 며느리'는 논공행상을 통해 모반을 고변하고 막은 공신(功臣)의 집에 '노비'로 주었다. 너무 잔인하고 비인간적이지 않은가? 특히 이렇게 몰락한 가문의 젊은 여성들은 졸지에 노비로 전락해 정적 가문의 성노리개로 전락했다고 한다.

더욱이 세종은 '종모법(從母法)'이라는 최악의 악법(惡法)을 시행하여 여자 노비가 낳은 모든 사람을 노비로 만들어 버림으로써 같은 민족을 노비로 삼았다. 그리고 노비를 재산의 일부로 취급하던 시대였기에 사대부들을 앞다투어 노비로 만드는데 여념이 없었다.

> '계집종의 자식이라도 아비가 양민'이면 아비를 좇아 양민이 되는 현행법(從父法)을 폐지하고, 다시 '어미를 좇아 천민이 되게 하는 법(從母法)'을 세운다면 가장 좋은 방법입니다.
>
> 세종실록 55권, 세종 14년 3월 15일 1432년

기실 대한민국의 사람들이라면 '한민족의 역사의 뿌리는 단군왕검'으로부터 믿고 있지 아니한가? 그리고 단군왕검의 역사를 역사가 아닌 '인디언 토테미즘(Totemism)' 수준의 신화로 바꾼 것이 일제 식민지 시절 만들어진 '식민지 사관'이라고 배우지 아니하였는가?

그런데 조선 중기인 1756~1759년(1778년 수정본 완성)간 작성된 유학자 '안정복'의 '동사강목'에서 그와 같이 단군의 이야기를 논할

가치도 없는 '괴설(怪說)'로 폄하할 뿐더러 오직 '기자 조선'만이 정사라고 주장한다.

　　　과연 누구의 주장이 식민지 사관이며, 어떠한 역사가 진실이며, 무슨 기록이 진실을 말하고 있는가? 고려의 유학자 김부식이 작성한 '삼국사기'나, 조선조에 유학자들이 작성한 역사의 기록들은 믿을 수 있겠는가? 오직 중국의 유학을 기본으로 한족을 중심으로 한 소중화(小中華) 사상, 즉 사대주의의 역사가 고조선, 부여, 고구려, 백제로 이어지는 장구한 역사를 왜곡하였다는 사실을 잊지 말아야 하겠다.

　　　특히 일본과의 관계 속에서 한반도에 있던 국가들이 침략하고 악행을 저지른 역사는 철저하게 지우고 일본에게 침략받은 역사만 강조하는 역사의 왜곡과 과장 그리고 축소라는 점에서 과연 떳떳할 수 있는가? 역사는 역사로, 사실을 사실로, 진실을 진실로 인식하고 보다 나은 미래를 계획하는 것이 올바른 것이 아닌가? 지금은 잔혹한 형벌이 난무하고 제국주의로 침략을 일삼던 19세기이전의 시대가 아닌 21세기이다. 그리고 더 이상 피해자 코스프레는 그만하자.

21. '위화도 회군', 그리고 본격적인 '漢族 사대주의'의 시작

― 옛 고구려의 영토, 요동 탈환의 마지막 기회를 스스로 버리다.

1388년 중원 대륙을 원 제국으로부터 빼앗은 명나라의 '주원장'은 '철령'을 기준으로 하는 북쪽, 동쪽과 서쪽의 광활한 지역은 당초 원 제국이 카이위안(开原)을 중심으로 나누어 놓은 만주 지역의 행정구역인 '개원로(開元路)[32]'에 속해 있기 때문에 이 지역에 속한 땅과 거주하는 사람들은 원 제국의 소속이었던 만큼, 명나라에 반환하라는 친서를 고려에 보낸다.

사실 말도 안 되는 주장이다. 현재 중국 한족 중심의 공산당 정부가 주창하는 '동북공정, 서북공정' 등과도 그 맥을 같이 한다는 점

주원장

---

[32] 元나라 때 카이위안(開原)을 중심으로 하여 만주 서남부 지역에 설치한 지방 행정구역

에서 전형적인 한족들의 특성을 그대로 대변한다. 역사의 진실은 그 반대로 이미 '원 제국'의 '무종'이 원 황실의 일원이며 자신의 황제 등극을 지원한 충선왕에게 '심양왕'의 작위를 겸직하도록 하사하고 통치를 맡겼던 지역으로 만일 명나라가 원 제국의 대를 이은 국가라면 그 지역의 권한은 고려에게 있는 것이 합당한 것이다.

특히 심양은 중원과 만주의 중간 지역으로 전략적으로나 경제적으로 매우 중요한 지역이었다. 원 제국의 황제가 고려의 왕에게 이 요충지를 통치할 권한을 준 것이다. 물론 원 제국 조정의 입장에서는 쿠빌라이 칸의 사위인 충렬왕의 아들인 충선왕부터 고려의 왕이 겸직하게 하거나 고려 왕족 중 다른 인물을 심양왕으로 임명함으로서, 서방으로의 원정 및 중원 대륙을 통치 할 때 후방으로부터의 반란 가능성을 줄이기 위해 행하였던 조치일 수도 있다.

이유야 어쨌든 공식적으로 심양을 중심으로 하는 막대한 구역의 통치권은 공식적으로 고려의 왕과 왕족이 가지고 있었다는 것이 역사적 사실이며 가장 중요한 핵심 사항이었다.

당초 원 제국의 황실은 1287년 타카차르의 손자인 '나얀(乃顔)의 반란'으로 부담감을 가지고 있었을 것이며, 1208년 '심양왕' 직위를 '충선왕'에게 부여한 것을 보아도 고려를 통하여 심적으로 부담되는 '테무게 옷치긴 울루스'를 견제하려는 원의 치밀한 계획도 엿 볼 수 있다.

이성계 집안이 '테무게 옷치긴 울루스' 예하에서 대대로 충성한 '다루가치' 집안이었다는 점에서도 고려왕실과 테무게 옷치긴의 관계를 볼 때 시사하는 바가 매우 크다.

원이 주원장이 세운 명에 밀리고 몽골고원으로 물러나 북원(北元)이 된 이후 북원을 지키던 최후의 장군은 '나하추(納哈出)였다. 그는 '칭기스 칸'의 최측근인 사구(四駿) '치라운, 보로클, 보오르추, 무칼리' 중 한명인 개국 공신 '무칼리' 가문의 후손으로 북원의 대칸인 '아유르시리다르(元 소종, 1338~1378년)'의 명을 받으며 '심양행성승상(審陽行省丞相)'으로서 만주 지역을 장악하며 명과 고려로부터 북원을 지키고 있었다.

고려 내부적으로도 충선왕의 조카이자 심양왕이던 왕고가 고려왕인 충숙왕과의 고려왕 쟁탈 사건이나, 공민왕이 심양왕 자리를 원에 요청했다거나 마지막 심양왕인 '토크토아부카(脫脫不花)'가 고려 조정에 고려왕의 자리를 요구했다거나 하는 크고 작은 갈등이 있었지만 '심양왕'과 관할 지역은 분명히 공식적으로 분할받은 심양왕의 관할로 보는 것이 합당하다.

앞서 이야기한 바와 같이 조선을 건국한 사대부들 특히 정도전을 위시한 성리학자들이 주도하여 편찬된 '고려사[33]'에 따르면 한민족 국가로서 요동 정벌을 추진했던 역사상 마지막 왕인 우왕(禑王)을 공민왕(恭愍王)의 아들이 아닌 '신돈의 아들'이며, 그의 업적을 모두 무시한 채 단지 주색잡기에 빠져 고려를 멸망하는 원인을 제공하였다고 기록하고 있으나, 우왕이 아버지 공민왕의 1차 요동 정벌에 이어 1388년 최영, 이성계, 조만수를 시켜 요동지방을 수복하라고 명령한 것은 바로 이러한 역사적 사실을 근거로 한다는 것이다.

---

33) 1392년 10월 조선 태조가 정도전, 정총, 박의중, 윤소종 등에게 기록을 지시하였으며, 1395년(태조 4년)에 고려 태조로부터 마지막 공양왕에 이르기까지 총 37권의 '고려사'를 편찬하였다.

그러나 이 역사조차 유학자 김부식에 의해 만들어진 '삼국사기'와 마찬가지로 왜곡된 한민족의 역사와 한족에 대한 무조건적 사대주의를 토대로 기록된 각종 역사서들은 현대에 와서도 고조선과 고구려의 역사를 이어받은 고려의 역사를 왜곡하였으며, 고려 말의 요동정벌은 아예 무모한 짓이었다고 평가절하시키는 파렴치한 행위는 조선 건국의 정당성을 합리화할 뿐이다.

사실 유학을 배운 문관들의 월권으로 시작된 고려의 무신정변은 김부식의 아들 '김돈중'이 1144년 견룡대정(牽龍隊正) 정중부의 수염을 촛불로 태우는 사건과 1170년 6품 문신 한뢰(韓賴)가 3품 대장군 '이소응(李紹膺)'의 뺨을 때리는 오만방자함으로 인해 발생한 것이다. 그들에게는 인의예지신(仁義禮智信)이라는 유학의 기본도 안 된 안하무인하고 권력에 눈이 먼 사람들뿐이었다.

무엇보다도 이는 고려~조선시대에 만들어진 역사서 대부분이 일제 식민지 시절 한민족의 역사를 왜곡시키는 좋은 문헌적 근거를 제공하였다는 점에서 조선 유학자들의 기만과 자가당착(自家撞着)적인 역사 인식과 평가는 참으로 파렴치한 것으로 보여 진다.

1389년 이성계와 정도전 일파가 옹립한 창왕이 강제로 퇴위된 우왕을 복위시키려다 들통이 나게 되자, 이성계와 정도전 등 신진사대부들은 우왕과 창왕이 공민왕이 아닌 신돈의 자손이라며 강제로 폐위시키고 왕실의 먼 종친인 '공양왕'을 옹립하여 허수아비 왕으로 만든다.

명칭이 비슷한 공양왕과 공민왕은 구분을 확실히 하자. 공민왕은 고려를 강력하게 만들던 개혁군주이었으나 공양왕은 고려에서 조선으로 넘어가는 문서에 서명하는 배역에 지나지 않는다.

고려말 유학자들에 의해 발생한 권력에 대한 집착과 횡포는 정작 '충(忠), 효(孝), 예(禮)'를 그 사상의 핵심으로 하는 유학, 즉 성리학을 기반으로 한다는 성리학과 역행하는 것이었으며, 500여년이 흐른 조선말에 발생한 순조, 헌조, 철종을 이어진 조선 폐망의 수순과 동일하다는 점에서 한반도에 유학이 들어 온 이후 한족에 대한 무한한 충성을 기반으로 하는 '그들만의 카르텔' 속에서 한민족이 얼마나 많이 피해를 보는가를 여실히 보여준다.

그들은 유구한 역사를 뒤로 한 채 '한족의 속국인 소중화(小中華)'가 되고 싶었던 것이다. 더욱이 모화사상에 빠진 그들은 자신들의 성씨가 중국으로부터 유래되었다고 고치는 행위도 비일비재하였다. 그리고 지금까지 그러한 생각이 뼈 속까지 남아있는 사람들이 우리 대한민국에 존재하고 있는 것은 아닐까?

고려의 충렬왕은 당대 세계 최고의 대제국인 원의 황제인 '쿠빌라이 칸'의 사위가 되어 부마국의 지위를 획득하고, 원의 마지막 황제인 소종(昭宗) '아유르시리다르'는 원의 혜종인 '토곤 테무르'와 고려 여인 '기황후(奇皇后)' 사이의 아들이며, 원 소종의 황후는 두 명이 있었는데 그들 모두 고려인으로 한 명은 권겸의 딸이며, 또 한 명은 김윤장의 딸이었다.

> **【 기황후는 누구인가? 】**
> 元 혜종의 황후로 고려 조정의 은청광록대부 상서좌복야인 '기홍영'의 손녀로 元의 공녀로 갔다가 1340년 '제2황후'로 봉해졌다. 고려 출신 '박불화'를 '추밀원 동지추밀원사'로 임명하여 군권도 장악한다. 1356년 공민왕이 그의 오빠인 기철과 일족을 죽이자, 1364년 군사 10,000명을 동원하여 고려를 공격하나, 최영, 이성계에게 패한다. 1365년 제 1황후가 되었으나 1368년 주원장의 공격으로 元의 수도인 대도를 떠나 몽골 황실은 몽골고원에 위치한 응창부(應昌府)로 천도하였으나, 그 이후의 행적에 대한 기록은 불분명하나, 1368년 주원장의 응창 공격시 포로가 되어 1398년 죽었다는 설도 있다. 北元의 초대 황제인 토곤 테무루 이후 그의 아들인 '아유르시리다르'가 그 뒤를 잇게 된다.

한민족의 역사를 바꾼 '위화도 회군'은 이렇게 시작된다.

'고려'라는 국호 그대로 고구려 옛 땅을 다시 찾는 것은 어쩌면 한민족의 숙명과도 같은 것일 것이다. 고려 말 '공민왕(1351~1374년)'과 그의 아들인 '우왕(1374~1388년)'도 이러한 민족적 염원을 달성하기 위하여 강병 육성에 매진한다.

때마침 전 세계를 장악했던 원 제국이 서서히 몰락하는 시기였고, 중원을 중심으로 한족이 결성한 '홍건적'들이 강성해지며 명나라를 건설하고 있던 동북아 최대의 격변기였다.

고려는 단순히 고구려의 옛 땅을 다시 확보한다는 명분을 내세우기 보다는 보다 더 현실적이고 적법한 방법을 택한다. 그것은 원 제국의 부마국으로서 확보한 아주 중요한 '전략적 카드'가 있었다. 그 카드는 바로 '심양왕'이라는 요동지역을 다스는 권한이었다.

앞서 설명한 바와 같이 '심양왕'은 1307년 원의 무종(武宗)이 자신의 황제 즉위에 도움을 준 친구 '충선왕'에게 부여한 심양을 중심으로 하는 광활한 요동지역을 다스리는 권한이다. 즉 아메리카 대륙 및 아프리카 대륙을 제외한 지구상의 거의 모든 땅을 점령했던 몽골의 제국인 원의 황제로부터 넘겨받은 아주 특별한 권한이었다.

고려의 개혁 군주인 '공민왕'도 이를 알고 1368년 심양왕이었던 '왕고(王暠)' 후계자가 없이 죽자 선제적으로 요동지역을 확보하기 위해 원 조정에 심양왕의 권한을 부여해 달라고 하나 내우외환(內憂外患)의 원 조정이 이를 눈치채고 거절한다. 이에 공민왕은 1351년 즉위 이후부터 무력으로 요동 지역을 다시 탈환을 위한 준비를 하였으며, 1356년 쌍성총관부를 함락시키는 것을 시작으로 차근차근 계획을 진행시킨다.

이 과정에서 쌍성총관부의 다루가치로 있던 '울루스부카(吾魯思不花)'와 그의 아들인 '이성계'를 중용하게 되고 울루스부카에게는 고려의 '동북병마사' 직위를 내린다. 이후 공민왕은 1357년 압록강 인근 원의 역참들을

공민왕

차례로 무력 점령하고 요동 진출을 위한 기반을 쌓는다.

　　1368년에 들어서면서 주원장과 홍건적이 만든 한족의 나라인 명에 의해 중원 대륙을 빼앗긴 원이 옛 몽골지역으로 이동하고 북원(北元)으로 변경하면서 요동 지역에 대한 통제권이 약해진다. 당시의 국제 정세를 파악하고 있던 공민왕은 이 순간을 노려 1370년 1월 14,500명의 병력을 파병하고 과거 고구려 수도인 '졸본성'으로 추정되며 당시 난공불락이라고 불리던 '오녀산성'을 함락시킨다.

　　그해 10월에 요동성에 있던 원의 '기황후(奇皇后)'의 오빠이자 1356년 공민왕에 의해 죽임을 당한 부원파의 수장인 기철의 아들 '기사인테무르(奇賽因帖木兒)'가 기철의 복수를 하겠다며 고려로 진격해 들어오나 고려 국경에서 이인임, 이성계 등에게 패배하고 요동성으로 돌아가는 사건이 발생한다.

　　공민왕은 이 기회를 놓치지 않고 즉시 민족의 숙원이던 '요동성 탈환'을 명령하며 11월 요동성 앞까지 진격하는데 '기사인테무르'는 고려의 기병 3,000기만 온 것으로 오인하고 성 밖으로 나와 싸운다. 그러나 곧 바로 고려군의 본진이 도착함에 따라 고려군의 압도적인 군사력 차이에 의해 패배하고 성으로 들어가 수성전에 돌입하나 반나절도 안 되어 고려군은 요동성을 함락시킨다. 한족에 의해 잃어 버렸던 옛 영토를 다시 찾는 민족의 염원이 이루어지는 최초의 순간이기도 했다.

　　그러나 어처구니없게도 요동성을 단시간내에 점령하는 과정에서 성 내부의 군량 창고가 불에 타버리게 된다. 당초 이동 시간을 단축시키기 위해 군량을 최소화시키고 진격한 작전으로 점령지의 식량을 빼앗아 쓰기로 하였으나 당초 계획과 달리 식량이 부족하게 되자, 전투에 대한 자신감 속에 다시 재정비 한후 돌아오기로 하고 고려로 일단 철수를 한다. 때마침 북원의 맹장이자 심양의 행성승상(行省丞相)인 '나하추(納哈出)' 군대의 병사들이 요동성으로 이동 중이라는 소식을 접하게 되었는데 불필요한 병력 손실을 방지하고자 추적이 어렵게 남쪽의 해안선을 따라 신속히 철군하게 된다.

그런데 1374년 예기치 않은 일이 발생한다. 공민왕에게 불만을 품은 환관들에 의해 공민왕이 암살당하는 사건이 일어난 것이다. 그가 돌연 죽자 그의 아들인 우왕(禑王)이 대를 이어 즉위하게 된다. 우왕은 장인인 '최영'과 함께 아버지인 공민왕과 마찬가지고 국방력 강화와 영토 확장에 매진한다.

무엇보다도 1370년 1차 요동 정벌 시 단 시간내 요동성을 함락시킨 경험이 있는데다가 1377년에는 '최무선'이 화포와 20여개의 '신무기'를 연이어 개발하였고, 1380년 8월에는 500여척의 선박과 20,000여명의 왜구를 수장시킨 '진포해전'에서의 승리에 이어 진포해전의 패잔병들을 괴멸시킨 1380년 9월의 '황산대첩' 그리고 왜구 2,000명을 몰살시킨 1383년 '관음포 해전' 등으로 고려군의 자신감과 전투력은 하늘을 찌를 정도로 충만한 상태였다.

이런 자신감을 바탕으로 1388년 고려 건국 이래 최대 숙원사업이던 요동 지역의 영토를 다시 찾기 위해 당대 최고의 명장이라는 최영을 필두로 하여 휘하에, 조민수, 이성계를 배치하고 고려의 정예병 50,000명을 편성하고 파병을 추진한다.

문제는 우왕의 스승으로 당대 최고의 석학 '이색(李穡)'을 중심으로 하는 성리학 신봉자들이자 '한족 사대주의자'들인 신진사대부들이 권문세가를 대표하는 최영을 싫어했다는 것이다. 이미 이때부터 물밑으로는 신진사대부들과 이성계의 교감이 있었던 것으로 보인다.

우왕은 수도인 개경을 떠나 평양(서경)에 머물면서 최영을 팔도도통사, 조민수를 좌군 도통사, 이성계를 우군 도통사로 임명하고 요동 탈환을 위한 만반의 준비를 끝낸다. 1388년 5월 24일 드디어 요동 탈환이라는 대장정이 시작되었다. 우왕은 자신의 장인이자 시중인 최영과 함께 평양성에 남기로 하고 조민수와 이성계를 현장 지휘관으로 삼아 전군을 출정시킨다.

그러나 요동 정벌군은 6월 11일부터 15일간 압록강에 있는 위화도에서 야영을 하면서 날씨 등을 이유로 2차례 회군을 요청했는데 우왕과 최영이 계속 진군할 것을 지시하자 6월 26일 전격적으로 회군을 한다. 그 유명한 '위화도 회군'은 이렇게 간단하게 시작되고 쉽게 마무리가 된다.

회군 이유는 간단하였다. 덥고 습한 날씨 때문이라고 한다. 그런데 1370년 실행된 1차 요동정벌은 11월이다. 겨울의 시작점이라는 것이다. 무릇 전쟁은 추울 때 하는 것이 아니다. 두꺼운 방한복으로 동작이 자유롭지 못하고 방한장비가 없으면 쉽게 얼어 죽거나 숲 속에서조차 먹을 것을 찾을 수 없어 굶어 죽을 수 있기 때문이다. 1950년 6월 25일 조선민주주의인민공화국의 총사령관 김일성이 여름에 전쟁을 일으킨 것도 같은 이유이다. 겨울은 군수조달이 쉽지 않기 때문에 추워지기 전에 전쟁을 마무리하기 위해 그 여름에 남침을 한 것이다.

군령을 따르지 않고 회군을 한다는 것은 곧 반란이다. 우왕과 최영은 급히 개경으로 돌아와 반란군을 막으려 하지만 선발된 50,000명의 정예군을 이성계가 통제하고 있었다는 만큼 7월 4일 반란군에게 속수무책으로 당하고, 최영은 체포되어 고봉현으로 귀향을 간 후 그해 12월 사형을 당하고, 우왕도 강화도에 유폐되었다가 이듬해 시해를 당한다. 이로써 요동 정벌은 역사에서 그 자취를 잃어버리게 되며, 한민족 역사에서 가장 안타까운 순간이다.

최영은 군인으로서 이성계를 믿었다. 그래서 그를 정치적 위기의 순간에서 구해주기도 하고 50,000명의 정예병의 병권을 맡기기도 하였다. 충효와 인의에 기반을 둔 성리학을 숭상한다는 신진사대부들과 수많은 전장(戰場)을 함께 했던 부하가 전투에 나가자마자 배신을 하였다.

비록 우왕과 최영의 입장에서 언젠가는 이성계가 정적으로 부상될 것이라는 것을 예측하고 있었을 것이다. 물론 이렇게 빨리 변절할지는 몰랐을 것이다. 그들이 착각하고 있었던 것은 이성계는 당초 고려에서 태어나고 자란 고려인이 아닌 몽골인 울루스부카(吾魯思不花)의 아들로 진정한 '몽골인'이었으며, 그 몽골인 조차 그의 증조부인 이안사가 1254년 고려를 배신하고 몽골에 귀화하여 얻은 세탁된 신분이라는 것이다.

냉철하게 보면 이성계 개인에게 있어 싸움은 타고난 용력을 바탕으로 급격히 변화하는 동북아 국제관계 속에서 몽골인으로 살아가기 위한 생존이었을 뿐이고 그에게 '고려'라는 나라를 지켜야 한다는 목적과 명분은 애당초 있지도 않았다. 우왕과 최영은 그것을 간과하고 있었다. 고려의 운명을 쥐고 끝까지 최선을 다했던 노령의 장군 최영과 당대 최고의 무공을 자랑하던 이성계의 숙명적 대결은 마치 도시국가 '트로이'를 그리스 연합군으로부터 지켜야하는 운명을 타고난 왕자 헥토르와 그와 목숨을 내놓고 대적했던 전사 아킬레스의 전설이 만들어진 3200년 전의 모습이 아니었을까?

어쨌든 그가 당대 최강의 군사력을 바탕으로 건설된 제국인 원 제국의 군인으로 어릴 때부터 원 제국의 전술을 배우고 익힌 장수라는 점에서 이전의 고려 출신 장수들과는 다른 전법을 사용했을 것이며, 몽골에서도 가장 부유한 '테무게 옷치긴 울루스'의 휘하에 소속된 다루가치로서 쌓아 온 부를 토대로 육성하였던 전문 군사집단인 '사병 2,000명'이 아마도 그에게 있어 쿠데타의 밑거름이 되었을 것이다.

용력(勇力)은 타고나는 것이나 애국심(愛國心)은 만들어지는 것이다. 나관중이 지은 소설 삼국지연의(三國志演義)에서 조조는 배신하고 투항하는 장수는 아무리 그 능력이 뛰어나도 바로 참하였다고 나온다. 시쳇말로 '한 번 배신한 사람은 또 배신한다.'

【 대한민국 해군 함정의 이름은 어떻게 지어지는가? 】

대한민국 해군에서는 함정의 함명(艦名)을 선정할 때 초기에는 도시, 산 등의 이름을 많이 사용하였는데 신형 함정들이 나오면서 역사적 위인이나 최근 전투에서 전사한 군인의 이름을 붙인다. 구축함 「대조영艦」이나 유도탄고속함 「윤영하艦」이 대표적이다. 그러나 유명세에도 불구하고 국토를 축소시키거나 반란을 일으켜서 한민족 역사에 해(害)를 끼친 인물은 제외된다. 당나라와 야합하여 고구려와 백제 멸망시킨 신라의 '김유신'과 명나라에 사대(事大)하고자 '위화도 회군'을 하고 고려를 멸망시킨 '이성계' 등이 그 대표적 인물이다.

22. 중원의 元明 교체기, 고려는 망할 나라가 아니었다.

일부 학자들은 이성계의 '위화도 회군'이 시대적 감각이 있는 지혜로운 결정이며, 만일 요동성을 차지하였더라도 신흥 강국인 '명(明)'과의 전쟁으로 얼마 못 버티고 어차피 빼앗겼을 것이라고 호언장담(豪言壯談)까지 한다.

그러나 과연 그럴까? 역사학이란 과거에 집착하는 학문이 아니라, 과거를 토대로 미래를 예측하는 학문이다. 그리고 성리학자들의 사대주의에 입각하여 쓰인 역사를 믿는 것은 사서를 공부하는 것일 뿐이고, 국제관계, 산업경제, 전후 사정 측면까지 고려하여 역사를 분석하는 것은 각 분야의 전문가들의 영역일 수도 있다.

고금 이래로 서양의 역사학은 군인, 정치인, 산업경제인들이 그때의 상황을 현재와 비교함과 동시에 사서 속의 내용이 아닌 역사의 진실을 정확히 꿰뚫어 봄으로서 보다 정확한 판단을 할 수 있는 것이다. 그러한 측면에서 우리 한국사도 역사학자들에만 맡겨 놓을 것이 아니라 보다 다양한 분야의 전문가들로 하여금 재해석하는 것도 좋은 방법일 듯하다.

14~15세기의 국제 상황은 한족이 중심이 된 '홍건적의 난'을 기반으로 급성장한 명과 오래된 제국인 '원의 쇠퇴'에 맞물려 원 황실이 몽골지역을 이동하여 성립한 '북원(北元)'과 원의 울루스인 '차카타이 칸국'을 이은 '티무르 제국'의 탄생, 그리고 일본의 '사략 차원의

해상활동'이 확대되는 시대였다. 비록 신흥 무장세력인 홍건적이 발현하여 기존의 국제 정세가 무너지기는 하였지만, 이는 고려에게는 기회의 순간이었다. 당초 고구려의 후예임을 자부하고 개경의 호족 세력이던 왕건이 고려를 창건 이래 고려의 목적은 고구려의 옛 영토를 수복하는 것이었다.

이미 충렬왕 시절 고려·몽골연합군의 일본정벌을 계기로 선박 제조 기술이 크게 늘었으며, 충선왕 때에는 요동지역을 중심으로 한 광활한 영토를 다스리는 '심양왕'으로 책봉 받았고, 공민왕 이래 계속된 군사력 강화 정책으로 동녕부와 쌍성총관부를 접수하였다. 그리고 1차 요동정벌을 통해 잠시나마 요동의 핵심은 요동성을 함락시킨 경험이 있었다.

특히 우왕 때에 이르러서는 지금의 국방과학연구소와 같은 화통도감을 통해 우수 군사과학기술을 개발하는데 진력하여 화포 등 20여종의 당시로서는 최첨단 무기를 개발해 낸다.

【 원(元) 제국의 구성에 대해 알아보자 】

「원 제국」은 광활한 제국을 효율적으로 관리하기 위해 중원의 '쿠빌라이 칸'이 직접 다스리는 「원」을 중심으로, 서방은 큰 아들 '주치'와 아들 '바투'는 러시아 지역의 「킵차크 칸국」, 둘째 아들인 차카타이는 중앙아시아의 「차카타이 칸국」, 셋째 아들인 '뭉케'의 동생 '훌라구'는 페르시아 및 중동 지역에서 「일 칸」을 건설하고 분할 지배하였다.
동방인 요동 및 만주 지역은 '카사르, 치운, 테무게 옷치긴 울루스'라 불리는 「동방 3 왕가(王家)」로 각각 영토를 관리하였다. 그 이후 「일 칸국」은 1353년에, 중심국인 「元」은 1368년 중원에서 밀려나 몽골고원으로 돌아가 「北元」이 되었고, 「킵차크 칸국」은 1480년에 멸망하였다. 「차카타이 칸국」은 1370년 '티무르'가 정권을 잡은 후 티무르 제국으로 재탄생했다.

이러한 군사과학기술, 선박건조 기술을 바탕으로 수차례에 걸쳐 왜구와의 전투에서 승리하고 대마도도 정벌하는 등 그 위세가 날로 커져가고 있었다. 해상에서는 최무선, 정지, 박위 등이 있었으며 육상에서는 최영과 이성계 등 당대 최고의 명장들이 즐비하던 시절이었다.

비록 조선시대 '고려사'를 집필한 사람들이 고려를 멸망시킨 한족 사대주의자 사대부들인 만큼 조선시대에 만들어진 사서들은 고려와 고려왕조에 대하여 최대한 안 좋게 기술하였을 것이 자명한데도 불구하고, 그 부정적 기록 속에서 찾아볼 수 있는 고려는 성리학자들이 왜곡하고 폄훼한 썩어빠진 국가가 아닌 고구려의 영광을 잇는 군사 강국 고려의 모습이다.

또한 고려는 다양한 국적을 가진 사람들과 그들 중에 우수한 인재는 관료로 등용되던 다국적 국가였다. 고려시대에 귀화한 인구를 살펴보면 발해계는 38회에 걸쳐 122,686명, 여진계는 44,226명, 거란계는 1,432명, 한족은 42회에 걸쳐 155명 등 무려 170,000명 정도가 된다.

기록을 보면 외국인들도 고려 조정의 고관대작이 되기도 하였다. 그 만큼 고려는 열린 국가이었으며 세계관이 뚜렷한 나라였다. 그리고 현재 대한민국의 성씨는 총 275개인데 이중 50%인 130개가 귀화 성씨이다. 각 귀화 성씨를 살펴보면 신라시대에 40개, 고려시대에 60개가 생겨났으나, 조선시대에는 30개에 불과했다. 이 또한 임진왜란 당시 조선에 귀화한 일본군이 10,000명이 넘었는데 이들이 귀화하면서 만들어진 성씨가 대부분이다. 그 만큼 조선이라는 나라는 극도로 패쇄적이었다는 것을 의미한다.

14세기 전후의 원 제국의 울루스인 '차카타이 칸국'을 이은 '티무르 제국'이 서방지역을 장악하게 되고, 심각한 가뭄으로 제국의 수많은 사람들이 아사하던 시절이라 원으로서는 최대의 위기 상황에 봉착하였고 이때 도적떼에 불과하던 홍건적들이 한족의 나라인 명을 건국하자 중원에서 밀려나게 된다. 그러나 본디 몽골의 지역으로 후퇴하여 '북원(北元)'이 되었을 뿐이었으나 이를 계기로 고려의 정국의 주도권을 잡은 한족 사대주의자들인 신진사대부들에 의해 의도적으로 관계를 멀리하게 된다. '북원(北元)'은 그 장구한 역사를 지속하다가 17세기인 1635년에 와서야 '칭기스 칸' 이전과 유사한 오이라트 4부족 연맹체를 분화되었을 뿐이다.

북원이 주원장을 공격하여 잠시 승기를 잡기도 하였으나 지속된 패전으로 고려에 원병을 요청하게 된다. 만일 이때에 북원과 연맹하여 주원장의 군대를 공격하였다면 동북아의 지형도는 어떻게 되었을까? 비록 반원의 분위기도 있었으나 고려말 성리학을 신봉하는 신진사대부들이 권력을 장악하지 않았다면 고려와 북원의 연합은 충분히 가능할 수도 있었던 일이었을지도 모른다. 이미 유럽의 대부분의 국가의 왕실들처럼 원 황실과 고려 왕실은 상호간 구분이 모호할 정도로 같은 혈통을 유지한 형제의 나라였기 때문이다.

【 원 제국과 고려 왕실의 혈통 공유 】

원 제국의 경우, 혜종의 아들인 '소종'은 어머니가 고려인(기황후)이라 50%는 고려인이다. 소종에게는 2명의 황후가 있었는데, 이들 모두 고려인으로 원 소종의 딸은 75%, 다만 소종은 아들을 낳지 못해 다른 황족이 대를 잇는다. 그 이전에도 고려인 후궁들은 몇 명이 있었다.

고려의 경우, 고려인의 핏줄을 단순히 산술적으로 계산하면 충렬왕이 '쿠빌라이 칸'의 딸인 쿠툴룩케르미쉬(齊國大長公主)와 결혼하면서 아들인 충선왕 50%, 충숙왕 75%, 충혜왕 37.5%, 충목왕 68.75%, 충정왕 18.75%, 공민왕 37.5%, 우왕 18.75%이다.

    무엇보다도 만주지역에서는 원의 개국공신의 후예이자 북원의 명장인 나하추가 그 위세를 떨치고 있던 시기라 만일 고려가 신진사대부들의 무조건적인 '친명(親明)정책'만 아니었으면 북원과 명의 균형을 잡는 동북아 핵심국가로 실리를 추구하며 성장해 나갈 수 있었을 것이다.

    이민족인 몽골과 고려인의 혼혈이 문제라고 트집을 잡아 매도하는 사람들도 있다. 한국인들은 국가라는 것에 대한 개념을 놓고 볼 때 '혈통중심 민족공동체(Nation)'와 '국가(State)'의 구분에 대한 개념이 매우 약하다. 그리고 정작 민족이라는 것에 대한 정확한 정의도 부족하다. 그런데 근거도 모호한 단일민족 국가라는 것을 자랑처럼 주장한다.

    무릇 '국가'란 '국가적 목표, 즉 대전략(Grand Strategy)을 가지고 그 공동의 목표를 위해 구성된 무형의 조직을 말하여 '민족'이란 것도 단순히 혈연 공동체가 아닌 정치, 사회, 문화, 가치관, 지역 등을 공유하는 무형의 개념이다. 미국에서 몇 세대를 거쳐 살았다면 미국 사람인 것이고 중국에서 몇 세대를 거쳐 살았다면 중국인이다. 한국인이 아니라는 것이다.

2009년 미국 한 고등학교에서 한국계 미국인이 총기를 난사하여 수많은 사람들이 죽는 사고가 발생한 적이 있다. 이때 한국의 언론에서 이 일로 한미간의 관계가 안 좋아질 것이라고 설레발을 쳤고 정부 및 정치인들조차 그러한 행동에 동참했었다.

그러나 미국의 입장은 간단하고 명료했다. 이 사건은 한국 및 한국인과는 관계없는 미국인의 범죄행위이므로 한국인들이 개입할 필요는 없다는 것이었다. 한국인들에게는 인종주의가 상당하다. 이는 글로벌 사회를 지향하던 고려까지의 국가 정책이 아닌 오직 성리학적 사대주의에 빠진 조선이 생기고나서 부터이며, 신진사대부가 자신들의 이권 보장을 위해 한층 더 부추겼다.

사실 조선 성리학자들이 원하던 민족은 한민족도 아닌 한족과 같은 민족이었다. 이것은 화이관(華夷觀)에 근간을 둔 모화사상(慕華思想)의 발현이었을 뿐이었고, 아직도 그런 화이관 속에서 사는 대한민국의 국민들, 아니 정신적 조선인들이 아직도 많아 보인다.

이렇게 생각해 보자. '고려의 왕자'가 '로마 제국'의 공주와 결혼을 했다거나, 로마제국의 황제가 고려 여인과 결혼하고 그 아들이 '로마의 황제'가 되고, 그 황제가 또다시 고려의 여인 두 명을 황후로 맞았다고 생각하면 무슨 대답을 할 수 있을까?

당대의 '원 제국'은 이탈리아 반도와 지중해 지역만 차지하고 있던 '로마 제국'과는 비교도 할 수 없을 정도로 역사상 가장 큰 영토

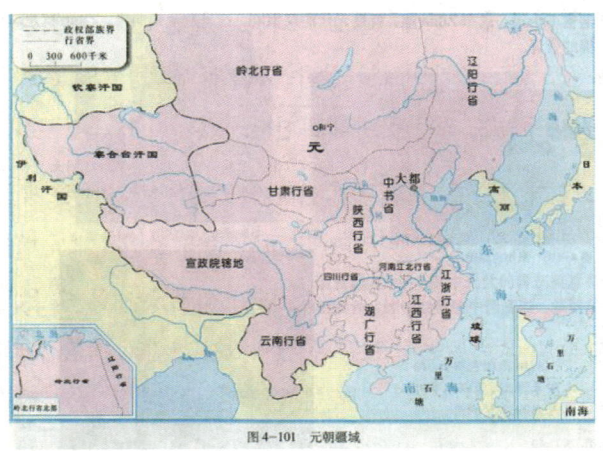

원조강역도

를 차지한 제국이었다는 사실이다. 한국인들의 백인에 대한 인종적 사대주의는 상상을 초월한다.

　　2019년 8월 6일 장안의 화제가 된 기사가 있었다. 미국 유명 여배우 '안젤리나 졸리'의 아들인 '매덕스'가 연세대에 입학한다고 한다. 그런데 '매덕스'는 안젤리나가 '캄보디아'에서 입양한 아들이다. 우리가 보면 그냥 얼굴이 까무잡잡한 동남아인이다.

　　혹자들은 '매덕스'가 안젤리나의 아들임이 알려지지 않았다면 한국에 와서 차별을 받았을 것이라고 한다. 한국인들의 인종주의는 상당하다. 백인이라면 무조건 좋은 사람일 것이라고 믿는다거나, 한국인보다 키가 작고 피부색이 검으면 열등하다가 평가한다.

　　그게 한국인들의 본 모습이다. 필자도 수년 전에 서울 강남에 살다가 지방의 한 신도시에 있는 주상복합아파트로 이사를 왔다. 이

주상복합 건물에는 부속시설로 백화점은 물론 CGV 영화관과 대형 할인매장도 있고 스케이트를 탈 수 있는 아이스링크도 있었다. 드라마 '주군의 태양'도 찍은 곳이라고 한다.

그런데 하루는 백화점에 갔다가 놀라운 광경을 보게 되었다. 수많은 사람들이 들어갔다 나왔다 하는 중앙 출입구에서 다소 까무잡잡한 피부의 사람들만이 다음 사람이 쉽게 들어올 수 있도록 배려하며 문을 잡고 있는 것이다. 우연이겠지 하면서 백화점에 들어가지 않고 계속 지켜보았다. 그러나 한국인들은 뒤에 누가 있던 없던지 간에 문을 놓고 휙 지나가 버리는 모습이 반복 되었다. 사실 구로나 신도림 쪽의 외국인 노동자들만 생각했던 나는 이게 무슨 경우인가? 창피하면서도 심한 문화적 충격을 느꼈다.

그리고 그 순간 깨달았다. '나 역시 심각한 백인 사대주의의 인종주의자였구나!'를 느끼는 순간이었다. 나중에 지역에 오래 거주한 분들께 이야기를 들으니, 이 지역에 거주하는 외국인들은 대부분이 미국 등에서 명문대를 나온 고학력자들로 삼성전자에서 일하는 엔지니어들, 그와 관련된 일을 하는 외국기업의 주재원들, 그들의 부인이거나 남편들이었다는 것이다. 그 이후, 오히려 주변에 사는 다양한 국적의 외국인과 더욱 친분을 쌓고 잘 지냈다.

물론 그 덕에 우리 어린 딸은 피부색과는 관계없이 외국인들만 보면 정말 좋아하고, 다른 한국인 아이들이 주뼛주뼛하고 있을 때 적극적으로 외국인 아이들과 대화도 하며 잘 논다. 이런 생각이 들었다. 어린 여자아이도 잘 적응해 살고 있는 이 때에 그리고 다자간 경제 협력 체제를 통해 자국과 자국기업에 이익을 극대화시키는 글로벌 시대에 전혀 어울리지 않은 민족을 운운한다는 것이 얼마나 유치한 이야기인가?

누가 이 평온한 나라에 불필요한 갈등을 만들고 있으며 누가 이 사회에 분란을 조장하고 있는가? '무지함'과 '사악한 독선'은 '천박한 인종주의'를 만들어 낸다. 단지 나와 우리와 생각이 다르고 국가가 다르다는 이유만으로 사악한 이들의 프로파간다(선전·선동)에 쉽게 선동 된다. 그렇다면 우리는 도대체 누구랑 어떻게 다르다는 것인가?

고려 말 새로 건국된 한족의 나라 명나라와 고려의 신진사대부들과의 연결 고리는 오직 송나라 때 만들어진 '성리학적 세계관' 밖에 없었으나, 이를 통해 만들어진 '한족에 대한 무한한 사대주의'는 한반도 역사에 있어 두고두고 발목을 잡는 역할을 하게 되었다.

기실 역사 왜곡은 성리학 세계관에 근간을 둔 사대부들의 날조로부터 시작된 것이며, 이러한 역사 날조는 일본제국의 실권자들에게 있어 조선의 식민지사관을 아주 쉽게 만들 수 있는 기반을 만들어 주었고, 현대에 와서 중국의 동북공정의 토대까지 만들어 주게 된다.

이성계와 조선의 성리학자들은 단군조선을 공식적으로 인정하지 않고, 중국 상나라에서 넘어 온 '기자의 나라' 조선을 개국하여 명으로부터 국호를 하사받는 순간, 한반도는 더 이상 한민족의 땅이 아니라 명나라의 지배를 받는 식민지와 같은 속국에 불과하게 되었다.

일화로 조선 말기에 가서는 외국과의 각종 강화조약시 참석했던 사대부 출신의 고위 관료들은 천박한 오랑캐들과 말을 섞을 수 없다며 외국어를 천박하다고 배우지고 않고 중인들인 역관들에게 일을 전담시킴으로서 조선 패망의 단초를 제공하기도 하였다는 설도 있다.

고려말의 공민왕과 그의 아들인 우왕에 걸쳐 그의 손자 창왕까지 이어지는 기간의 고려는 강력한 군사력을 육성하고 있었다. 전통적 병영국가 시스템 속에서 병영국가로 잘 조련된 정예병들로 요동성을 점령했으며 원의 맹장 '나하추'를 격퇴한 바 있고, 왜구를 상대로 세계 최초로 '화포 탑재 전선'을 사용하여 500척의 전선과 30,000여명의 왜구를 섬멸한 '진포 해전'과 '황산 전투' 그리고 '관음포 해전' 등 주요 육상 및 해상 전투에서 모두 승리를 하였다.

불과 재임기간이 1년에 불과한 '창왕' 때조차도 전선 100척으로 왜선 300척을 불사르고 대마도의 왜구를 정벌한 나라이다. 그런 나라가 전쟁이 아닌 권력욕에 휩싸인 성리학을 신봉하는 사대부 출신 신하들의 배신으로 역사 속으로 사라지게 되었다.

23. 조선의 사대부, 자신들만의 권력을 탐하다

'성리학(性理學)'이란 것은 고려말 신진사대부에게 있어 단순 학문이 아닌 종교였다. 2,000년 전 공자와 맹자가 주장한 논리를 기록한 유학 서적을 12세기에 남송(南宋: 1127~1276년)의 '주희(朱熹)'가 '형이상학적으로 재해석'하고 집대성한 유교의 주류학파이다. 고려의 경우 1286년(충렬왕 12년)에 원 제국의 연경(燕京)으로 유학을 간 '안향(安向)'이 '주자전서(朱子全書)'를 베껴 써서 가지고 옴으로서 전파된다.

참 재미있는 사실은 정작 '충효(忠孝)와 인의예지신(仁義禮智信) 그리고 리(理)와 기(氣)'를 가르치는 학문의 서적을 외교적으로 받거나, 구매하는 공식적 루트가 아닌 몰래 필사하여 만든 복사본(Copy本)을 가지고 들어왔다는 것이다. 조선을 시대에 뒤떨어지고 전혀 발전이 없는 농경주의 후진국가로 만들어 버린 성리학은 이렇게 소리 소문도 없이 밤도둑처럼 조용히 고려에 들어왔다.

【 목화씨의 '문익점'은 이성계의 역성혁명을 반대한 고려의 충신이었다 】
고려는 참 다이내믹한 국가였다. 사대부들이 외국에 나가 몰래 가져 온 것이 많았다. 1363년에는 사간원 좌정언이었던 문익점(文益漸)은 원 제국에 사신으로 갔다가 당시 귀족들만 사용하던 솜옷의 원료인 '목화씨'를 보고 이를 붓 뚜껑에 숨겨서 들고 온다. 1364년 복귀하자마자 낙향하여 진주(晉州)로 내려가 장인 정천익(鄭天翼)과 함께 목화를 재배하여 대중화에 성공한다. 이후 성균관 대사성까지 올랐으나 1390년 이성계의 역성 혁명에 반대하고 다시 낙향하였으며 1400년 사망하였다. 아마도 고려인들에게는 형이상학을 떠들던 안향보다는 추위를 막아 준 문익점이 영웅이었을 것이다.

주희(朱熹)

그렇다면 왜 성리학이 '남송(南宋)'에서 사상적 체계를 갖추어지고 완성되었는가를 생각해 보자.

성리학은 기본적으로 기존의 유학 사상에 불교와 도교의 특징이 가미되어 理와 氣의 '형이상학적 체계'로 재해석하여 우주의 기본원리와 사물의 본질을 깨우치게 하는 학문이다. 흔히 알고 있는 사서오경(四書五經) 중 사서인 '대학, 중용, 논어, 맹자'와 오경인 '시경, 서경, 역경, 춘추, 예기'로 구성되어 있다.

그러나 당초 오경(五經)은 이미 오래된 서적들이었다. 주희(朱熹)가 예기의 일부를 발췌하여 '대학'과 '중용'을 만들고, 공자의 언행록인 '논어'와 춘추전국시대의 제가백가(諸子百家) 중 한명인 '맹자'만 따로 발췌해 '사서(四書)'를 만들어 놓은 것이다.

쉽게 말해 주희(朱熹)가 옛날 책 중 자신의 마음에 드는 내용만 발췌하고 편집하여 4권을 책을 새로 만들었는데 그것이 주자학, 즉 성리학의 핵심이 되는 4권의 책이라는 것이다.

이는 당시의 시대 상황을 살펴보면 쉽게 이해 할 수 있는데, 송(宋)나라는 중국의 후주(後周)의 장군 조광윤이 역성혁명으로 새로운 국가를 건국하였으나, 지나치게 문관을 우대하면서 역으로 군사력이 약해지는 폐단을 가져 왔다. 문제는 이러한 이유로 신흥 강대국들인 요나라와 금나라에게 지속적으로 밀리는 상황이 되자, 과거제도로 중앙 권력으로 들어온 신흥 지주 계층들에게는 날로 피폐해지는 송(宋)나라와 자신들의 처지가 마음에 들지 않았다.

그러한 가운데 이민족들에게 억압받는 상황을 외면하고 정신적으로나마 현실을 탈피하고자 한족이 세상의 중심이라는 정신 승리의 '중화(中華) 사상'의 풍조가 확산된다. 성리학은 신흥 지배계층인 그들의 권한과 이권을 대변하는 정치적, 문화적 도구로 적극 활용되게 된다. 이러한 현실을 도피하고자 형성된 '한족의 정신 승리의 도구'인 성리학이 고려의 지방 지주계층인 사대부들에게 그대로 흡수되었다.

반면 송나라 시대에는 성리학과는 별개로 중원 대륙의 곳곳을 연결하는 세밀한 운하망이 구축되었고, 정크선[34]이 개발되어 해

---

34) 중국 정크선, 영어로는 junk ship. 전통적으로 중국에서 사용되었던 '목조 선박'을 말하며, 영어권에서는 동아시아계 배를 모두 '정크선'으로 통칭하는 경우도 있다. '정크선'의 어원은 중국 원나라 때로 거슬러 올라간다. 당시 아랍인 여행가 '이븐 바

상 교역이 활발해 지면서 일본, 고려는 물론 동남아시아, 인도에 이르는 광대한 '해상 무역망'이 구축되었고, '상인 길드'도 형성되고 세계 최초의 종이화폐인 '교자(交子)'가 만들어지는 등 산업 경제적 측면에서는 번영기도 함께 거치고 있었다.

만일 고려의 실권을 장악하던 사대부들이 송나라의 주자학(성리학)과 함께 상업의 발전과 '국제적 해상무역'의 필요성을 인식했다거나, 해상으로 나아갈 수 있는 '정크선'을 만드는 기술을 도입하였다면, 설령 그들의 의도대로 고려를 멸망으로 이끌고 발전된 산업경제 시스템을 기반으로 조선을 개국하였더라도 1388년 이후의 동북아의 역사는 많이 달라지지 않았을까?

사실 고려말 신진사대부들은 단순히 성리학에 중독된 유학자들인 동시에 지방의 '중소 지주계층'에 기반을 두고 있다. 그들은 오랫동안 중앙에서 권력을 독점하고 권세를 누리던 권문세가에 대한 시기심이 상당하였으나, 그들을 제거하고 권력을 쟁취할 방법을 발견하지 못하였다.

그런데 성리학이 들어왔다. 당초 성리학이 송나라에서 성장한 배경은 앞서 이야기 한 듯이 '한족이 중심이 된다는 중화 사상'을 가지고 성장했던 지방 신흥 지주계층의 이권을 대변하는 논리로 활용

투타'의 기록에 원나라에서 가장 큰 배를 '진극(眞克), 중간 것을 '조(曹)', 작은 것을 '객극(喀克)'이라 나누었다는 기록이 있는데, 이 중 '진극'의 중국 발음인 '전커'가 중동을 거쳐 서양으로 전래되면서 '정크'가 되었다고 보고 있다. 혹은 배를 가리키는 중국어 '船(병음:chuán)이 말레이어를 거쳐 서양인들에게 알려지면서 음운변화를 겪으면서 '정크'가 되었다는 설도 있다. 나무위키, 출처 : 더 자유일보(http://www.jayoo.co.kr)

되었다는 것이다.

이와 똑같이 고려 말 신진사대부들은 겉으로는 성리학을 주장하였지만 진정으로 그들이 탐한 것은 권력이었고 자신들보다 더 많이 가진 권문세족들의 재산을 빼앗고, 중화 사상이 뿌리인 공자와 맹자의 그리고 그것을 집대성한 주희와 같은 민족인 '한족 국가의 일원'이 되는 것이었다.

나라의 이름조차 명나라에서 지어주기를 요청하는 철저한 한족에 종속된 식민지 국가를 만들어 놓았다. 500여년 후 당시 귀족제도를 유지하던 일본 정부는 한일병합에 적극적으로 동참한 76명의 조선 지배층에게 일본 귀족 작위와 은사금을 하달한다. 그들은 세도정치로 국정을 농단하던 사대부들이었으며 학문적 배경은 노론 56명, 소론 6명, 북인 2명 등 모두 성리학자들이었다.

고려를 강제로 폐망시키고 조선을 '한족의 주구(走狗)'로 만든 그들과 구한말 조선을 일본에 넘긴 이들은 모두 사대부라고 위세를 떨던 성리학의 신봉자들이었다는 것이다.

문화와 학문과 기술은 한 시대에 고정된 것이 아니라 살아 있는 생명체처럼 자라고 서로 융합되고 개선되면서 발전하는 것이다. 15세기 이후의 全세계는 '대항해 시대'로 접어들어 해외로 진출을 확대하며 강한 국가는 더욱 강해져 제국으로 발전하고, 약한 국가는 더욱 약해져 식민지가 되어 모든 것을 약탈당하게 된다. 바로 그러한 시기에 조선이라는 나라는 1592년 임진왜란, 1636년 병자호란을 겪게 된다.

무엇이 동(同)시대에 유럽국가들은 부강한 나라로 만들었으며,

무엇 때문에 조선을 병약한 국가로 전락하게 만들었는가? 그리고 무엇이 조선을 일본제국의 식민지로 만들었는가? 가장 근본적 원인은 고조선, 고구려, 백제를 멸망시킨 바로 한족과 그 한족의 나라에 '정신적 식민지'가 된 조선의 사대부들에게 있다.

이제 그들이 생각하는 오랑캐의 나라 청이 멸망하고 한족 중심의 공산당이 활개를 치니 중국 공산주의자들에게 다시금 사대를 할 것인가? 그러나 지금은 더 이상 화이관(華夷觀)의 세상이 아니고 지구 역사상 가장 강하다는 자유민주주의의 종주국 미국이 있고 우리나라는 그 미국과 혈맹적 동맹관계이다.

그러나 아직도 고려와 조선을 망국으로 이끈 한족 사대주의자들을 잇는 듯한 21세기 '신종(新種) 사대부'들은 또다시 중국만을 바라보고 있다. 그것도 6·25 전쟁에 끼어들어 대한민국이 주도하는 자유 민주주의로의 한반도 통일을 방해한 우리 민족과 대한민국의 최대 원흉이자 공산당이 지배하는 공산주의 국가를 말이다.

24. 조선초 강력했던 군사력은 어디로?

조선 전기의 군대에 있어 병사의 대부분은 '정병(正兵)'이라 불리는 군종(軍種)으로 이들은 교대로 근무하는 '번상제(番上制)'로 운영되었다. 번의 교대 주기는 2개월로 이는 16개월 중 2개월만 근무하고 60세까지 근무하는 방식이었는데, 이는 숫자 채우기에 불과했고 훈련의 수준이 낮아 사실상 군사로 활용하기에는 무리가 있었다.

평상시에야 문제가 없었겠지만 적의 침입이 생기면 싸울 수 있는 병사가 없는 서류상의 군대이었던 것이다. 1592년 임진왜란 당시 재상이던 '유성룡(柳成龍)'은 이런 방식으로 운영되는 군대는 실제 전투가 발생하면 전혀 쓸모가 없다며 한탄까지 하는 상황에 봉착하였다.

실제로 임진왜란 직후 전라도에서 소집된 100,000여명의 근왕군(勤王軍)이 한양으로 북상 중에 용인에서 아침밥을 해 먹다가 일본군 1,600명이 공격해 오자 싸우지도 않고 혼비백산하여 도망가면서 많은 인원이 깔려 죽는 웃지 못할 대참사가 벌어지기도 하였다. 한민족의 대표적 흑역사인 '용인전투'이다. 사실 전투라는 표현을 쓰는 것조차 사치이다.

물론 숫자 채우기에 급급한 정병(正兵)과는 달리 조선에도 군사력의 핵심이 있었으니 그것은 '갑사(甲士)'라 불리던 '정예 무사들'이었다. 지금으로 따지면 부사관 계급이 주축을 이루는 특전사와도 비견

될 만한 개인 전투력에 있어서는 일당백의 전투 전문 집단이라고 볼 수 있다. 이들은 전문성에 대한 보답으로 녹(祿) 또는 급여를 받는 직업 군인의 형태를 유지하였다.

조선 최고의 무사인 이들은 마치 '유럽의 기사' 또는 일본의 '사무라이'와도 유사한 능력과 특성을 가지고 있었다. 직업 군인인 갑사들은 수도를 지키는 '경갑사(京甲士)', 평안도, 함경도의 국경 수비를 담당하는 '양계갑사(兩界甲士)' 그리고 그중에서도 가장 전투력이 우수한 자원들을 선발하여 운영하던 호랑이 사냥 전문 그룹인 '착호갑사(捉虎甲士)'로 구분되었다.

조선초 사병 혁파가 이루어지고 직업 군인들이 중앙군으로 흡수되면서 왕의 호위와 수도방어 등 핵심임무를 맡았던 만큼 그들에 대한 대우는 매우 좋아 갑사는 모든 양인들에게 있어 선망의 대상이 되었다. 무과에 급제하기 위해서는 병법 등의 시험도 보아야 했는데, 갑사는 무술 실기 시험만 합격하면 군관이 될 수 있다는 장점이 있었고 조선 초에는 대우가 매우 좋아 능력에 따라 '군전(軍田)' 5결~10결을 차등 지급받았으며, 왕궁과 수도경비를 맡는 거경시위(居京侍衛)의 경우 삼한갑족자제(三韓甲族子弟)로 불리던 명문가의 자제들도 적극적으로 응시할 만큼 인기가 많은 직업이었다.

가장 인기가 좋은 궁궐과 수도인 한양에 근무하는 갑사(甲士)는 실제 전투보다는 의례에 동원되는 의장대의 성격을 가지게 된다. 세종대의 갑사 모집과 선발 과정을 예를 들어 살펴보자.

행사에 동원되는 '갑사(甲士)'의 선발기준이다. 신장의 커트라인이 무려 '8척 1촌'이나 된다. 송척을 기준으로 하면 무려 248cm, 당척을 기준으로 하면 226.8cm, 주척을 기준으로 하면 168.6cm이다. 그 외 220m 거리에서 활쏘기, 60kg짜리 물건을 들고 360미터 달리기 등이다.

> 【 대소의 행행 때 시위하는 보갑사를 육전의 취재의 법에 의거해 뽑게 하다 】
> 신장이 '8척 1촌' 이상인 장용인(壯勇人)을 가려서 보사(步射)에는 1백 80보로 쏘아 세 화살 중에 두 화살을 맞힌 자와, 기사(騎射)에는 세 번을 쏘아 한 번 이상 맞힌 자와, 또 1백 근의 무거운 물건을 들고 능히 3백 보를 달리는 자를 시험하여 6백 인을 뽑아서, 정한 액수를 만들고는 갑사를 6번(番)으로 나누어 붙이게 하소서 하니, 그대로 따랐다.
> (1척 기준 : 주척 20.81cm, 당척 28cm, 송척 30.72cm)
>
> 세종실록 세종 25년(1443) 11월

더욱이 갑사는 일정 수준의 사회적 신분과 경제적 자격 요건을 갖추고 시험에 응시하여 합격하면 종 9품으로 임용되어 종 4품까지 진급할 수 있었다. 이들은 조선군 전력(戰力)의 핵심으로 조선 초기 '의흥삼군부'를 중심으로 10위에 골고루 배치되어 군의 중심으로 군의 전투력을 유지했다. 물론 그 중 전공이 뛰어나면 만호나 수령으로도 올라 갈 수도 있었다. 지금으로 따지면 실력만 좋으면 부사관으로 들어와 영관장교까지도 진급할 수 있었다는 것을 의미한다.

이에 따라 역대 조선의 왕들도 갑사의 인원을 늘리기 위해 노력하였다. 그런데 문제는 이들을 유지하고 인원을 늘리기 위해서는 막대한 예산이 필요했다는 것이다. 초창기에는 그 대우가 좋아 과전과 녹봉을 받았으나, 그들에게 지출되는 녹봉의 비율이 국가 재정상

조선수군의 복장

경관직(京官職)의 전체 녹봉 대비 63%까지 올라가게 되자 점차 갑사로 선발되더라도 그 자격만 부여하는 '대우직'으로 바뀌게 되고, 세조대 이후는 아예 과전 지급 대상에서도 제외되었다.

결국 예산 충당 자체가 어려워지자 이들도 정병과 마찬가지로 점차 번상제로 전환되었으며 녹봉제에서 월봉제로 다시 그때그때 상황에 맞게 급여를 주는 '체아직(遞兒職)'으로 전환되는 개악(改惡)의 과정을 거치면서 군대의 전투력 유지에 심각한 오류를 범한다. 농경주의 국가의 결함이 그대로 노출되었던 것이다.

태종(太宗, 1400~1418년) 이방원이 즉위하는 1400년도의 갑사는 2,000명으로 구성되어 있었다. 이 숫자는 당초 이성계의 사병 숫자와 동일하다. 구체적인 기록은 없으나 이성계가 왕이 된 이후 왕의 직속 부대인 '의흥친군위(義興親軍衛)'를 만들었는데, 그의 사병 2,000명을 보상 차원에서 그대로 의흥친군위에 편성되었고 편제 편성이 그대로 유지된 것으로 보인다.

1402년 '조사의(趙思義)의 난'이 진압된 이후 후속적인 반란의 가능성을 완전히 제압했다는 판단과 예산 절감 차원에서 갑사에 대한 대우도 축소되고 갑사 제도를 2번제로 변경하게 되는데 이에 따라 실제 근무하는 인원은 편성 대비 절반 수준인 1,000명으로 줄어들었다.

> 【 갑사 주화(朱和)를 본향군역(本鄕軍役)에 충당하라고 명하다 】
> 갑사(甲士) 주화(朱和)가 궁문(宮門)을 지키면서, "갑사에게 앉거나 누울 도구가 없으니 또한 괴롭지 아니한가? 내가 만약 왕이 된다면 갑사로 하여금 이같은 괴로움을 받게 하지는 않겠다"하니, 그 무리가 승정원에 고하여 아뢰게 되었다.
> 임금이 그를 용서하니, 김여지(金汝知) 등이 아뢰기를, "주화(朱和)의 죄를 다스리도록 청합니다"하므로, 임금이 말하기를, "반드시 치죄(治罪)할 것은 없다"고 하였다.
> 태종실록 25권, 태종 13년 3월 2일

18년이 흐른 세종(世宗, 1418~1450년) 시기에 와서는 외형적으로는 6,000명까지 늘렸으나, 정작 6개월 근무 시스템으로 동시에 근무하는 인원은 태종대와 동일한 1,000명이었다.

문제는 숫자가 아니라 갑사로 선발되고 근무하더라도 정작 36개월 중 6개월만 급여를 받게 되므로 정상적인 생계 생활이 불가능해졌다. 강력한 군대를 유지한다는 것은 그만큼 군사비용이 지출되어야 한다는 것을 의미한다.

특히 역사적으로 수많은 정복전을 통해 제국을 형성한 마케도니아, 로마, 몽골 등은 적국을 점령하고 점령지의 자원을 약탈함으로써 그 비용을 충당하고 병사들의 재산 증식을 보장하였다. 심지의 몽골의 경우 송나라를 정벌하면서 몽골 병사 1명에게 점령지역의 한족 여인 100명을 주었다. 이후 한족들에게는 혼인 후 첫 아이는 죽이는 풍습까지 생겼다고 한다.

1900년대 제국주의 시절에는 전쟁에 패배한 국가가 막대한 배상금을 지불하도록 함으로서 강력한 군사력을 갖춘 제국주의 국가들이 국가의 영토와 재정을 늘리는 수단으로 많은 전쟁을 통하여 식민지를 확장하기도 하였다. 즉 침략 전쟁을 통해 국가 재정을 확충하고 국내 산업경제 활동을 활발히 부흥시키면서 국가의 부를 축적하여야만 유지할 수 있는 것이 국방력이다.

유사 이래 강한 국방력을 소유한 국가만이 국가의 부를 더 많이 확보할 수 있다는 사실은 한 번도 변한 적이 없다. 국가와 국민의 안녕과 평화를 지키기 위해서는 오직 전쟁에 대비하고 만일 싸우게 된다면 반드시 이겨야 한다는 점에서 결코 '나쁜 전쟁'보다 '좋은 평화'는 없다고도 할 수 있다.

사실 고려말, 조선초의 군사력은 강력한 사병에 기인한다고 보아도 과언은 아니다. 말 그대로 군벌, 권문세가 또는 지방 호족들이 자신의 세력을 확장하기 위해 생과 사의 극단적인 상황 속에서 많은 돈을 들여 양성한 '전투 전문가'들이다. 사료에 따르면 고려 말의 경우 이름 있는 권문세가들은 '2,000~3,000명' 내외의 정예 사병들을 보유하고 있었던 것으로 확인된다.

즉 목적만 부합된다면 5명 정도의 권문세가만 모여도 10,000명 이상의 정예 군사력이 확보된다는 것을 의미한다. 물론 이들의 양성비용은 국가가 아닌 사병을 유지라는 호족 세력의 몫인 만큼 시스템만 잘 유지된다면 국가 예산을 효율적으로 쓸 수 있는 좋은 방법이기는 하다.

조선 초 사병을 혁파한 이유도 여기에서 알 수 있으며 사병 혁파로 인해 문제가 발생하기 시작한다. 국가 차원에서 전투 전문가를 양성하고 유지할 재원이 부족하였다는 것이다. 국가의 최고 전투 전문가들이라는 갑사들에게서 조차 가장 큰 현실적 문제들은 자신이 탈 말과 무기, 갑옷 등의 군사 장비를 개인이 사비로 구입하고 유지해야 했다는 것이다.

게다가 기마병은 항상 말을 타고 병장기를 들고 다니는 것이 아니다. 기마병 1명에게는 기본적으로 본인이 탈 말과 갑옷, 투구 등의 기본적 군장비가 있어야 했으며, 그 외의 필요한 군장비와 식량을 싣고 다니는 여분의 말 또는 나귀가 있어야 했고 평상시 장비를 관리하고 전투에 나가기 전에 갑옷을 준비해 주거나 지원업무를 맡은 종자(從子) 한 명이 함께 다녀야 했다는 것이다. 중세 유럽의 기사들에서도 볼 수 있듯이 이것이 아주 기본적인 사항이었다. 몽골의 기마병들은 1인이 6마리의 말을 번갈아 쓰며 전투를 수행하였다.

1413년 병조판사 '황희'가 말한 내용이다. 국가가 갑사를 운영할 예산이 없다는 것이다.

> 병조 판서 황희(黃喜)도 나아가서, "(중략) 갑사(甲士)로서 가난하여 말과 종자(從者)가 없는 사람도 혹 있을 것이니, 제도(諸道)로 하여금 가산(家産)이 넉넉하고 재예(才藝)가 있는 자를 택하여 서울로 조송(調送)하게 함이 마땅합니다."
>
> 태종실록 25권, 태종 13년 3월 20일

국가에서 급여도 제대로 주지 못하는 실정인데, 기병이 갖추어야 할 기본 장비를 지원해 줄 가능성은 더욱 없었다. 쉽게 설명하여 이성계와 같은 강력한 사병을 가지고 있는 호족이 다시 나타나 쿠데타를 일으키는 것을 방지하고자 사병을 없앴는데, 정작 국가 안보와 직결되는 갑사들의 말과 무기와 장비는 개인이 구입하여 쓰라는 것이다. 이것이 말이 되는 소리인가?

이로 인해 양반 자제들조차 갑사 지원을 피하게 되고 전반적인 수준이 급속히 하락하기 시작하였고 돈이 없는 일반 양인 출신 갑사들은 근무기간에만 말을 빌려 쓰는 경우까지 발생하게 되는데 말을 빌리는 것조차도 가격이 올라 갑사 제도 운용 자체가 어려워지기 시작하였다.

양반 가문의 한량들이 고리타분한 유학 공부를 하지 않고도 관직에 오르는 방안으로 활용하기도 했는데, 태종 이후 대우가 더욱 나빠지다 보니 그 열기도 식게 되면서 계층 자체가 급속히 하향화되기 시작하고 '하위층 양인들'이 출세의 목적으로 갑사를 지원하게 되면서 매관 행위 및 선발 부정이 수시로 발생하는 등 갑사 제도 자체에 문제가 발생하게 된다.

예를 들어 1541년 중종 때에는 황해도에서만 439명이 뇌물로 군적을 위조하여 갑사가 되려다가 적발된 사례가 있을 정도로 일반 농민 계층에게 만큼은 인기가 있었으나, 이 또한 현실적으로 최소한의 갑사 제도를 유지하기 위한 '보법(保法)'에 따른 보인 2~3명의 확보가 곤란하여 정상적인 임무 수행이 불가능한 지경에 이른다.

보법(保法)이란, 갑사(甲士), 기병(騎兵), 정병(正兵)은 2~3명의 보인을 배당받아 이들이 정군으로 군역을 지고, 보인들은 이들에게 '면포'를 지급하여 경제적 지원을 하는 제도였으나, 보법 자체가 흔들리다 보니 갑사들이 갖추어야 할 기본 무장도 확보할 수 없게 되는 실정이 된다. 사실 '세종대 이후'로는 더 이상 정예병이라고 볼 수가 없었다는 것이다.

16세기에 들면서부터는 상황이 더욱 나빠지는데 군장비의 가격과 말의 가격이 급격이 상승하여 말 한 마리의 가격이 면포 100~150포 수준이었다고 하니 구입 자체가 불가능하였다.

또한, 조선의 주무기는 누구나가 알다시피 '활'이었다. 조선의 활은 영국에서 사용하던 하나의 긴 나무로 만든 '롱보우' 형태가 아닌 재질이 다른 나무로 보강된 본체에 물소의 뿔을 안쪽에 붙이고 바깥쪽에는 소의 힘줄을 붙여서 만드는 '합성 각궁'이었다. 길이가 짧아 휴대가 용이하고 유효사거리가 월등하였으며, '편전(애기살)'을 사용할 경우 그 사거리는 증대 되었다.

그런데 문제는 '원자재'와 '제작방법'에 문제가 있었다. 핵심 원자재는 본체를 만드는 '물소뿔'인데 남중국, 동남아시아 등 해외에서 수입하여 사용하였는데, 그러나 조선시대 들어 조선의 종주국인 명나라가 물소뿔의 경우 1회 교역당 '50개'로 한정하였다는 것이다.

지금으로 따지면 핵심 전략물자로 분류되어 수출 통제를 하는 것과 일맥상통하다고 볼 수 있다.

      참고로 테니스 라켓의 줄이나 카본 소재 낚시대 역시 '이중 용도품'으로 전략물자에 포함된다. 수입산 물소뿔의 수급이 어려워지자 국산 소뿔도 사용하였으나 그 성능에 있어서 수입산을 따라가지 못했다. 예나 지금이나 원산지에 따른 재료의 미세한 특징이 나타나기 때문에 100% 국산화한다는 것은 얼마나 허망한 공염불인가 라는 생각이 든다.

25. 조선의 사무라이, 갑사는 그렇게 사라진다

　　조선시대 수군 교범인 '수조규식'(水操規式)에 따르면 총통은 200보(240m), 조총은 100보(120m), 활은 90보(100m)를 유효사거리로 보고 있는데, 조선 후기의 활쏘기 교범인 '사법비전공하'(射法祕傳功瑕) 에서는 기마(騎馬) 상태에서 활을 쏠 때는 유효 사격거리가 대폭 줄어 '20보(24m이내)' 정도로 제한하고 있다.

　　이는 매우 중요한 사항인데 임진왜란 당시 수도 방위군으로 있던 당시 조선 최고의 '정예 갑사'들로 구성되었던 신립의 기마군단 이 탄금대 전투에서 왜 그렇게 속수무책으로 일본군에 패할 수밖에 없었는지를 알려주는 매우 중요한 단서이다. 일반적으로 조선군이 사용하는 활의 사거리는 조총을 능가하나 기마 상태에서의 실제 유효사거리는 조총보다 짧아진다.

　　조선의 '기마 갑사'들은 개활지에서 무리를 지어 적진으로 돌진하여 적에게 심리적 압박감을 주며 활을 이용한 근접 조준 사격으로 적을 무력화시키는 전법을 사용하였다. 만약 허허벌판에 서 있는데 수백, 수천 마리의 말들이 동시에 자신에 달려온다는 것을 상상해 보라. 그리고 말을 타고 있는 그들의 손에는 무기도 들고 있다. 기마 전술의 핵심은 전의를 상실시키는 '심리전'이다.

　　그런데, 그러한 전술은 실제 전투에서 수없이 '개인 휴대용 화약무기'를 사용해 본 일본군의 입장에서는 이미 지나가 버린 전국시대에서 퇴출된 구식 전투 방식이었다는 것이다.

임진왜란이 발생하기 17년 전이 1575년 6월 29일에 일본 나가시노에서 그전까지 일본의 전국시대를 휩쓸었던 '다케다 군'의 15,000명의 정예 기마군단을 '오다 노부나가'와 '토구가와 이에야스'의 연합군이 전멸을 시킨다. 그 유명한 '나가시노 전투'이다.

일본 다이묘들과 사무라이들의 전투 방법은 나가시노 전투를 계기로 획기적으로 바뀐다. '무뎃포(無鉄砲)'란 말도 여기서 유래한다. 말 그대로 조총도 없는 부대가 무모하게 전투를 벌인다는 뜻이다.

세상이 급격히 변하고 있는데 조선은 성리학적 세계관 속에서 그대로의 삶을 유지한다. 1543년에 발간된 '대전후속록(大典後續錄)'에 따르면 조선군은 활쏘기 성적에 따라 진급과 처벌의 기준이 강화되었다. 물론 조선으로서는 유일한 원거리 투사 무기인 활쏘기 능력을 키우는 것도 중요하겠지만, 전투에서는 기마병, 창검병 등 여러 병종(兵種)을 효과적으로 배치하고 역할 분담과 시차를 고려한 공격 전술로 그 시너지 효과를 극대화하는 것에서 승패가 나뉜다.

그러나 사대부들이 정신 수양의 취미 생활로 활용하던 활쏘기에만 집중하다보니, 정작 실제 전투에 필수적인 창과 칼 등 단병기를 사용하는 기본적인 '근접 전투기술'을 외면한 채 양반답게 '말을 타고 달리면서 멀리서 활로 쏘고 적과 접촉은 하지 않는다'라는 사대부들의 상상속의 멋진 군대와 전술을 만드는 결과로 초래한다.

1466년 11월 2일에 대사헌 양서지는 다음과 같은 상소문을 올린다. "병졸은 정예함이 중요하지 많은 것은 중요하지 않습니다. 조선의 무려 1,000,000호나 되는데, 그 중에서 활을 잘 쏘는 병졸이

300,000명이고, 정예한 병졸이 10,000명, 용감한 군사가 30,000명입니다"라는 내용이 나온다. 양서지의 상소문에 있는 그대로만 보면, 활을 잘 쏘는 병졸만 300,000명인 당대 동북아 최대 군사력이다. 이러한 허황된 생각을 가지고 국가를 운영하였던 것이다.

> 大抵兵貴精, 不貴多. 我國人民, 無慮一百萬戶. 其中控弦三十萬, 精兵一十萬, 勇士三萬
>
> 세조실록 40권, 세조 12년 11월 2일

또한 임진왜란 중에 조선의 핵심방어 전략이든 진관체제(鎭管體制)의 무용성이 여실히 드러나자 유성룡의 건의로 명(明)나라의 장군 척계광(戚繼光)이 1588년에 저술한 '기효신서(紀效新書)'를 기반으로 '훈련도감(訓鍊都監)[35]'을 만들어 중요 군사업무를 전담하게 하였다. 이는 곧 정조 때에 이르러 '무예보통도지'를 편찬하게 되는 이유가 된다.

조선 초의 군사력은 고려말 육성된 군사력의 마지막 발현이었다. 그러나 1419년 대마도 정벌이후 조선의 군대는 실전 경험이 없는 병약한 군대로 급속히 변질되어 갔다.

그나마 16세기까지 조선의 수군이 강했던 이유는 공민왕에서 우왕까지 이어지는 역동의 고려 말에 선박 건조기술을 향상시켰을

---

35) (1593년 설립된) 훈련도감은 예하 군의 자체 훈련은 물론 기민(飢民) 구제 등 대민지원 임무도 맡았다가 1594년부터 수도 방위 및 국왕 호위 임무까지 역할이 확대되어 종래의 오위(五衛) 체계를 대체하였고, 5군영 체제가 갖춰지자 어영청, 금위영(禁衛營)과 함께 삼군문(三軍門)으로 불렸으며 그 중에서도 핵심이었다. 위키백과 인용

유럽제 화승총을 사용하는 明軍(기효신서)

뿐더러 화통도감을 신설해 신형 화포와 화약무기를 대량 개발하였고 화포를 탑재한 강력한 함대 진형 전술 및 혁신적인 수군의 양성 시스템을 마련해 놓았으며 이것이 바로 임진왜란 극복의 근본 핵심이 되었다.

    무엇보다도 사대부를 중심으로 하는 양반 계층에서 군 복무 자체를 경시하게 되면서 최정예로 구성되어야 하는 갑사(甲士) 제도 자체가 더욱 유명무실하게 되어버린다. 임진왜란 발발 2년 후인 1594년 4월 유성룡이 올린 '진시무차(陳時務箚)'에 따르면 '경국대전'에 기록된 14,800명의 갑사 인원이 실제로는 4,640명에 불과했으며 이 또한 서류상에만 있는 숫자라고 기록되어 있다. 임진왜란 전란 속에 급박한 나머지 병역의 의무가 없는 노비까지 포함한 전 백성을 병역 대상자로 만드는 '속오법'이 시행되면서 17세기 이후 갑사제도까지 소멸되게 된다.

결국 조선은 '무력(無力)화된 갑사'와 '서류상의 군대'로 당시로 서는 전 세계 최고의 실전 보병군단을 맞아 싸운 것이다. 그리고 온 국토가 유린되는 원인을 제공한 것은 일본의 정명가도(征明假道)라는 조선 정벌의 명분과 함께 이를 쉽게 제공한 조선 자체에서도 찾을 수 있었다.

성리학에 근간을 둔 농경주의 사회, 그 농경주의 사회를 유지 하기 위한 노비제도, 노비제도를 위해 같은 동족을 노비로 만들어 버린 사대부들, 그리고 그들의 병역을 천시하는 문화 속에서 조선은 이미 재생이 불가능한 불치병이 걸려 서서히 죽어가고 있었다.

'대항해 시대'라는 시대적 변화를 전혀 인식하지 못하고 '우물 안 조선'으로 살아간 조선의 사대부들이 2,000년 전에 만들어진 책 의 해석을 두고 자기들끼리 정신적 승리에 도취해 있을 바로 그때 15세기까지도 후진국이던 일본은 서구 문명을 적극 받아들여 탈 아 시아를 하고 있었다.

조선에서 왜구라고 멸시하던 그들은 '사략선'으로 대변되는 '서양식 해상 통상교역 방법'을 통해 자본력을 확충하는 한편 이를 기반으로 유럽의 군사기술을 적극적으로 받아들여 '서양식 군사력' 을 구축하였다.

사무라이들의 갑옷도 '의장용'이 있고 '실전용'이 있는데 의장 용에 비해 디자인은 단조로우나 방탄 성능이 뛰어난 이탈리아의 '밀 라노'에서 생산되는 '화이트 플레이트 아머'를 수입하여 '오다 노부 나가'를 비롯한 일부 사무라이들이 실제 전투시 착용하였으며, 유럽식 화승총을 개량하여 대량 생산에 들어가게 된다. 바로 이 때가 상대적으로 우위에 있던 한반도와 일본 열도의 국가의 위상이 뒤 바뀌는 순간이다.

　　대부분의 사람들이 19세기 일본이 메이지유신에 성공해서 일본 제국으로 성장해 나아가게 되었으나 조선은 개혁에 실패하여 일본제국의 식민지가 되었다고 하나, 조선과 일본 간의 정치, 군사, 외교, 경제력의 국력의 차이는 19세기에 즈음하여 시작된 메이지유신, 갑신정변의 시기가 아닌 바로 16세기부터 극단적으로 차이가 났다고 볼 수 있다.

　　그리고 일본은 '소중화(小中華) 사상'의 세계관을 가진 조선과는 달리 유럽의 최신 무기와 선진 문물을 계속 흡수하고 세계로의 시야

오다 노부나가 플레이트 아머

도쿠가와 이에야스 플레이트 아머

일본 전국시대 밀라노 플레이트 아머

를 넓히게 되는데 일본 지배층은 자신감이 충만해져 갔으며 곧이어 압도적인 군사력을 바탕으로 조선에 대한 반격이 시작된다.

참 아이러니한 순간의 역사이다. 고려 시대까지 유지되었던 강력한 군사력을 바탕으로 한 자주성, 독립성을 스스로 던져버린 '한족사대주의 국가' 조선의 민낯을 보여주는 역사상 최대의 오점과 비극을 남긴 임진왜란 그 긴 7년간의 전쟁이 시작된다. 이것은 곧 663년 '백강 해전' 900여년 후인 1592년 '중국(明), 조선, 일본' 등이 또 다시 싸우게 되는 임진왜란, 정유재란이라 불리는 '제 2차 한중일 국제전쟁[36]'이 시작되었다는 것이다.

그러나 '백강 해전' 때와는 상황이 상이했다. 그때는 '당이 주축인 당·신라 연합군'과 '백제와 일본의 연합군'간의 전쟁이었다면, 1592년에는 '명과 조선의 연합군'과 '일본'의 대결이 된다. 이 기간 중 중원 대륙은 당, 송, 원을 거쳐 명나라가 되었으며, 조선은 고구려, 백제, 가야의 멸망과 발해, 신라 시대 이후 고려, 그리고 조선으로 바뀌었으나, 일본은 오히려 나라가 한 번도 안 바뀐 상태에서 '막부 중심의 중앙 집권적 강력한 군사력'을 갖추고 있었다.

---

[36] 1차는 '백강 해전', 2차는 '임진왜란', 3차는 '청일전쟁'이다. 이 3번의 전투만 보면 663년 백강전투 이후 한민족의 군사력은 계속 퇴보되는 것을 직접적으로 확인 할 수 있다. 반면 일본의 군사력은 점차로 증대되어 2차 세계대전 당시에는 미국을 직접 공격할 정도로 성장한다.

26. '정왜론(征倭論)' 과 '정명가도(征明假道)'

　　15세기 전후에는 동북아에 있어 지각 변동 수준의 수많은 일들이 발생하였다. 주원장의 홍건적 세력이 커지면서 중원을 확보하여 명나라를 건국하고, '원 제국'은 이를 피해 몽골로 이동하고 고려는 신진사대부들에 의해 패망하고 조선이 건국되었으며 일본은 '센코구 시대(戰國時代)'를 거치면서 단일 체제로 규합되는 시기였다.

　　통상적으로 '토요토미 히데요시(豐臣秀吉)'가 전국을 통일한 이후 사무라이 계층들의 이견과 불만을 돌리기 위해 '정명가도(征明假道)'를 주장하며 1592년 임진왜란을 일으켰다고 배웠으며 그렇게 알고 있다. 물론 그 이야기가 틀린 것은 아니다.

　　다만 일본이 '정명가도(征明假道)'를 주장하기 200년 전인 1380년 명나라의 주원장은 일본의 정이대장군(征夷大將軍)이자 쇼군인 '아사카가 요시미쓰(足利義滿, 1367~1394년)'에게 일본 조정이 왜구를 적극 통제하지 않는 것을 문책하고, 조공을 보내라는 조서(詔書)를 보낸다.

　　주원장의 조서를 받을 당시 일본의 쇼군은 '천하는 어느 한 개인에게 속한 것이 아니다'라는 말을 하며 조공 반대의 뜻을 확고히 밝힌다. 이에 자존심을 상한 주원장의 분노와 악감정이 영락제에게도 이어지는데 그 기간 동안 더욱 강성해진 명은 또다시 일본에 사절을 파견하여 종주권을 인정하라고 요구한다. 일본 막부도 불필요한 전쟁을 피하기 위해 잠시 이를 수용하는 듯 했으나, '아시카가'의 후임자들은 명의 요구를 지속적으로 반대한다.

이에 명의 영락제는 '일본을 정벌해야겠다'는 뜻을 굳히게 되고 이를 영혼까지 식민지인 조선에게 동참할 것을 종용하기 위하여 계획을 전달한다. 이것이 바로 잘 알려지지 않은 명과 조선 사이에서 진행되었던 '정왜론(征倭論)'이다. 명은 조선이 사대지예(事大之禮)의 충실한 신하국인 만큼 조선도 명이 일본을 정벌할 때 참여하라고 독촉을 한다.

1413년 3월 태종실록의 기록을 보면 명에서 돌아온 통사 '엄밀'이 보고한 중국의 병선 10,000척을 동원한 일본 정벌 계획에 대해 의논하는 장면이 나온다.

> 1) 若(明)兵船向日本, 則我國亦宜警備
> 2) 上國必以我國與倭通好, 今又挈然, 必以我國爲詐也
> 3) 況倭人實我國之讎, 今若(明)誅之, 國之幸也, 但道經我疆, 是不可不慮也
>
> 태종실록 25권 태종 13년 3월 20일

내용을 보면 조선의 태종은 외국의 황제가 일본 정벌을 추진하고 있으니 명의 병선이 일본으로 갈 때 '조선군도 경비하라'는 지시를 한다. 그러면서도 명이 해금정책으로 일본과의 교류를 금지했는데 조선과 일본이 통호하고 있는 것을 알면 이것을 빌미로 군사적 보복을 할 수도 있다고 우려하면서도 만약에 명이 일본을 대상으로 주벌(誅伐)하면 다행이지만, 이를 빌미로 조선을 점령할지도 모른다는 의구심도 상당하였던 것으로 보인다.

다만 이 일이 있은 후 얼마 안 되어 명의 신하들이 '고려·몽골 연합군'의 1, 2차 일본 정벌의 실패를 들어 상소함으로서 명과 조선의 연합군에 의한 일본 침략 계획은 실행에 옮겨지지는 않았다.

그런데 이 내용은 주어만 바뀌었지 1592년 일본이 명을 정벌하기 위해 조선의 길을 열어달라는 '정명가도(征明假道)'와 동일하다. 물론 명이 일본으로 가든지 아니면 일본이 명으로 가든지 그 길은 조선의 땅이고, 군수 물자와 병력 보충의 대상도 조선이 된다.

1413년의 '정왜론(征倭論)'이나, 1592년의 '정명가도(征明假道)'나 1894년의 '청일전쟁'이나 전쟁의 시작과 끝은 중국과 일본이었으며, 그들이 지나간 땅은 조선이고 피해자도 조선이었다. 역사는 끝임없이 반복된다. 역사를 바로 보는 국가와 국민은 그런 일을 다시 당하지 않을 것이며, 그렇지 않은 국가와 국민은 똑같은 일을 반복해서 당하게 된다.

정치와 전쟁을 두고 이런 말이 있다. '전쟁은 정치인이 하고 전투는 군인이 한다' 즉 전장(戰場)으로 내 몰린 군인들은 정치인의 교활함은 가지고 있지 않는다. 오히려 당당하게 겨루고 그것으로 승부를 내고 명예롭게 승복하는 행위, '무사도, 기사도, 신사도'라는 말이 그냥 나온 것이 아니다. 명예롭게 싸운 적에 대해서는 예우를 해주는 것도 그와 같은 것이며, 일본에서 이순신 장군을 존경하는 이유도 거기에서 비롯된다.

아쉽게도 흰 장갑을 벗어 땅바닥으로 던진 후 유럽식 '머스킷 권총'으로 결판을 내거나, 일본이 '카타나(刀: 칼)'를 들고 자신의 명예를 지키기 위해 결투를 하는 그런 극적인 모습은 조선 이후의 역사에서는 찾아 볼 수가 없다. 아이러니하게도 임진왜란에서 조선이 멸망하지 않고 생존했던 이유도 선조가 도성을 버리고 도망가 명나라의 지원군이 올 때까지 버텼기 때문이다.

사실 명나라도 조선에 원병을 보낼 마음이 없었다고 한다. 조선을 점령한 일본군이 명으로 오기 전에 그에 대한 대비를 하고 있었을 때문이다. 명의 지원군이 오게 되는 사연도 참 드라마틱하다. 당시 병부상서인 '석성(石星, ~1599년)'의 주장으로 지원군 파병이 결정되는데, 석성은 자신의 계비이자 친구 남경 호부시랑의 딸 '류씨'를 홍등가로부터 구해준 조선의 역관 홍순언(洪純彦)에게 은혜를 갚는다는 차원에서 지원병 파병을 적극 주장하였다는 것이다. 그리고 이러한 이야기를 들은 명나라 장군 이여송(李如松)도 자진해서 출병하였다고 한다.

홍순언은 석성과의 인연으로 200년간 수정이 안 되었던 이성계가 이인임의 아들이라는 잘못된 세계(世系) 기록을 수정하는 것도 성공하였다. 이 일들을 계기로 서얼(庶孼)이었던 홍순언은 면천 허통되었으며, 1598년 사망한 이후 조선에서는 판중추부사(判中樞府事), 명(明)나라로부터는 은청광록대부(銀靑光祿大夫)의 관직을 받았다고 한다.

국제적 휴먼 네트워킹의 중요성을 다시 보여주는 중요한 내용이나 많이 알려진 사실은 아니다. 아마도 철저한 유교주의 사회에서 무시당하는 계층인 서얼 출신에 의해 이루어진 성과인 만큼 대외적으로 알리고 싶지는 않았을 것이다.

일본의 전국시대에는 수많은 나라들이 존재했고 전쟁을 해서 패배한 성주는 자결하고 자신의 집에 불을 내고 휘하에 있던 군사와 백성들은 승자에게 귀속되는 문화가 있었다. 임진왜란 당시의 일본군의 전략과 전술은 그와 같아 조선의 왕이 있는 도성을 점령하고 조선의 왕을 잡으면 조선이 항복할 것이며 조선을 병참기지 삼아 중원 대륙으로 나아갈 계획이었으나 파죽지세로 올라 온 도성에는 선조가 없었다.

게다가 임진왜란 당시에도 '토요토미 히데요시(豊臣秀吉)'도 일부 참전하기 싫은 다이묘들까지 조선으로 보내면서 그들의 전과의 증거를 확인하기 위하여 그 증거로 코와 귀를 베어오라고 지시하였으나, 오히려 히데요시 직속 휘하에 전쟁을 즐기는 강성 다이묘들을 제외하고 강제로 동원되어 원정을 온 일본군들 중 일부는 무고한 양민을 죽일 수 없다며 죽이는 대신 코와 귀만 베어 갔다는 일각의 주장이 있기도 하다.

수없이 많은 조선의 백성들이 죽어 나갔으나, 임진왜란이 종결된 이후에 전국에 '코와 귀가 없었던 사람들이 많았다'는 이야기가 있는 것은 목숨을 부지한 사람들이 많았다는 것이며 그나마 다행이었던 것 같다. 조선왕조실록에 따르면 조선에 넘어오자 조선군으로 자진 투항한 일본군이 전체 병력에 10%에 가까운 10,000여명이 넘었다고 하니, 그 설(說)을 뒷받침하는 것 같기도 하다.

조선왕조 오백년 동안은 고구려, 백제처럼 왕이 직접 전쟁에 나아가 전사했다는 기록도 없으며 최소한 고려 충렬왕, 공민왕처럼 왕들이 직접 갑옷을 입고 창을 들고 나아가 일본 본토와 요동지방으로 출정하는 군사들을 사열하고 지휘해 본 적도 없다.

조선은 칼이 아닌 말로서 사람을 죽이는 나라였다고 한다. 역모를 고변한 횟수가 광해군 때만 400회가 되는 등 1,000회가 넘었다니, 조선은 '말(言)과 글(文)로서 내 손에 피 한 방울도 안 묻히고 쉽게 정적(政敵)을 죽이던 비겁함의 문화'였다.

그저 입만 살아 있는 나라에 칼로 나라를 세운 일본의 군대가 쳐들어 온 것이다. 그런데도 조선의 사대부들은 그 세치 혀로 또다시 이순신을 모함하고 관직을 삭탈하고 고문도 하였다. 그리고 권율에게 고문을 받다 지친 원균이 하는 수 없이 전투에 나갔다가 자신도 전사하고 조선 수군도 궤멸되자, 그때 다시 이순신에게 나가 싸우라고 하였다.

성리학에 빠져 입만 살아있는 조선의 사대부들과는 달리 남은 12척의 판옥선과 1척을 수리하여 싸운 전투가 '명량 해전'이다. 그리고 이조가 '전주 이씨'의 나라이었다면, 나라를 구한 이순신은 '전주 이씨'가 아닌 '덕수 이씨'이다. 이순신의 후손들은 그 이후 계속 무과에 급제하여 구한말까지 국가를 지키는데 최선을 다한다.

제 5 장

'대항해 시대' 속의
농경국가, 조선

27. 대항해 시대(大航海時代), 일본과 조선
28. 머릿속의 작전계획, '制勝方略'으로 정예 일본군을 맞이하다
29. 훈련도 안 받은 백성을 당대 최강의 일본 보병 앞으로 내몰다
30. 상주 북천 전투, 제승방략의 허구성을 보여주다
31. 조선의 마지막 희망, 신립의 기마군단이 탄금대에서 전멸하다
32. 우리는 어떤 이순신을 알고 있는가?
33. 戰史에 길이 남는 최고의 해전 '한산 대첩'
34. 순왜(順倭)와 항왜(降倭), 그리고 끌려간 100,000여명의 조선인

'대항해 시대'속의 농경국가, 조선

27. 대항해 시대(大航海時代), 일본과 조선
- 제국이 될 것인가? 식민지가 될 것인가?

말로만 들어도 가슴 벅찬 역동의 시대인 '대항해 시대(大航海時代)'는 '대발견 시대(大發見時代, Age of Discovery)의 일본식 중역이라고도 하나, 그 의미는 별반 차이가 없다.

15세 이후 원양 항해술, 선박 건조기술 등이 발전하게 되면서 유럽 각국들은 새로운 항로 개발 및 신대륙 발견을 통해 국가의 부를 증대하기 위하여 국가의 총역량을 집중한다.

인류 역사상 가장 중요한 시대이며 이 시기를 기준으로 대항해 시대를 자국(自國)의 것으로 만든 국가는 全세계적인 제국을 건설하게 되며, 그렇지 못한 민족과 국가는 식민지로 전락해 버린다.

이러한 대항해 시대의 첫 시작을 연 나라는 포르투갈이었다. 포르투갈은 공교롭게도 국토 대부분이 농지로 활용하기에 좋지 않아 상업과 무역을 주로 할 수밖에 없었다. 그런데 정작 지리적 위치로 인해 당시 지중해 중심의 유럽 해상무역에 주도적으로 참여할 수 없었다.

그러던 중 해양 진출에 관심이 많은 '아비스 왕조'가 권력을

대항해 시대의 배

잡게 되면서 국가의 생존을 위해 대서양과 아프리카로 해양 진출을 준비하고 1415년 아프리카 모로코 북부 및 지브롤터 해협 연안에 위치한 '세우타'를 공략하면서 '대항해 시대'의 서막을 올린다. 세우타는 1580년 포르투갈에서 스페인으로 양도된다.

때마침 1453년 5월 29일에 오스만 제국의 침공으로 동로마의 콘스탄티노플이 함락당하게 되면서, 유럽 각국의 입장에서는 갑작스럽게도 해상 패권 자체가 오스만 제국에 넘어가는 상황에 봉착할 수밖에 없게 되었다. 이로 인하여 지중해 해상권을 장악할 뻔했던 스페인은 급히 포르투갈에 뒤지지 않기 위해 적극적인 해양 진출 계획을 마련하고 대항해 시대에 동참하게 된다.

포르투갈과 스페인이 신대륙에서 금, 은, 노예, 설탕 등을 대량 확보하며 막대한 부를 축적하는 등 해양 진출이 성공하자, 이에 자극을 받은 유럽 각국의 왕실들은 경쟁적으로 새로운 항로 구축에 많은 재원을 지원하게 되고 이를 기반으로 국가 간 해상무역에 집중하게 되었으며, 성공한 국가는 제국을 구축해 나가는 절호의 기회가 된 반면, 중남미 등 신대륙의 원주민들의 입장에서는 자원수탈 및 유럽국가의 식민지로 전락해 버리는 변곡점이 된다.

다시 말해 근현대까지 이어지는 역사의 수레바퀴 속에서 '누가 지배자가 되고, 누가 지배받을 것인가'로 나뉘는 극단적 약육강식의 시대가 도래 했다는 것이다.

무엇보다도 이러한 대항해 시대가 가능했던 이유는 나침판, 아스트롤라베(Astrolabe)라는 천문관측의(天文觀測儀), 육분의(sextans) 등 각종 천문항해 장비를 활용한 원양 항해술의 발전과 '카락'과 '캐러벨'과 같은 대양 항해가 가능한 선박이 건조되었기 때문이다.

【 천문항해와 GPS 】

오늘날 누구나 사용하는 GPS는 '범지구위성항법시스템'의 약자로 천문항해를 기반으로 만들었다. 천문항해의 기본은 하늘의 기준이 되는 별자리 위치를 삼각 측량하여 해도상의 위치를 찾아내는 방법인데, 구름이 많거나 낮에는 사용할 수 없는 방법이었다. 그래서 인위적으로 우주에 24개의 고정위성을 쏘아 올린 후 이 위성들로부터 위성별 고유의 신호를 3개 이상 받아 위치를 산출하게 되었다. 미국에서 개발하였으며, 당초 탄도 미사일의 위치 보정을 위해 개발되었으나 소련의 붕괴와 연계해 민간 항공기, 선박 항해 등의 안전을 위해 민간에 개방되었다. 러시아에서는 글라노스, 유럽에서는 갈렐레이 시스템이 있는데 그 원리는 유사하다.

보다 적극적이던 포르투갈은 1557년에는 명나라로부터 마카오를 넘겨받아 동아시아의 중계무역의 거점을 삼았으며, 1572

년부터는 명 조정에 매년 500냥의 지대(地代)를 주고 자국민들을 거주시키기 시작한다. 명에서 청나라로 교체된 이후 1887년에 리스본 의정서 체결, 1888년에 '청·포르투갈 통상우호조약'에 따라 마카오가 포르투갈령이 되었으며, 1999년에 와서 중국으로 이양되었고 2049년까지 자본주의 기반의 사회, 경제 체제가 지속될 예정이다.

1498년 포르투갈의 '바스코 다 가마'가 인도의 캘리컷에 도착하였고 1500년에 브라질을 발견하였으며, 1519년부터 1522년까지 스페인의 페르디난드 마젤란의 선단이 세계일주 항해를 성공하였는데 마젤란은 1521년 세부섬에서 사망한다. 1565년 스페인이 필리핀을 식민지화하였으며 1572년에는 잉카 문명을 멸망시키고 중남미를 통치하기 시작하였다. 1600년 들어 영국이 동인도회사를 설립하였고, 1602년에는 네덜란드가 그리고 1604년 프랑스가 동인도 회사를 설립하였다.

이 기간 중 '세계 해전사'에 길이 남을 큰 해전들이 많이 발생하였는데, 세계의 중심이 동쪽에서 서쪽으로 옮겨지게 된 1571년 오스만 제국과 신성동맹의 '레판토 해전', 1588년 영국이 당대 최강이라던 스페인의 무적함대를 괴멸시킨 '아르마다 해전' 등이 대표적이다.

특히 스페인의 무적함대를 괴멸시킨 장본인은 '해적 출신'으로 스페인의 선박을 주로 약탈하고 빼앗은 30파운드 규모의 금은보화를 엘리자베스 1세에게 상납하자 그녀가 그를 '해군 중장'으로 임명하였는데 그가 바로 '프란시스 드레이크'이다.

대항해 시대는 다시 말해 국가 간 수많은 해전(海戰)이 난무하였고 수적으로 열세였던 국가들은 민간 무장 상선을 허가하고 전투에 참여시키며, 이들의 해적 행위를 묵인하면서 이들로부터 상납받은 막대한 재화를 토대로 국가 재정을 충당하는 한편 해군력을 증강시키는 방편으로 활용하였는데, 바로 이 시기가 해적선과 드레이크로 대변되는 공인 해적인 '사략선'의 활동이 활발하던 시기이기도 하다. 대부분의 영웅화된 해적 스토리는 이 시기를 배경으로 만들어졌다.

일본은 이 시기에 '센고쿠 시대(戰國時代-전국시대)'를 거치면서 막부 중심의 중앙집권 정권이 탄생하였으며, 시대적 조류에 부흥하여 큐슈를 중심으로 해상무역을 확대하여, 유럽 네덜란드, 포르투갈 등 각 국과도 교류를 확대해 나간다. 이 기간 중 유럽식 화승총 및 화약 등 전쟁 물자를 대량 도입하게 되는데 수입한 화승총을 일본인들이 자체 개량한 '조총'이 대량 생산되는 등 실질적인 근대화의 시작이기도 하였다.

다케다 신겐 이후 오다 노부나가가 전국시대를 거의 통일한 시점에서 '오다 노부나가'가 심복이던 부하의 배신으로 죽임을 당하자, 그의 말(馬)을 담당하면서 성장한 평민출신 '토요토미 히데요시'가 전국을 통일하고 '관백(関白)' 자리에 올라 일본 전체를 통치하게 된다.

물론 천황 제도는 유지되었으나, 실질적 권한은 '토요토미 히데요시'가 행사하면서 강력한 중앙집권체제의 국가를 만든다. 만일 그가 귀족 출신이었다면 당연히 천황과 더욱 가까이 할 수 있는 정이대장군인 쇼군이 될 수 있었으나, 평민 출신이라 별도의 직책인 '관백(関白)'으로서 그 권위를 보장 받았다.

일본의 학자들은 해적(왜구)과는 분리된 개념의 '카이조쿠슈(海賊

衆)'을 강조하기도 하는데, 이는 어느 정도의 공인성을 가지고 해상에서 약탈을 하는 유럽의 '사략(私掠, privateering)'과 같은 범주에서 왜구의 활동을 평가한 것이며 그들의 선박을 '사략선(私掠船, privateer ship)'으로 보는 것이다. 왜구의 동남아 지역까지의 활동영역을 고려해 본다면 유럽의 사략선과도 유사한 모습을 보이기는 한다.

일본 수군의 역사를 보면 초기 순수 해적인 왜구(倭寇)에서 다이묘들과 연계된 관제 성격의 호송, 경비, 경호, 무장 무역선의 역할을 하는 카이조쿠슈(海賊衆), 그 이후 세력이 커지면서 수군(水軍)으로 변화되는 패턴을 가지고 있다. 1588년에 히데요시는 해적 금지령을 내려 해적 활동을 금지시키고 제도권 안으로 들어오게 하여 수군 또는 해상무역 활동에 활용한다.

모든 일에는 명암이 있듯이 대항해 시대에 있어 일본의 대표적 '흑역사'라고도 불리는 자국민을 대상으로 한 노예무역이 기승을 부린다. 일본은 센고쿠 시대에 중앙 통제에서 벗어난 다이묘들이 난립하게 되고 잦은 전쟁을 하게 되면서 서양식 무기인 화승총과 화약에 대한 수요가 급증하게 된다.

바로 이때 전 세계를 무대로 '노예무역'을 하던 '포르투갈 및 네덜란드' 선단의 상인들이 일본 전역으로 퍼져가게 되면서 상호간의 이해관계가 급격히 형성되게 된다. 이들 유럽 노예상인들은 일본이 다른 국가들보다 1/3 가격에 노예 수급이 가능했기 때문에 천주교 선교사들의 주선으로 일본 전역의 다이묘들과 노예무역을 하면서 그 대가로 '화승총 및 화약' 등을 주었다.

경쟁적으로 유럽 무기 도입을 위해 포로로 잡힌 적국의 백성을 노예로 팔았으며, 심지어 수요가 부족할 경우에는 자신들의 영지 내 여성들까지 노예로 팔아버린 경우도 있었다. 이 기간 동안 유럽과 세계 각지로 팔려간 '일본 여성'들의 숫자는 무려 500,000명에 이른다고 한다.

정작 이러한 자국민을 노예로 팔아버리는 반인륜적 행위를 금지시킨 것은 한국인들에게 악마와 같은 이미지의 인물인 '토요토미 히데요시'였다고 한다. 하층 무사 출신이었기에 여타의 귀족 출신 다이묘들과는 비교적 다른 행보를 보인 것으로 생각된다. 다만 임진왜란 기간 동안 일본으로 잡혀간 많은 조선인 포로들 중에 기술을 보유하지 않거나 학문 등의 능력이 없어 활용 가치가 떨어지는 일부 조선인들은 유럽 노예 상인들에게 팔려갔을 것으로 추정된다.

여하튼 이 시기에 일본은 도량형이 통일되고 토지 조사사업을 수행하는 한편 일반 농민들의 무장을 해제시킴으로서 사무라이와 농민사이의 신분을 확실히 구분하고 '병농(兵農)의 분리'를 확립하여 전문 군사집단을 육성한다.

또한 전문 상인과 상인회 단체들이 생겨나게 되고 이를 통해 업종간 공동의 이익을 최대화하는 동시에 일본 전역 내 유통체계를 구축하였으며, 이를 기반으로 일본의 해안에 인접한 도시와 교통이 급속도로 발전하게 된다.

반면 조선의 군사제도는 일본과는 정반대의 행태를 보이는데, 병농을 일치시킴으로서 군사력 자체를 근본적으로 약화시킨다. 유럽 각국과의 문화 및 기술 교류, 국제 무역을 뒤로 한 채 오직 기원전 551년에 태어난 공자의 말을 기록한 유학 서적만 붙들고 같은 내용을 분석하고 또 분석하고 자기들끼리 분파를 만들어가며 일말의 변화와 발전이 없는 성리학의 세계관 속에서 '소중화(小中華) 사상'을 가진 사대부 중심의 '농경 국가' 시스템으로 나라를 만들어 간다.

그들에게 과학의 발전은 중요하지 않았으며, 대양으로 나아가 국가의 부를 축적하고 식민지를 건설하여 부강한 나라로 만들어야 겠다는 생각조차 하지 않았다. 아니 전혀 필요가 없었다.

게다가 신(新)문화는 오직 명을 통해서만 접할 수 있는 '조공 무역'을 기반으로 하였기 때문에 세계 변화의 흐름 자체를 알 수도 없었을 뿐더러 당초 농경국가로 한정된 토지만이 생산 활동의 전부였기 때문에 필연적으로 발생할 수밖에 없는 조세, 군역의 문란 등 국가 재정 및 국방력은 더 없이 약해지는 결과를 맞이했다.

조선은 놀랍게도 농경사회의 노동력을 확보하기 위해서 논밭을 경작할 노예가 더 필요하면 여러 가지 이유를 만들어내어 같은 민족을 노예 수준의 노비로 만들어 버렸다. 전쟁을 일으켜 포로를 잡아오는 것이 아니라 같은 민족을 노비로 만들어 버리는 것이었다.

일례로 태종 때의 경우 '종부법(從父法)'으로 아버지가 양인일 경우 자식도 양인이 될 수 있었던 것을 세종 때부터는 사대부의 요구를 그대로 수용하여 '종모법(從母法)'으로 변경하는 극악무도한 만행을 저지르기까지 한다. 이게 무슨 말이냐 하면 이 제도를 통해 조선 인구의 절반 이상이 노비가 되었다는 것이다.

이와 관련하여 1583년 '옥비의 난'이라는 조선에서만 일어날 수 있는 희대의 사건이 벌어진다.

【 옥비의 난 】

세종 때 북방의 여진족을 상대하기 위하여 '4군 6진(四郡六鎭)'이라는 10개의 '교역 겸 군사도시'를 건설하였다. 그러나 정작 그곳에 거주하는 사람들이 없자 백성을 모집하여 공천(公賤)과 사천(私賤)은 면천(免賤)하고 속량(贖良)시켜 준다고 하였다. 이에 따라 많은 노비들이 자유를 찾아 그곳으로 이주한다. 비록 국경 지역의 척박한 땅에서 둔전병(屯田兵)이 되어 평시에는 땅을 개간하고 농사를 짓다가 여진족이 침범하면 목숨을 걸고 싸워 국경을 지켜냈다.

그러던 중 1583년에 이르러 '전조의 폐단을 바로 잡는다'는 이유로 다시 신분을 노비로 돌려버리는 '쇄환령(刷還令)'을 시행한다. 이렇게 되자 하루아침에 토지와 재산을 몰수당하고 노비로 전락한 사람이 무려 100,000여명이 넘었다고 한다.

온 나라가 벌집을 쑤신 것과 같이 혼돈에 빠진 시기였다. 별안간 노비가 될 수밖에 없게 되자 전국적으로 자살하는 사람들도 속출하였다고 한다.

이런 와중에 '옥비(玉婢)의 난'이 발생한다. 경원부(함경도 북부 지방의 행정과 군사 중심지) 속공 노비인 옥비가 영남으로 숨어들어 살게 되었는데, 옥비는 양인으로 살며 결혼도 하고 열 명이 넘는 자식을 낳는다. 그리고 그 후손들도 계속 번창하여 옥비의 사후 80년 동안 200명이 넘는 후손을 두었다고 한다.

그 중에는 과거에 급제하여 고관대작이 되었거나 王家의 인척도 있었는데, 옥비의 자손들과 그 배우자들까지 모두 쇄환(刷還)하여 함경도로 강제로 이주되었다.

    드라마를 보고 왕비와 공주, 혹은 사대부 집안의 규수를 보고 '판타지'에 빠질 수도 있으나, 지금 대한민국에 사는 국민들의 대부분은 노비와 그냥 볏짚과 흙으로 만든 초가집에 사는 평민들의 후손들이다. 왜냐하면 한국인들의 족보와 성씨는 대부분 구한말에 만들어진 거짓이기 때문이다. 이제 성리학의 나라 조선을 바라보는 기준을 바꾸고, 성군의 기준도 바뀌어야 하지 않을까?

    어찌 보면 조선시대 인구 비율로 보아 지금 대한민국에 사는 대부분의 사람들은 조상이 노비였을 가능성이 매우 많다.

무엇보다도 이 시기에 가장 큰 문제는 앞서 설명한 바와 같이 '조선의 사무라이'라고 할 수 있는 '갑사(甲士)'의 경우에도 마찬가지로 생계와 군사 활동을 보장해야 하는 보인이 절대 부족하여 무장도 제대로 구비할 수 없었고 갑사 자체도 생계를 위한 별도의 일을 하게 되면서 실제 가용 전투 병력의 수준에 있어 심각한 역행이 발생한다.

16세기말에는 사족이나 양인 상층부들이 군역을 천히 여기고, 아예 활과 화살을 잡는 것은 천한 일이라는 사회적 분위기가 팽배하였다. 오죽했으면, 선조실록에서는 '선조가 행차 시 호위하는 의장 군사들이 전부 굶주린 백성이여서 보는 사람마다 해괴하게 여기고, 선발한 군사들조차 대립(代立)하고 있어 오합지졸(烏合之卒)에 불과하다'고 할 정도였다고 기록되어 있다.

결국 국가를 재정비하고 대항해 시대, 바꾸어 이야기하면 '식민지 쟁탈 시기'에 일본이 강력한 군사력을 정비하고 대륙 정벌을 꿈꾸는 동안 조선은 조선 중기에 유행하던 '천하도(天下圖)'의 세계처럼 큰 나라인 한족의 국가만 바라보는 사대주의라는 밧줄에 목을 매고 서서히 스스로 줄을 당기고 있었다.

문화 발전은 전무하고 경제의 퇴보는 급속도로 이루어지면서 여말선초 강력했던 군사력조차 와해되어 버리고 마는데 1281년 '고려·몽골 연합군'의 일본 침략 이후 300여년이 흐르고 1419년 '대마도 정벌' 이후 불과 170여년 만에 조선은 동북아에서 가장 약한 나라로 전락하고 있었다. 임진왜란은 그러한 조선의 모순을 극명하게 보여주는 사건이다.

천하도(天下圖)

　　임진왜란 7년간의 전란을 그나마 버틴 것은 앞서 이야기한 바와 같이 고려 말부터 내려온 강력한 수군의 전통과 선박 건조기술 덕분이었다. 그러나 그 선박 건조기술도 '평저선'이라는 '연안용 선박'에 불과했다. 파도만 조금 치더라도 운항이 불가한 배로 대양 항해는 꿈도 못 꿀 선박이라는 것이다.

　　일본이라는 나라는 이미 그때 유럽 열강 속으로 뛰어들어 담금질되고 더욱 단단하게 될 동안 과연 조선은 무엇을 하고 있었는지 후손인 우리들이 반성하고 각성해야 하지 않을까? 또 다시 천동설보다 더 우매한 화이사상(華夷思想)의 세계관 속의 조선, 그런 나라를 우리 후손들에게 물려 줄 수는 없지 않은가?

28. 머릿속의 작전계획, '제승방략(制勝方略)'으로 정예 일본군을 맞이하다

　　조선 개국 초 정도전은 사대부들을 충동질하여 우왕의 요동 정벌 계획을 수포로 만들고 고려를 멸망시켰으면서도 정작 명과의 사신 문제로 본인의 자존심에 상처를 받고 기분이 나빠지자, 그때서야 타이밍을 놓친 '요동 정벌'을 주장하며 스스로 '진법'을 만들고 '갑옷'을 입고 나와 병사들을 조련하였다고 한다.

　　평생 전쟁터에서 살아 온 이성계는 속으로 싸움은 그런 것이 아니라며 비웃으면서도 겉으로는 모른 척하였고, '갑사(甲士)'의 모태로 이성계 휘하의 정예 병력으로 구성된 조선 초의 중앙 군사들조차도 그저 한심한 짓이라는 것을 알면서도 그냥 따라 주었을 것이다.

　　조선 사대부의 머릿속에서 '음양오행설'에 기반을 둔 형이상학적으로 구성된 '진법'은 그렇게 만들어졌고, 소수의 여진족을 상대로 하는 소규모 전투에는 적합하지만 국가급의 대규모 정규전에는 무력할 수밖에 없는 조선시대의 국가 동원 및 작전계획인 '제승방략(制勝方略)'도 이런 수준에서 만들어졌다.

　　마치 지금의 한국군의 현실을 보는 것 같기도 하다. 아무리 비싼 무기를 사오고 첨단 무기를 개발 하더라도 실제 경험을 통한 작전술(作戰術)이 없이 탁상공론적 전략과 작전계획을 수립하고 그것을 기반으로 하는 연습과 훈련은 실제 전쟁에서는 무용지물이다.

지금 대한민국 군대의 현역 장군들 중에 전쟁을 경험해 본 사람이 있는가? 아니면 연합군과 미군(美軍)을 따라 중동 전장(戰場)을 따라 다녀 본 경험이 있는가? 비록 UN군으로 해외 파병을 가더라도 안전한 지역에서 '구호 및 건설 업무'만 수행하고, 오히려 주둔지의 외곽 경비는 PMC(사설군사기업)에 맡기고 있는 것이 현실이다.

연일 미사일을 발사하고 있는 북한이라는 국가의 주적을 머리 위에 두고 있으면서도 병사들은 초소에서 맥주를 배달시켜 먹고, 레이더 초소에서는 전마선이 우리 영해로 들어오는지 확인도 못하는 그런 허접한 조선시대의 군대로 전락해 버렸다. 정작 그 북한은 핵무기도 보유하고 있으며 세계 2위 수준의 생물학 무기도 보유하고 있는 가장 호전적 집단으로 이란, 시리아, 수단 등과 함께 국제적으로 '공인된 테러지원국'이라는 것을 우리는 잊고 살고 있는 것은 아닌가?

결국 지금 대한민국의 군대는 나약한 정치인들과 기회주의적 장군들로 인해 6·25 전쟁과 월남전을 거치면서 공산주의와 싸우며 자유민주주의를 지켜내었던 강한 신념과 의지를 갖춘 강성했던 군대가 아닌 조선의 군대와 같은 수준이 되어 버렸다.

1575년 6월 29일 일본 '미카와국(國)'의 '나가시노'에서 일본 전국시대[37]의 전투의 한 획을 긋는 '대회전(大會戰, pitched battle)'이 발생한다. 그 유명한 '나가시노 전투(長篠の戦い)'이다.

오다 노부나가, 도쿠가와 이에야스 연합군 38,000명과 다케

---

[37] 1467년 '오닌의 난'을 시작으로 1493년의 '메이오 정변'을 거쳐 1573년 오다 노부나가에 의해 무로마치 막부 제15대 쇼군 아시카가 교토에서 추방될 때까지를 말함

다 가쓰요리군(軍) 15,000명 사이에서 일어난 전투이다. 물론 노부나가 연합군의 병력이 수적으로 많기는 하였지만, 이전까지 무적이라는 다케다 군(軍)의 15,000명의 최정예 기마부대를 전멸시킨 전투로 이전까지의 기마 전술이 종지부를 찍고, 노부나가의 보병 중심의 '철포대'와 '마방책 전술'이 빛을 보게 된 전투이다.

실제 그 전투에서 사용되었는지에 대한 이견이 아직까지 상존하나, 노부나가 군(軍)의 3,000명의 조총을 보유한 철포병이 참전하여 '3단 발사 전법'과 기마병을 막는 '마방책 전술'의 효과가 인정받게 된다. 무려 15,000명의 최정예 기마군단을 전멸시킨 작전술이다. 그리고 임진왜란에서 조선의 기마부대와의 전투에서도 그대로 적용된다.

조선의 신립이 북방에서 여진족을 상대로 이름을 떨친 명장이었다고는 하나, 나가시노 전투에서는 신립과 같이 당대 전장을 주름잡았던 다케다 군의 기마군단을 이끌었던 수많은 명장들이 모두 전사하고 만다. 전쟁이란 그런 것이다. 시대의 변화를 따라가지 않으면 죽음으로 직결된다. 선진 문명을 빨리 받아드린 오다 노부나가의 연합군은 승리자가 되고, 과거의 영광 속에서 살았던 다케다 군은 확실한 패배자가 되었다. 또한 전국시대 동안 가문의 영지 내에 살고 있던 백성을 포르투갈 노예상인들에게 가장 많이 팔았던 다케다 가문의 최후이기도 하다.

이 전투의 패배를 계기로 다케다 가문은 1582년 멸문하게 된다. 그러나 아이러니하게도 이 전투의 승리로 전국시대 최후의 승자로 우뚝 설 뻔한 '오다 노부나가'도 가신이었던 '아케치 미츠히데'의 모반인 '혼노지의 변'으로 사망하게 된다. 이 사건 이후 그의 심복인 '토요토미 히데요시'가 사태를 수습하고 막부의 정권을 틀어 잡으면서 '관백(関白)' 자리에 올라 일본 전역을 다스리는 1인자가 된다.

앞서 기술한데로 일본 막부를 장악한 히데요시는 1588년 '해적정지령'을 발표하고 일본에서는 '카이조쿠슈(海賊衆)', 조선에서는 '왜구(倭寇)'로 불리던 해적들의 활동을 금지시켰으며, 막부 또는 다이묘의 수군으로 복속시켜 수군 전력을 강화했다. 히데요시의 대륙 정복계획은 그의 주군이던 오다 노부나가의 일생의 목표였으며, 그의 최고 심복이 그 유지를 이어받았다고 보아야 할 것이다.

이 전후의 과정에서 놀라운 것은 1576년 '오다 노부나가'가 총탄이나 포탄을 막을 수 있는 철갑선 건조를 지시하고 이에 따라 '선체를 철갑으로 둘러싼 6척의 철갑선'을 만들어 '제 2차 키즈가와구 해전'에서 사용하였다는 것이다. 처음에는 거북선과 같이 철갑 지붕이 있는 디자인은 아니었으나, 이후 '토요토미 히데요시' 때에 와서는 기와 형태의 금속 지붕이 있는 '메구라부네(盲船)' 전투에서 사용 했었다는 기록이 있다.

다만 조선 선박과 일본 선박의 가장 큰 차이점은 선박 건조기술에 있어 조선이 나무 쇄기형 판목 접합술인 반면 일본은 철못을 이용한 접합술로 조선의 배보다 내구성이 떨어졌다. '거북선(龜船)'과 '메구라부네'의 경우 선체는 양쪽 모두 자국의 선박을 사용했다. 내구성은 조선의 선박이 우수하였고 대구경 함포 설치가 가능했던 반면 일본은 약한 선체로 인해 소구형 철포만 설치가 가능했다. 거북선의 경우 지붕만 철판인 것과 달리 일본의 메구라부네는 현측에도

일본 신형 메구라부네(盲船) 요도

조선 거북선(龜船) 요도

철판을 달고 있어 현측 보호도 가능했던 것으로 보인다.

　일본 수군도 거북선을 보고 말한 첫 마디가 이미 알고 있었다는 의미인 '메구라부네(盲船)이군'이었다. 그러나 '거북선'과 '메구라부네'의 가장 큰 차이점은 대구경 함포 장착이 가능했다는 것과 선체의 강도가 달랐다는 점이다.

　　태종실록에도 '귀선(龜船)'과 일본 선박을 가장한 선박의 교전 훈련을 하였다는 기록이 있는 만큼 당시에 많이 알려진 '함선의 건조 양식' 중 하나였던 것으로 보여진다. 게다가 임란 시에도 거북선은 실제로 3척밖에 만들어지지 않았으며 전투에서도 돌격선의 임무를 수행하는 전선으로 사용했다는 점에서 드라마나 영화처럼 일본군에게 막대한 심리적 압박감을 주었다든가 아니면 전장(戰場)의 상황을 급변 시킬만한 전선은 아니었다.

　　특히 이순신 장군이 이룩한 23전 23승의 승리는 비교적 과장된 성능의 거북선 덕분이기 보다는 적의 전력과 아군의 전력을 면밀히 분석한 후 가용 전력과 지형지물을 상황에 맞게 응용하여 적용한 작전술의 힘이었다.

　　일본의 기록에 따르면 막부 정권은 1613년에 들어서 일본에 드나들던 포르투갈, 네덜런드 등 유럽의 선박을 본 떠 대양항해가 가능한 500톤급 '다테마루(伊達丸)'도 건조하였다. 그리고 이 후, 350여척을 더 만들어 '동남아무역선'으로 활용하였다고 한다. 이미 16세기에 그들은 철저하게 유럽을 모방하고 자신들만의 대항해 시대를 열어가고 있었던 것이다.

　　일부 학자들 중에서는 '광대토대왕비'에 새겨진 '왜(倭)'란 단어를 토대로 당시 통제력이 미약했던 중앙 정부인 '야마토(大和) 정권'의 직접적 명령에 의한 것이 아닌 '큐슈 지방의 지방정권'이 신라를 공격했다는 설도 제기하고 있는 것으로 보아서는 '큐슈 지역'은 그 지역적 특성으로 인해 오랜 세월동안 큐슈~이키섬~쓰시마로 이어지는 '해적들의 주요 활동 거점'이었을 것이고, 이 세 곳의 중심인 큐슈에서 일본 수군과 해군이 탄생하게 되었다.

왜구(倭寇)로 통칭되던 당시의 해적들은 일본인뿐만 아니라 명, 조선, 류큐국(琉球國), 포르투갈인 등 다양한 국적을 가진 사람들이 함께 해적 활동을 하였는데 이를 뒷받침하듯 15~16세기에 일본 전역에 '포르투갈 및 네덜란드의 노예 상인들'과 연계한 노예무역이 집중적으로 성행하였으며, 막부 정권은 이때 노예무역을 통해 화승총을 대량으로 확보하게 된다.

또한 막부 정권은 활발하게 국제교역을 하던 '구라모토'나 '가케야'와 같은 전문상인 집단과 상인들의 연합인 나카마(仲間) 등을 대상으로 영업세를 받아 '군사들의 현대화'를 진행하였다. 무엇보다도 일본은 15~16세기 동안 수많은 내전을 치루면서 전쟁에서 승리하기 위해 유럽의 선진 군사기술을 받아들이고, 군사를 정비하면서 국방을 선진화시키고 있었던 것이다.

이미 더 이상 조선의 사대부들이 생각하고 있던 훈도시나 입는 야만인이거나, 쇠로 만든 젓가락도 사용하지 않는다고 멸시했던 일본이 아니었다. 그렇게 선진화된 군사력과 경제력, 풍부한 실전 경험을 갖춘 160,000명의 정예 병력이 1592년 5월 수백 척의 배를 타고 대마도를 경유해 조선의 부산으로 들어오게 되면서 제 2차 韓, 中, 日 대전인 7년 전쟁이 시작되었다.

다만 일본군은 선박으로 물자를 운송해야 하는 원정군의 특성상 군수품과 식량 운송에 한계가 있는 만큼 신속하게 진격하여 조선의 왕이 있는 한양을 점령하는 것을 1차 목표로 삼는다. 그리고 수로를 이용하여 신속히 호남평야의 곡창지대를 확보함으로서 군량미를 원활하게 지원할 수 있도록 계획하였다. 바로 여기에서 이순신 장군의 존재가 그 빛을 발한다.

사실 이순신은 지금으로 따지면 당초 위관급 장교였는데 친구인 영의정 류성룡의 추천과 선조의 승인으로 2년 만에 초고속 진급을 하여 함대사령관(소장)급인 전라좌수사가 되었다. 그가 변방의 하급 장교로 계속 있었다면 그와 같은 공을 세웠을까? 우스갯소리로 조선조 역사상 가장 무능하다고 욕을 먹는 선조에게도 '최대의 치적'이 있으니 그것은 모든 신료들의 반대에도 불구하고 이를 무마하고 이순신을 발탁하여 초고속 진급을 시켜 조선의 수군을 지휘하게 한 것이다. 일반적으로 알고 있는 무능한 인물인 선조가 실제로 그 만큼이나 무능하였는가에 대한 의구심마저 드는 대목이기는 하다.

> 선조는 이순신을 '종6품' 정읍현감에서 7단계 높은 '정3품' 전라좌수사로 임명하였는데 이를 두고 사간원이 적극 반대하자 "지금은 상규(常規)에 구애될 수 없으며 인재가 모자라 그렇게 하지 않을 수 없다. 그 사람이면 충분히 감당할 터이니 관작의 고하를 따질 필요가 없다. 다시 논하여 그의 마음을 동요시키지 말라."고 지시한다.
> - 선조실록, 선조 24년 2월 16일

이 당시 조선은 진관 체제를 기반으로 하는 '제승방략'이라는 '전평시 작전계획'을 가지고 있었다. 지금으로 말하면 '작계 5027'과 같은 개념이라고 이해하면 된다.

즉, 북한의 재남침 공격에 대비한 '페바(FEBA)[38] -A,B,C,D' 등의 방어선이 구축되어 있는 것처럼 당시에도 핵심 방어지점을 중심으로 1,2,3,4 단계별 선형 구역으로 나누고, 적이 침공할 시 가까운 곳에 위치한 관군들이 1차 거점 지역을 방어하는 동안 후방의 소집된 병력들이 중요 거점지역에 집결하여 방어태세를 갖추고 중앙에서 파견되는 장군과 중앙 갑사로 구성된 정예군이 전장을 주도하면서 적을 격멸하는 시스템을 구축해 놓았다.

---

38) 전투지역전단(戰鬪地域前端), Forward Edge of Battle Area의 약자로 A,B,C,D 구역은 기밀이다.

29. 훈련도 안 받은 농민을 당대 최강의 일본 보병 앞으로 내몰다

아이러니하게도 제승방략 계획은 당초 북방 여진족의 약탈을 막기 위한 방어전략으로 계획된 것으로 최초 입안자는 후일 상주 북천전투에서 전군(全軍)이 몰살당한 순변사 '이일'이었다.

제승방략의 전략이 제대로 활용되기 위해서는 여러 조건이 뒷받침되어야 한다. 첫째 적의 침공에 대한 사전 정보 수집 및 현장 상황에 대한 신속한 정보 전달이 되어야 하며 둘째, 적의 숫자가 1차 저지선을 쉽게 공략할 만큼 너무 많으면 안 되며 2차 이후 저지선에 동원되는 군사들이 보다 신속하게 배치되어야 하고 셋째, '군령권'을 가진 중앙의 지휘관과 정예 갑사들이 즉각적으로 배치되어야 하며 넷째, 작전 지휘관들의 교전 지역에 대한 정보와 지형지물에 대한 사전 분석이 철저히 되어 있어야 한다.

그러나 이미 조선은 200년간 성리학적 농경주의 국가로 변해 버린 상태이고 군사력 유지에 있어 대립제, 방군수포제 등으로 군역 자체가 극도로 문란해져 있어서 실제 동원할 수 있는 병력자원이 현저히 줄어든 상태였으며, 무엇보다도 급히 동원되는 병력의 대상은 훈련도 받지 못한 평범한 농민들밖에 없었던 만큼 전투력은 애당초 기대할 수 없었다.

지금처럼 정보통신기술이 없던 16세기 시절에는 현장 지휘관에게 군사작전에 대한 전권을 보장해야 하는데, 조선이라는 나라 자체가 당초 이성계와 같은 지방 군벌들이 가진 사병을 중심으로 고려를 전복시키고 개국되었던 만큼, 조선 개국과 동시에 또 다른 쿠데타 발생을 방지하기 위하여 호족세력들이 가진 사병들을 해체시키고 중앙 정부군 체제로 만들었으나, 정작 이들을 운용할 수 있는 예산이 부족하여 군사력 자체를 와해시키는 지경에 이른다.

국가의 부를 축적할 수 있는 별다른 경제 산업 구조가 없이 오로지 농경주의 정책에 기반을 두고 국가를 운영하다 보니 오직 쌀 수확량이 곧 국가경제와 국가 재정의 기반이 되었다. 이로 인하여 고려 말기에 만들어진 군사력이 한시적으로 유지되었던 세종 시기를 넘어서면서 부터는 조선의 산업경제와 군사력의 기반이 급속도로 무너지기 시작했기 때문이다.

어찌 보면 당연한 이야기이다. '농업이 모든 산업경제의 시작점'이니 그 산업을 발전시키기 위해 15세기에 '종모법(從母法)'을 다시 시행하여 자국민을 대상으로 대량의 노비를 만들어 내기 시작한다. 사실 말도 안 되는 악법중의 악법이다, 게다가 노비는 노예와 같은 대우를 받았기에 병역의 의무가 없다. 즉 농사에 동원되는 노비가 많아지다 보니 유사시 나라를 지킬 수 있는 병력 소집 대상 자원 자체가 줄어든다는 모순을 배포하고 있었다.

이렇게 조선이 급속도로 농경주의 후진국가로 전락하고 있었음에도 불구하고 오히려 성리학에 매몰된 조선에서는 병역을 더욱 천하게 여기는 사회적 분위기가 확산되었고 이로 인하여 조선군의 가장 핵심을 이루고 있던 갑사(甲士)들의 질적 수준은 이미 심각한 상태까지 내몰리게 되었다. 우주의 삼라만상을 이해하고 그것을 이(理)와 기(氣)로 이해하려는 일만 하고 있었으니 당연한 것이기도 하다. 생각만으로 강물이 갈라지고 손에서 장풍도 나갈 분위기가 조선 사대부들이 가지고 있던 정신세계였다.

　　이성계가 요동정벌을 위해 50,000명 대군을 이끌고 요동으로 출발한 날짜가 1388년 5월 24일(음력 4월 18일)이다. '날씨가 전쟁하기에 안 좋다'는 이유로 위화도에서 회군(6월 26일)한 후 한족 사대주의자들인 사대부들과 공모해 '고려 멸망 프로젝트'를 진행하고 조선을 건국하였는데, 정작 일본이 '정명가도(征明假道)'를 외치며 조선을 침공한 날짜와 거의 유사하다. 역사의 진실은 그러하다.

　　1592년 5월 23일(음력 4월 13일) 일본군의 부산 상륙 후 이들을 막기 위해 제승방략 전략에 따라 중앙에서 파견한 '이일'과 '신립' 장군, 중앙의 정예 갑사들을 파견한다. 그러나 함께 전선으로 내려간 갑사들은 평안도와 함경도에서 여진족과 크고 작은 전투를 수행하며 실전경험이 쌓았던 '양계갑사(兩界甲士)'가 아니라 한양에서 '의전 행사'에 동원되거나 궁궐을 방어하는 '의장군(儀仗軍)' 성격의 거경시위(居京侍衛)을 맡은 '경갑사(京甲士)'들이었다.

　　일단 선발기준이 그러했듯이 외모가 준수하고 체격 조건은 갑사들 중에서는 최고로 좋았던 만큼 속칭 '허우대'가 좋으니 전투도 잘할 수 있다고 믿었을 것이다. 아니 믿고 싶었을 것이다.

　　실전 경험이 거의 없는 의장대 군사들을 데리고 100여년의 전국시대에서 수많은 전투를 치루고 살아남은 최정예 일본군을 막기 위해 내려가던 신립은 어떤 생각이었을까? 그의 뒤에서 말을 달리며 함께 내려가던 경갑사(京甲士)들은 '말을 타고 달리며 활을 쏘아 고정된 표적을 잘 맞히던 자신들을 생각'하며 평소 연습대로만 하면 잘할 수 있었을 것으로 믿었을 것이다.

그러나 당대 일본 보병은 세계 최강이었다는 것이 누구나가 인정하는 상식이다. 그래서 일부 군사학자들은 임진왜란은 당대 '최고의 보병 군단'과 '최고의 수군'이 맞붙은 전투라고 한다.

18세기 나폴레옹이 유럽 각국의 군대를 이길 수 있었던 근본적인 원동력은 '국민 개병제'에 의한 병력 확보로 인력운영 비용 절감 및 국민군으로서의 애국심과 희생정신이었다. 그 이전까지는 기사단으로부터 이어져 내려오는 전문 군사집단인 용병들에 의한 '기마 전술'이 전쟁의 승패를 겨루는 방법이었다. 그래서 유럽 각국의 왕실은 왕실 직속 기마부대를 직접 육성하거나, 많은 돈을 지불하고 이름난 기마군대 용병들과 계약하여 주변 국가와의 전투에 활용하였다. 그 전통은 아직까지 유지되며 유럽의 왕실들은 의전행사시 항

나폴레옹

상 기마병을 배치하여 호위하게 하여 전성기 때의 영광을 보여주기도 한다.

그러나 포병장교 출신인 나폴레옹이 프랑스의 전군을 지휘하게 되면서 전쟁의 수행 방법과 전투의 기본 양상이 급격히 변화된다. 기마부대가 정렬하거나 돌진을 감행하면 포병이 집중포화로 공격하여 그들을 초반에 무력화시켜 버린다.

화약 무기가 좀 더 발전한 나폴레옹 시대에는 일단 적군의 지휘관들을 원거리에서 조준사격으로 전투 초기에 제거해 버린다. 이로 인해 나폴레옹 시대 이후 원거리에서 표적이 되는 반짝반짝 빛나는 황금색 단추와 하얀색, 파란색, 빨간색 등 원색을 사용한 화려한 유럽 군복은 모두 사라지고 군복이 브라운 또는 카키 색깔의 위장복으로 바뀌게 되는 계기가 되기도 하였다.

그런데 조선 장군들의 갑옷과 군관들의 철릭, 갑옷의 재질과 색깔을 보면 디자인은 다르지만 그때의 유럽의 장교 복장과 유사하다는 것을 알 수 있다. 쉽게 표적이 된다는 것을 의미한다.

일본도 이미 '고려·몽골 연합군'의 침략 때 똑같은 경험을 하였다. 이를 계기로 '일기토'(一騎打ち)를 우선하던 방식에서 '기마군단과 보병군단의 콤비네이션'을 통한 통합전술 운용방식으로 바꾸었다. 그리고 100년간의 전국시대를 거치면서 유럽 무기로 무장하고 수많은 실전 경험과 전술적으로 가장 성숙한 최고의 병사들을 육성하며 보병 전술을 체계화시켜 놓았다. 고려말 조선초의 군대와 같은 수준의 정예병들로 육성되어 있었던 것이다.

게다가 임진왜란은 2차 세계대전 당시 독일의 '전격전(電擊戰)'

을 방불케 하는 무경고하 기습작전이 아니었다. 조선 조정도 이미 3년 전인 1589년부터 알고 있었고 제승방략에 의거한 방어 전략을 수립하여 성을 축조하고 병력을 정비하여 일본군의 침입에 대비하고 있었다.

문제는 시대는 변하였고 일본군은 이전에 단순 왜구(倭寇) 수준이 아닌 뛰어난 실전 능력과 유럽식 무기로 무장된 근대화된 군대인 반면 조선의 군사력은 서류상의 군대로 붕괴되어 있었다는 것이다. 임란 중 급하게 노비들에게도 병역을 부역할 수 있는 '속오군'(束伍軍)을 만들고 병력 보충을 시도했지만, 문제는 '전투는 숫자만으로 하는 것은 아니다' 라는 것이다.

그리고 오합지졸의 병사는 지휘관의 지휘 및 부대의 전투수행을 불능으로 만들어 더 큰 피해를 양산할 뿐이었다. 전쟁은 고사하고 대량으로 죽어나가면서 농사를 담당한 인력까지 부족해지는 도돌이표의 악순환의 고리를 만들게 된 것이다. 임진왜란시 많은 사상자들이 발생한 근본 원인은 침략군인 일본군의 살육 행위도 있었으나, 정작 당대 최고의 강력한 무장집단인 그들에게 준비도 안 된 농민들을 총알받이로 내몰았기 때문이다.

이순신 장군의 23전 23승의 비결은 그가 일본군의 근전 전투 능력을 잘 알고 있었기에 일본군과 근접전과 육박전을 무조건 피하였으며 실제적 접촉은 적선을 무력화시킨 후 전과를 확인하기 위해 일본군의 수급을 베러 적선으로 이동하였을 뿐, 기본적인 전술은 함포를 사용한 근거리 포격 전술과 회피 기동에 있었다는 것을 알아야 한다.

30. 상주 북천 전투, 제승방략의 허구성을 보여주다

임진왜란 당시에는 국가 방위 시스템은 '제승방략'의 원칙에 따라 1,2 방어선은 지역의 병마절도사(兵使)나 수군절도사(水使)가 지휘하고, 필요시 순찰사(巡察使)나 관찰사(觀察使)로 지휘권이 전환되며 3,4 방어선은 중앙에서 파견하는 도순변사(都巡邊使), 순변사(巡邊使)가 예하 병력을 이끌고 적을 방어하면서 중앙에서 추가로 파견되는 방어사(防禦使), 조방장(助防將)이 지원하는 방식으로 운영되었다.

딱 보니 어떠한가? 그냥 헷갈리고 복잡하다. 자칫 병사는 1명인데 지휘관만 8명이 되는 모순이 발생할 것 같지 않은가? 오직 파발 형태의 전령으로 지휘하는 시스템에서 전령이 도망가거나 포로가 되면 현장 상황 파악은 물론 지시 자체가 전달되지 않으며, 전투 중에 전혀 다른 작전 지시가 동시 다발적으로 내려와 혼란을 야기할 수도 있었다. 임진왜란이 발생하자마자 그러한 우려가 그대로 현실로 나타났다.

일본군이 1592년 5월 23일 2시간 만에 부산성을 함락시키고 북진한다는 소식이 4일 후에야 한양에 도착한다. 가장 기본적인 파발도 가동되지 않았으며 봉화도 없었다. 게다가 전국을 누비는 보부상들을 통한 속칭 '카더라 통신'도 없었다. 말 그대로 통신 두절 상태였던 것이다.

당시의 보부상들이 어떠한 존재였는가를 알아보면 임진왜란

보부상

중 행주산성의 권율에게 양식을 조달한 기록이 있고 1636년 병자호란 때는 청나라군의 포위망을 뚫고 남한산성 안으로 양곡을 조달한 사람들이었다. 그런데 약속이나 한 것처럼 조선 전체의 통신망이 마비가 되었다. 현대전에 있어서도 적의 통신망을 먼저 무력화시키는 것은 가장 기본적인 전술이다.

조선 초부터 군사 쿠데타를 막기 위해 병력을 분산시키고 군령 체계를 너무 복잡하게 만들어 놓았기 때문에 북방 도적떼나 왜구 수준이 아닌 국가급의 실제 상황이 발생하면 통제 자체가 안 되었다. 게다가 소집될 수 있는 병력도 서류상으로만 있었지 동원이 안 되는 경우가 부지기수였으며, 어렵게 모이게 되더라도 아무런 교육도 받지 않은 농민들을 군령으로 통제하는 것 자체가 근본적으로 어려웠다.

어떤 이들은 조선시대 의병 활동을 이야기하는데 생각해 보자. 조선은 양천제를 근간으로 하는 신분제도 속에 양인은 60세까지 병역의 의무가 있는 정병과 보법 제도를 운영하던 나라이다. 즉 노비를 제외한 모든 양인들은 병역의 의무가 있다. 다시 말해 의병은 법률상 존재할 수 없으며 만일 있다면 그것은 60세가 넘은 양인들로 구성되어야 한다는 것이다.

현실적으로는 일부 양반들이나 중앙군의 통제를 받기 싫은 양인들이 의병장으로 나서서 의병을 모집하고 싸웠으나 엄밀히 말해 조선 정부의 입장에서 보면 이들은 국가 동원령을 무시한 세력이 되는 것이다. 물론 임진왜란 당시의 의병 활동을 폄하하는 것은 아니다. 그러다 보니 일부지역의 경우 의병이 관군보다 더 많은 상태가 되거나, 중앙에서 파견한 군관이 의병을 지휘하기도 하였다. 게다가 명망 있는 의병장의 지휘를 받는 관군들이 발생하기도 하였다. 다시 말해 국가의 병력 운영에 있어 중앙 통제가 안 되었다는 것이다.

오죽했으면 1592년 5월 전쟁발발 직후 제 1차 '근왕군(勤王軍)' 모집을 하자 전라도에서는 이에 불응하고 단체로 반란을 일으키려고 했으며 애써 모은 근왕군 100,000명은 6월 경기도로 북상하던 중 10여명의 일본 정찰조를 마주치자마자 혼비백산하여 일시에 와해되기도 하였다.

애당초 '조선의 군사전략 자체에 문제가 있었다'고 볼 수밖에 없는 상황이었다. 조선은 전체 인구의 50%에 육박하는 노비들과 소수의 사대부를 제외한 농민들로 이루어진 농경주의 국가였다. 그 이상도 그 이하도 아니었다. 아무리 급해도 농사를 짓던 소에게 투우를 시킬 수는 없는 것이다.

게다가 국가를 운영함에 있어 안보를 바라보는 시각이나 국

선립장군 동상

방에 굉장히 무책임한 상태였다. 평상시에는 막대한 예산이 들어가는 만큼 상비군을 최소화하였다가 국난이 발생하면 일반 백성들을 아무런 보상과 훈련도 없이 목숨을 바쳐 국가를 방어하도록 만들어 놓았던 것이다. 즉 고려시대의 권문세가 가문의 잘 훈련된 전문군사 집단인 사병들이 담당했던 일들을 일반 농민들에게 떠넘겼을 뿐이었다.

더욱이 조선의 의병에게는 특별한 혜택이 있지도 않았다. 전란 이후 논공행상에서 당연히 밀리거나 자칫 조금 더 적극적으로 활동하였을 경우 역모를 꾸몄다고 고문당하거나 참수되기도 하였다.

그래서 일까? 임진왜란 시기에는 전국적으로 의병장들이 많이 나왔으나, 병자호란 시기에는 의병의 활동이 자취를 감춘다.

임진년 도성에서의 혼란도 마찬가지였다. 왕의 명령으로 순변사(巡邊使) '이일'이 급하게 모은 군관의 숫자가 불과 60명뿐이었다. 결국 이일은 갑사 60명만을 이끌고 먼저 출발하였고, 전권을 위임받은 하삼도 최고사령관 도순변사(都巡邊使) '신립'도 한양 도성 수비군을 제외한 내시위(內侍衛) 80명, 중추부(中樞府) 2,000명 등으로 구성된 총 2,480명의 중앙 군사만을 이끌고 뒤이어 출발하는데 이것조차도 류성룡이 따로 어렵게 모집한 용장 김여물을 비롯한 군사들까지 신립 휘하로 포함시켰기 때문에 채워진 병력이었다.

6월 2일 순변사 이일이 제승방략에 따라 방어 거점인 대구로 가던 중 이미 대구가 일본군의 수중에 떨어졌다는 이야기를 전해 듣게 되자 그는 상주에서 결전하기로 마음을 정하고 인근 11개 역참(驛站)의 찰방(察訪)들에게 역마 동원령을 내렸다. 그러나 정작 이를 수행한 사람은 오직 한명 사근도(沙斤道) 찰방(察訪) '김종무(金宗武)'가 유일하였다고 하니 당시의 군 지휘체계의 혼란 상황이 눈앞에 보이는 것 같다.

이일은 싸울 병력이 없자 직속 부장들을 통해 산속을 숨어들은 피난민들을 찾아다니며 조선 최고의 장수인 이일 장군과 중앙의 정예군이 왔으니 읍성으로 들어오라고 전하였다. 그리고 주 병력이 기마군인 갑사들로 구성되어 있으니 기마전을 수행하기에 좋은 읍성이 아닌 북천의 개활지에 진을 치고 곧이어 합류한 상주, 함창의 관군 900여 명을 대상으로 군사 훈련을 실시했다. 충청방어사 '변기'의 기마병 100명도 새벽에 합류하기도 하였다.

딱 이 정도였다. 순변사라는 고위직을 맡고 있는 이일의 직속 병력이 80명에 불과했고 충청방어사 변기 휘하에도 100명밖에 없었다는 것이다. 월드컵과 같은 국가 대항 축구경기의 예를 들어 보자. 불과 11명을 운용하는 경기이지만 본선 1~2년 전부터 대표선수들을 모집하고 합숙훈련도 하며 전지훈련도 나가고 친선게임도 해보면서 팀웍을 만들고 전력을 다진다.

그런데 이것은 전쟁이다. 한골의 차이로 승부를 나누는 것이 아니라 진짜 사람들이 죽는다. 그러한 생사를 겨루는 전쟁에 임하는 장수가 직속 부하도 없이 여기저기에서 끌어 모른 병사들을 데리고 훈련도 제대로 하지 못한 상태와 지형지물에 대한 이해도 없이 적을 맞아 싸우겠다고 한다. 정말 너무 무모하게 용감한 것이 아닌가? 임진왜란에서 전사하거나 패한 장수들에 대해 비난할 수도 없다. 그들과 함께 죽어나간 수많은 백성들에게도 책임을 지울 수도 지워서도 안 된다. 오직 국가를 이런 지경을 만들어 놓은 정치인들, 즉 사대부들의 문제였던 것이다.

중국 공산당의 동북공정과 경제 잠식이 노골화되어 가고 있는 이 시기에 유사 이래 가장 강력한 국가라는 미국과의 군사동맹을 와해시키고 대한민국이 군대를 병약하게 만드는 행위는 조선시대 사대부들이 저질렀던 역적 행위와 다른 것이 그 무엇인가? 조선시대나 지금이나 중화사상에 빠진 정치인들 때문에 국가의 안보가 위협받고 국가의 경제가 위태로우며 국민의 생존이 위협을 받는다.

그런데 상주 북천전투는 정말 어이없이 순식간에 끝나고 만다. 6월 4일 새벽 이일이 변기와 회의 중에 은밀히 진지로 접근한 일본군이 두 갈래로 나누어 진격하였는데 그 중 일부는 북천을 도강하여 이일 군(軍)의 진형을 순식간에 에워싸고 일제히 조총으로 사격을 했다.

그것으로 끝이 났다. 이일, 변기 등 지휘관은 말을 타고 북쪽으로 도주하고 지휘관이 없어진 진형은 그대로 무너졌다. 말 그대로 전멸이다. 조선이 그토록 믿고 있던 기마군의 전멸이 시작되었다. 이것이 '상주 북천전투'이다.

31. 조선의 마지막 희망, 신립의 기마군단이 탄금대에서 전멸하다

- 궁기병 시대의 종말과 조선 기마군의 전멸

궁기병(弓騎兵, Horse Archer), 말을 달리며 활을 쏘고 때로는 '파르티아 사법(射法)'이라고 불리는 말안장에서 거꾸로 앉아 뒤쫓아 추적해 오는 적군을 화살로 한 명 한 명씩 맞추어 말에서 떨어뜨리는 멋있는 영화 속의 한 장면을 떠 올릴 수 있다.

물론 이 장면이 완벽하게 연출되려면 몇 가지 조건이 필요하다. 말을 마음 놓고 달리게 할 수 있는 평지, 그것도 가급적 말굽이 빠지지 않는 마른 평지, 상대는 원거리 투사무기가 없는 보병 집단, 그리고 그들을 쫓아오는 명중률이 떨어지는 기마부대 등이다. 그리고 장창을 들고 돌격하는 창기병도 있어야 상호 약점을 보완할 수 있으나 조선의 기마병은 '궁기병'들로만 구성되었다.

유럽의 경우에도 16~17세기를 넘어서면서 화약무기의 발달과 함께 궁기병을 더 이상 사용하지 않게 된다. 임진왜란은 그런 시대적 전술의 변화가 100% 반영된 전쟁이었다. 말 그대로 과거의 영광을 기억하는 구식군대와 최신 무기와 전술을 가진 신식군대의 전투였다는 것이다.

신립은 자타공인 조선 최고의 장군이었다. 그는 고려의 개국공신인 '신숭겸(申崇謙)'의 후손으로 북방에서 단 500기의 기마병으로 10,000명의 여진족을 무찌른 조선 최고의 기마 전술의 대가였다.

탄금대 전투

그랬던 그가 마지막으로 지휘한 전투가 궁기병으로 구성된 조선 기마부대의 무덤이 된 '탄금대 전투'이다. 북천전투에 이어 그토록 믿고 있던 조선의 기마부대가 몰살되었다.

사료에 따라 조선군의 총 병력은 다소 들쑥날쑥 한다. 최소 8,000명에서 최대 16,000명까지로 나와 있으나, 당시 조선군의 주병력은 '활을 사용하는 기마병들'이었던 것을 보면 기병(騎兵) 1명당 보인(保人) 1명이 있어야 하므로 전체 인원은 산정하는 기준에 따라 8,000명에서 16,000명도 될 수 있다. 물론 정규군 8,000명에 동원 확인이 안 된 농민 8,000명 등으로 16,000명이 구성될 수도 있다. 그러나 동원된 농민들은 생각하지도 말자. 의병이 아닌 끌려온 농민들에게 전투력을 논할 수도 없으며, 그런 것을 기대해서는 안 된다.

이후의 울산성 전투에서는 명나라 장수가 말하기를 전투가 시작되자 동원된 조선 군사의 50%가 도망갔다고 한다. 비난할 일도 아니다. 평생 농사만 짓던 평범한 양인과 당초 병역의 의무가 없다가 전세가 궁지에 몰리자 억지로 끌려 온 노비들에게는 당연한 것이기도 하다. 50%나 목숨을 걸고 싸웠다는 것 자체가 기적일 수도 있다.

탄금대 전투와 관련하여 공식 기록만으로 산정해 보면 도순변사 신립이 한양에서 이끌고 온 2,480명의 정예병과 충청도 관군을 포함해 8,000명 정도로 추정된다. 16,000명이라고 해도 의미는 없다. 상대는 일본군의 1군인 '고니시 유키나가(小西行長)'의 18,700명의 조총과 장창으로 무장한 보병들이었다.

고니시는 당초 상인 출신의 '천주교 신자'로 조선 침략에 대해서는 소극적인 인물이었으며, 그의 병사들도 모두 천주교 신자들이었다. 그래서 고니시 부대의 깃발도 십자가를 사용했으나 임란시에는 히데요시의 천주교 금지령으로 붉은 색 깃발을 사용하였다고 한다. 그러나 자신의 영지와 인근에 위치해 늘 경쟁 상대이던 '가토 기요마사(加藤淸正)'와 함께 출정한 만큼 경쟁 심리에 의해 적극적으로 조선을 침략하기로 마음을 먹었을 것이다.

왜 신립이 조령, 지금의 문경새재나 충주성이 아닌 탄금대 인근에서 접전을 했는지에 대해서는 아직까지 많은 학자들이 갑론을박(甲論乙駁)하고 있다. 그만큼 조선의 명운을 건 매우 중요한 전투였다는 것을 반증하는 것이기도 하다. 문경새재를 가 본 사람들이라면 잘 알겠지만 이동로가 외길이고 도보로 이동하기에는 참으로 힘이 드는 코스이기도 하다.

신립의 탄금대 전투를 두고 많은 주장이 있으나, 3가지 정도로 압축할 수 있다. 첫째는 '주(主)병력인 기병 활용설', 둘째는 훈련이 부족한 조선군의 마지막 수단인 '배수진 불가피설', 그리고 당초 일본군의 진격 루트가 3개였던 만큼 신립 주력군의 전후방 고립 방지 및 '일본군 진격로 중간 차단설[39]' 등이 있다.

어찌 되었든 1592년 6월 7일 당일에는 2군인 '가토 기요마사'의 22,800명이 탄금대 인근에서 기동하면서 '신립'과 '고니시 군'의 회전(會戰)을 관전하고 본인의 부대도 참전해 달라고 '고니시'에게 부탁도 했다고 하니, 신립으로서는 만일 '고니시 군'을 막아내더라도 곧 이어 더 호전적인 '가토 군'의 공격을 받았을 가능성이 높기 때문에 시작부터 탄금대 전투는 처음부터 이길 수 있는 싸움은 아니었을 것으로 보인다.

그리고 전투의 승패를 가름하기에는 북천전투와 마찬가지로 그리 오래 걸리지 않았다.

'신립 군'은 탄금대가 위치한 달천강을 등 뒤에 두고 주력 '궁기병'을 3개 부대로 나누어 보병 부대는 그 뒤에 배치한 진형을 구축하였다. 좌측 궁기병, 우측 궁기병으로 하여금 적의 진형 좌우측을 밀어 붙이고 중앙의 궁기병을 진격시켜 본진을 무너뜨리며 후방의 보병부대로 하여금 밀고 들어가는 궁기병의 기동성을 극대화시킨 전형적인 학인진을 구사할 계획이었다.

---

39) 당시 부산에 상륙한 일본군은 3개 군으로 부대를 나누고 1군(고니시 유키나가)는 조령 루트, 2군(가토 기요마사)은 죽령 루트, 3군(구로다 나가마사)은 추풍령 루트로 북상하였고, 2군은 계획을 변경해 조령을 넘었지만, 만일 조선군이 조령을 고수하면 산중에 포위될 우려가 있고, 2, 3군이 계속 북상하여 한양을 공격할 수 있다는 판단으로 조령이 아닌 탄금대를 택했다는 說이다.

반면, 고니시 군은 중앙군을 유지한 채 오히려 좌우 군의 간격을 넓혀 진형을 넓게 분산시키고, 일부 병력을 은밀히 우회시켜 '충주성'을 먼저 수중에 넣는다.

잠시 후 조선군의 1차 기병 공격을 받자 본대 진형을 잠시 뒤로 물렸으나, 이는 심리적으로 급박한 신립 장군의 조급성을 유도한 계략이었으며 자신감을 얻은 신립 군이 2차 공격을 시작하자 좌우에 매복시켜 놓은 '소오 요시도시'의 5,000명과 '마쓰라 시게노부'의 3,000명으로 하여금 좌우를 포위하고 조총과 장궁을 사용하여 십자포화로 공격을 한다.

이 혼란 속에서 충주성이 함락된 것을 인지한 신립은 일부 군사를 데리고 충주성으로 달려가나 이미 충주성을 점령한 '고니시 사쿠에몬'의 3,700명이 밀고 나오게 되자 신립의 주력군은 전후좌우에서 공격을 당하는 사면초과에 빠지게 되었다. 일본군의 압박 공격을 받으면서 주력군이 무너지게 되자 후방에 있던 보병부대는 제대로 싸워 보지고 못하고 그대로 등 뒤에 있는 달천강까지 계속 밀리고 전의를 상실한 채 일본군(軍)에 대한 무서움에 강물로 뛰어들게 된다.

즉 신립이 구상했던 '학인진' 전술을 더 큰 '학익진'으로 감싸 안으며 순식간에 신립군을 포위하여 학살 수준으로 전멸시키고, 대다수 농민 출신으로 겁에 질린 보병들은 큰 힘들여 싸울 것도 없이 그대로 밀어 붙임으로서 전부 익사시켰다는 것이다.

의병장 조경남은 '난중잡록'에서 '왜적들이 풀을 쳐내듯이 노다치(野太刀, のだち)로 불리는 긴 칼을 휘둘러 조선군을 마구 죽이니, 들판에 피가 가득하고 물에 뜬 시체가 강을 메웠으며 조선의 정병(精兵)

은 충주와 상주 두 전투에서 전멸했다'고 기록하고 있다.

조선의 최강 장군으로 불리던 신립과 조선의 정예 기마군들은 이렇게 끝이 났다. 아직까지도 그가 왜 그런 작전술(Operation Art)을 펼쳤는지에 대해서는 의견이 분분하다. 그러나 한 가지 분명한 사실은 더 이상 기마병의 시대가 아닌 화약무기를 보유한 보병의 시대로 전환되는 바로 그 시기에 그 장소에서 전투를 했다는 것이다.

신립은 한양에서 출발하기 전에 류성룡이 '조총을 특히 조심하라'하고 하니 '조총이라고 쏜다고 다 맞겠습니까?'라고 반문하였다고 한다. 이 사실을 보고 신립이 오만했다고 평가를 하기도 하지만 전장(戰場)에 나아가는 군인이었고, 그것도 왕의 전권을 위임받은 총사령관이 자신감을 보여줌으로서 왕과 대소 신료들에게 안정감을 주려고 그랬을 것으로 생각된다.

더욱이 조선의 정예 갑사들과 궁기병들은 달리면서 활을 쏘기 위해서는 기본적으로 유효 사거리가 20~25미터까지 좁혀지는데 이는 창과 칼로 무장한 적에게는 효과적이나, 조총과 장궁으로 무장된 일본 보병들에게는 큰 위협이 안 되었다. 차라리 그 상태에서는 극단적으로 조총의 재장전 시간을 고려한 '시간차 공격'을 위해 여진족과 같은 창기병의 돌격 방법도 효과적이었을 수도 있었겠으나, 당시의 조선군은 '근접 활쏘기 전술'에만 집중하였다.

개전 20일 만에 수도가 점령되고 계속 밀리다가 각 지역별 의병들의 게릴라식 공격과 1593년 명나라가 참전함으로서 함께 평양성을 탈환하고 반격을 시작하게 되었다. 일본군은 군수보급 등의 문제로 남하하여 성을 쌓고 명과 3년간 화의를 진행하다가 1597년 9

월 25일 다시 전쟁을 시작하였으나, 1598년 9월 히데요시가 갑작스럽게 죽게 되면서 출정 명분을 잃은 일본군이 철수했다. 이로서 7년간의 기나긴 전쟁은 끝이 났다.

7년이라는 긴 시간동안 조선은 전 국토가 황폐화되었으며 많은 백성들이 포로로 잡혀 갔다. 다만 조선군에 있어서는 척계광의 기효신서를 기반으로 '훈련도감(訓鍊都監)'을 창설하고, 청야전(淸野戰) 및 농성전(籠城戰) 전술 도입 등 군사작전에 있어 변화가 있기도 하였다.

그러나 이러한 슬픔과 노력도 잠시 뿐이었고 지배층인 사대부들은 또다시 형이상학적 성리학 논리에 빠져 기득권 쟁취를 위한 당파 싸움에 빠졌다. 그리고 1636년 병자호란이 일어나게 되었고 이로 인해 무려 600,000명의 조선인들이 일시에 청나라로 끌려가는 최악의 비극을 맞는다. 그리고 사대부들은 어렵게 살아서 돌아온 여자들을 '환향녀(還鄕女)'라고 배척한다. 자기들만의 이상향을 추구하는 성리학은 나라를 망치고 국민들을 수렁에 빠뜨린다.

1616년 여진족의 누루하치가 후금을 건국한 이래 임진왜란 참전으로 국력이 쇄진한 명나라는 1644년 북경이 함락되는데, 중국 남부지방을 거점으로 명의 재건을 시도하는 명의 망명 정권의 일파인 '정지룡(鄭芝龍, 1604~1661년)'과 일본인 부인인 '다가와 마쓰와'의 사이에서 태어난 '정성공(鄭成功, 1624~1662년)'은 '대만(타이완)'을 기반으로 명의 부흥 운동을 전개했는데, 기회가 있을 때마다 청나라와의 전쟁을 위해 일본 정부에 지원군과 무기를 계속 요청하였다.

일본 정부 내에서도 정성공을 도와 20,000명의 병력을 원조 형태로 파병하여 중원 대륙 내에 영토를 확보해야 한다는 주장도 제기되었다. 당시 막부정권의 수장이자 쇼군인 '도쿠가와 이에미쯔(德川家光, 1604~1951년)'가 최종적으로 파병을 안 하는 것으로 결론을 내고, 혹시 모를 청나라의 공격에 대비해 해상 방어를 강화하는 조치를 내리게 된다.

    같은 시기에 청의 공격을 받던 조선에 대하여 일본 막부는 지원군을 보내겠다는 의사를 타진했지만 조선에서는 또다시 침략의 의도라고 생각하고 지원군 파병 제의를 거절하였다. 1662년에 이르러 중국 남부에 위치하던 명의 망명 정부도 멸망하고, 타이완을 점령하고 있던 정성공이 죽음에 따라 일본도 관계를 다시 정리하고 청과의 교류를 시작한다. 타이완은 후일 '사쯔마 번'에 의해 점령당한 이후 일후 일본제국의 식민지가 된다.

32. 우리는 어떤 이순신을 알고 있는가?

1920년대 일본의 해군 전략 연구가인 '가와다 고오(川田功)'는 「포탄 잠재우기」란 그의 저서에서 이순신 장군에 대하여 다음과 같이 평가하고 있다. 그의 말을 빌리면 '1905년 쓰시마 해전에서 러시아의 발틱 함대를 괴멸시킨 도고 제독이 혁혁한 전공을 세운 것은 사실이지만, 이순신 장군과 비교하면 그의 발가락 한 개에도 못 따라간다. 이순신 장군에게 넬슨 제독과 같은 거국적인 지원과 그 만큼의 풍부한 무기와 함선을 주었다면, 우리 일본은 하루아침에 점령을 당하고 말았을 것이다. 대단히 실례인 줄 알지만, 한국인들은 이순신 장군을 성웅이라고 떠받들기만 할 뿐 그 분이 진정으로 얼마나

이순신 장군

위대한 분인가라는 것은 우리 일본인보다도 모르고 있는 것 같다'고 하였다.

그렇다면 우리가 알고 있는 이순신은 누구이며, 일본인들이 알고 있는 이순신은 누구인가?

이순신 장군은 1592년부터 1598년까지의 일본군의 침략으로 절체절명(絶體絶命)의 운명에 처한 조선을 구한 조선 수군의 지휘관이었다. 일반적으로 이순신 장군에 대해 무엇을 아는가 물으면, 거북선, 학인진, 23전 23승, 선조와 원균은 나쁜 사람 정도 등을 기억할 것이다.

물론 거북선의 모양과 학인진의 진형도 역시 그림으로도 많이 보았을 것이다. 그런데 이순신 장군의 거북선에 대해서는 상당히 과장된 면이 있다. 임진왜란이 발생한 1592년의 179년 전에 작성된 '태종실록'에 두 차례(1413년, 1414년)에 걸쳐 거북선 운용과 제작에 관하여 이야기가 기록되어있다.

【 임진도를 지나다가 거북선과 왜선이 싸우는 것을 구경하다 】
上過臨津渡, 觀龜船, 倭船相戰之狀.
임금이 임진도를 지나다가 거북선[龜船]과 왜선(倭船)이 서로 싸우는 상황을 구경하였다.
태종실록 25권, 태종 13년 2월 5일(1413년)

1413년 2월 태종실록을 보면 태종은 당연한 듯이 거북선의 훈련 모습을 보고 있었는데 이로 인해 일부 학자들은 이미 거북선은 고려시대부터 존재했다고 추정하고 있으며, 앞서 이야기한 바와 같이 일본에서 조차 임진왜란보다 이전인 전국시대에 '오다 노부나가'의 지시에 따라 철갑선을 만들어 전투에 사용한 기록도 있다.

> **【 좌대언 탁신이 병비에 대해 올린 사의 조목 】**
> 其六, 龜船之法, 衝突衆敵, 而敵不能害, 可謂決勝之良策. 更令堅巧造作, 以備戰勝之具
> '거북선은 많은 적과 충돌하여도 적이 능히 해하지 못하니 가위 결승의 좋은 계책이라고 하겠습니다. 다시 견고하고 교묘하게 만들게 하여 전승의 도구를 갖추게 하소서.'
> 태종실록 30권, 태종 15년 7월 16일(1414년)

인물의 신격화와 사실을 알고 미래를 대비하는 것은 분명한 차이가 있다. 거북선을 어떻게 전술적으로 사용했는가가 핵심이지, 그것까지 개발했다고 하는 것은 본질에서 벗어나는 것이다.

또한 '학인진'은 이순신 장군이 독창적으로 개발한 무적의 전술인가?

많은 사람들이 '학익진' 조차도 이순신 장군이 만든 것으로 오해하고 있으나, '학인진'은 이미 아주 오래전부터 사용하던 전술이었다. 다만 그러한 통상의 전술을 적용하면서 자신이 가진 가용 전력과 지형지물 그리고 해상 상태를 고려하여 순간순간 효과적으로 해전(海戰)에 적용하고 융통성 있게 전술을 구사한 것이 이순신 장군이다.

663년의 '일본·백제 연합군'과 '당·신라 연합군'의 '백강 해전'

에서 조차 당나라 수군은 학인진과 유사한 방법으로 일본·백제 연합군 지휘관과 전선을 대상으로 백강으로 들어갈 수 있는 틈을 보인 후 일제히 진격해 들어오자 순식간에 양쪽으로 벌리며 에워싸고 불화살 등으로 공격하여 일본 지원군 27,000명의 군사와 400척의 전선을 궤멸시킨 적이 있다.

탄금대 전투에서 조선의 최정예 갑사들과 궁기병 8,000명이 전멸할 때 신립이 사용한 전술도 '학인진'이다. 물론 고니시가 신립의 계획을 간파하고 학인진보다 진형을 넓게 펼침으로서 그 진형을 쉽게 무력화시켰다. 이것도 넓은 의미의 학인진이다.

서양의 경우 함포를 군함에 설치하기 시작하면서부터 진형 전술에 입각한 함포 포격 전술을 개발하고 이를 표준화시킨다. '쓰시마 해전'에서 러시아의 발틱 함대를 괴멸시키고 '러일전쟁'을 승리로 이끈 것은 일본의 '도고 제독'인데, 그가 구사했던 'T 자형 전술' 또한 메이지유신 이후 특히 일본 해군 내에서의 이순신 장군에 대한 연구가 집중되었으며 그 역시 유럽의 해전과 이순신의 전술을 연구하고 자기의 것으로 만든 결과라는 학설이 지배적이다.

이순신 장군이 임진왜란에서 성공적인 작전수행을 하기 불과 4년 전인 1588년에는 당시 무적함대를 자랑하던 스페인 함대가 드레이크의 영국 함대를 공격할 때 동양의 학익진과 유사한 개념인 'V 진형' 또는 '독수리 진형(Eagle Formation)'을 사용했음에도 불구하고, 승리를 못했다는 것은 전술이 아니라 '작전술(Operation Art)'에서 밀렸기 때문이다.

이보다 빠른 1571년 '레판토 해전'에서도 오스만 튀르크 해군이 'V 진형'으로 기독교국가들의 연합함대와 해전을 벌였지만 결국 패배하였다. 물론 스페인의 무적 함대와 오스만 튀르크 해군이 패배한 까닭이 100% 기동 전술상의 약점 때문이라고 해석하기는 어렵겠지만, 이 두 해전의 사례는 학익진 내지 이와 유사한 형태의 진형 그 자체만으로는 결코 무적의 효과를 담보하는 것이 아님을 잘 보여주고 있다.

'전략(Staratesgy)'과 '전술(Tactics)'에 대해서는 아는 사람들이 많다. 반면 '작전술(Operation Art)'은 조금 다른 개념이며 일반인의 경우 아는 사람이 많지는 않다. 고도의 군사적 전문 분야이기 때문이다.

손자병법에 나오는 '선승이구전(先勝而求戰)[40]' 즉, '이겨놓고 싸운다'라는 개념으로 전투에서 이기기 위해 유리한 상황을 조성하고 전투를 하는 것으로 '나폴레옹'의 군대 운용술이 대표적이라 할 수 있다. 전장(戰場)을 내 마음대로 주무르는 '고도의 테크닉'으로 앞선 기동력을 바탕으로 원활한 후속 보급 루트를 확보한 후 내가 선택한 장소에서 싸운다는 원칙이다. 즉, 기동과 집중, 인원과 장비의 완벽한 배비(排備)로 적을 제압한다는 것이다.

사실 임진왜란 중 조선군에서는 이순신 장군이 전술이 아닌

---

40) 손자병법 모공편(謀攻篇)에서는 이기는 방법이 5가지가 있는데 그 5가지는 다음과 같다.
故知勝有五, 知可以戰與不可以戰者勝, 識衆寡之用者勝. 上下同欲者勝, 以虞待不虞者勝, 將能而君不御者勝. 此五者, 知勝之道也. 승리를 아는 5가지 방법이 있다.
첫째는 싸워야 할지 싸우지 말아야 할지를 아는 것이다. 둘째는 많은 병사이든 적은 병사이든 효과적으로 운용하는 것이다. 셋째는 장수와 병사의 뜻이 같은 것이다. 넷째는 만반의 준비를 갖추고 미처 준비를 갖추지 못한 적과 맞서 싸우는 것이다. 다섯째는 장수가 뛰어난 능력을 발휘하도록 군주가 간여하지 않는 것이다.

작전술로 전장의 주도권을 잡은 유일한 지휘관이지만, 대부분의 지상전을 수행하는 일본군 장군들이 모두 사용하였다고 볼 수도 있다. 그래서 임진왜란은 최강의 지상군과 최강의 해군이 만난 전쟁이라고 평하는 것이다.

한산 대첩에서 이순신 장군에게 완벽한 패배를 당한 일본 수군의 '와키자카 야스하루(脇坂 安治)'는 임진왜란 중 조선군에게는 최악의 패배로 기록될 '용인 전투'에서 단 1,600명으로 130,000여명의 조선군을 물리친 일본의 대표적인 용장이었으며 정유재란 당시에는 '칠천량 해전'에서 원균이 이끄는 조선 수군을 역습해 섬멸하기도 하였다.

즉 '와키자카 야스하루'는 모든 조선의 장수들에게는 이겼으나 오직 한 사람 이순신 장군에게만 패배한 전력을 가지고 있다.

한 가지 흥미로운 사실은 만일 이순신이 마상무예만 연마하고 무과만 준비했던 사람이었다면 임진왜란 당시 조선을 구하는 명장이 될 수는 없었을 것이다. 당초 이순신은 무과가 아닌 문과 과거시험을 준비하던 인물이었다.

10세 전후부터 10년 정도 문과를 준비하다가 1565년(명종 20) 20세가 되어 상주(尙州) 방씨(方氏)와 결혼하게 되는데 이때부터 무과로 전환하고 1576년 2월 식년시(式年試) 무과(武科)에 병과(丙科)로 급제해 관직에 나섰다. 이때 그의 나이 32세였다. 사실 훌륭한 장군이 되기 위해서는 인문, 사회, 군사, 과학 지식 등 전 방위에 대한 융합적 사고가 필요한데 이순신은 그것이 가능하였다는 것이다.

예를 들어 클라우제비츠 등 역사적으로 이름을 남긴 대부분의 장군들은 대부분 군인이며 철학자이며 정치가이며 학자였다는 사실에서 그 명백한 증거를 찾을 수 있다.

전술은 정해져 있다. 다만 그것을 어떤 시간에 어떤 장소에서 어떻게 적용하느냐가 승패를 나누는 것이며, 그런 뛰어난 작전술을 이순신 장군이 가지고 있었던 것이다. 그리고 수많은 우여곡절 끝에 그의 역량을 마음껏 펼칠 수 있는 운명을 바꿀 두 명의 사람이 찾아온다. 한 사람은 그를 추천한 재상 '류성룡'이며 다른 사람은 그를 임명한 '선조'이다.

1882년 '임오군란'이후 체결된 '조일수호조약' 제 2항에 따라 일본공사, 영사와 그 수행원이 조선 국내를 자유롭게 여행할 수 있게 되었고 이를 계기로 지도 작성이 용이하게 되었다. 당시 일본 육사를 졸업한 '시나야마 나오노리(柴山尙則, 1854~1892년)'는 정보장교로 임관하여 1888년 조선 공사관에 배치되어 3년간 체류하면서 세밀한 조선의 지도를 제작한다.

이와 더불어 친구 '세키 고세이도(惜香生)'와 함께 「조선 이순신전」이라는 책(1892년 발간)을 저술하고 있었다. '시나야마 나오노리'는 '조선 이순신전'의 모두(冒頭)에서 해군의 중요성을 강조하며 해군의 실패가 곧 국가의 패망을 의미한다고 하고 일본 수군이 이순신에게 패한 것이 임진왜란 실패의 최대 요인이라고 강조하기도 했다.

그리고 이순신 장군의 주요 활동무대인 거제도 인근 해역은 현재는 물론 미래에도 동양의 형세와 큰 연관이 있을 지역이라고 단언하기까지 하고 인근 해역의 지리정보를 면밀하게 정리해 놓았는데 이는 1894년 청일전쟁 및 1904년 러일전쟁에서 중요한 자료로 활용되었다.

　　일본 제국이 조선을 식민지로 만들게 되는 가장 중요한 전쟁은 러일전쟁인데, '쓰시마 해전' 이전에 일본 해군이 진해만을 장악하고 이곳에서 준비를 하고 훈련한 결과라 볼 수 있다. 이는 한일병합 이후 본격적으로 '진해'를 '일본 해군기지'로 만든 근간이 된다.

　　앞서 기술한 바 있는 해적 출신으로 영국의 해군 중장이 되어 대영제국의 시작을 알린 '프란시스 드레이크'가 일약 영국의 영웅으로 나설 수 있게 된 것은 '칼레 해전(1588년)'에서 스페인의 무적함대를 그가 기존의 표준 해전 전술이 아닌 변형된 자신만의 전술을 구사하여 궤멸시킨 덕분이다.

　　애플과 스마트폰을 만든 스티브 잡스가 피카소의 말을 인용하여 이런 말을 했었다. 'Good Artists Copy, Great Artists Steal' 즉, '훌륭한 아티스트는 상대방의 것을 카피하고, 위대한 아티스트는 상대방의 것을 가져온다'라는 뜻이다. 실제 아이폰을 개발하는 과정에서 스티브 잡스가 한 일은 영국의 가난한 발명가 '케인 크레이머'가 개발한 휴대용 음향기기 특허(IXI)가 특허 유지비 미지불로 특허가 취소될 때까지 기다려 그 디자인과 기술을 사용하였으며 복사기로 유명한 제록스사가 사내 망에서 사용하던 아이콘을 카피하고 한국의 벤처기업(디지털 캐스트)가 개발한 MP3를 그의 휴대용 플랫폼에 적용한 것이다.

　　그것이 '아이폰'의 전신인 '아이팟'이며, 그 '아이팟'에 전화 기능을 포함시킨 것이 '아이폰'이다. 그런 것이다. 사람이 상상할 수 있는 기술은 이미 대부분 개발되어 있다. 핵심은 그것을 어떻게 융합하고 상품화할 수 있는가가 사업화의 핵심이다.

　　모든 것이 완벽히 준비되어 있다고 무조건 성공하는 것은 아니고, 모든 것을 알고 있다고 모든 것을 다할 수 있는 것도 아니다. 그것을 어떻게 융합하고 활용하느냐가 중요한 것이다. 유럽의 국가들이 전 세계를 지배하기 시작했던 16세기 이후 대항해 시대에 일본이 그러한 세계적 변화를 알고 합리적으로 대처함으로서 유럽의 강국들과 동일한 국가로 성장해 나아갔다. 그 중요한 시기에 조선은 무엇을 하였는가?

　　조선은 인류 역사상 손에 꼽히는 해군 제독이 있었던 나라이고, 16세기까지는 동북아 최고의 선박 건조 기술을 가진 나라였다. 조선의 수군은 고려말 우왕 때 최무선이 서양보다 무려 200여년을 앞서 화포를 탑재한 함선을 건조하여 해전의 패러다임을 바꾸고 500척의 왜구 선박과 20,000여명의 왜구를 무찌른 '진포 해전'의 역사와 박위의 대마도 정벌을 시작으로 3차례에 걸쳐 대마도를 정벌할 수 있었던 강력한 해군력을 구축한 고려 수군의 후예들이었으며 14~16세기 당시로서는 첨단 시설인 화약 공장, 함포 제작 공장, 선박 건조 시설 등을 가지고 있었다.

　　만일 이 시기에 일본의 지배층과 같은 생각과 방식으로 유럽의 선진문명을 받아들이고 해양 강국으로 나아갔다면 우리 민족의 근현대사는 다시 쓰여질 수 있지 않았을까 하는 아쉬움이 무척이나 남는다. 오직 해양국가만이 강대국으로 성장할 수 있기 때문이다.

　　왜 조선은 '오다 노부나가'와 같은 서양문물을 받아들이는 지도자가, 왜 영국의 '엘리자베스여왕 1세'와 같이 '프란시스 드레이크'를 중용하고 해상통제권을 확보함으로서 '해가 지지 않는 대영제국'을 만들 수 있는 기회를 놓쳤을까? 일본이 전국시대에 무려 500,000명의 자국민을 유럽에 노예로 팔며 얻으려 했던 화약제조 및 화약무기 제조기술을 이미 조선은 가지고 있었다.

  16세기까지 조선에도 분명히 기회가 있었다. 그 기회는 역설적이게도 임진왜란이었다. 개혁(改革)은 쉽게 이루어지지 않는다. 수많은 사람들의 피와 땀을 통해 이루어지는 것이다. 임진왜란은 그런 의미에서 성리학 논리로 단단히 구축된 나라, 절대 스스로 개혁할 수 없었을 나라였던 조선을 외부의 힘에 의해서 더 성장시킬 수 있는 마지막 기회였다.

  하지만 조선은 1388년 위화도 회군으로 명나라의 '정신적 식민지'가 된 이래, 16세기 전 세계적으로 진행된 '대양항해시대'의 시대 변화 속에서 '왜놈'이라고 깔보던 일본과는 확실히 다른 길을 선택하고 그 길을 갔다.

  그 후로 44년이 지난 1636년에 또 다시 성리학자들이 왜놈 못지않게 그토록 깔보던 여진족의 나라인 청에 침략을 받아 600,000명의 포로가 끌려가면서 사실상 '물질적 식민지'가 되어 버리게 되었으며, 결국 1910년 8월 19일 주권과 영토를 잃는 '한일병합조약 조인서'의 서명으로 이어지는 결정적 계기가 되었다.

  임진왜란은 조선에게 있어 전체 인구의 10%가 죽는 고통을 주었으나, 강제로 달걀의 껍질을 깨게 함으로서 세상을 보게 해주었으며 과학기술을 발전시킬 선진 문명을 받아들여야 한다는 당위성을 주었고 노비제를 주축으로 하는 신분제의 해체의 필요성도 주었다. 그러나 아무 것도 이루어지지 않았다. 조선의 사대부들에게는 그럴 생각이 전혀 없었기 때문이다.

혹자들은 선조가 이순신을 시기하고 그를 괴롭혔으므로, 만일 노량해전에서 전사하지 않았다면 어떠한 구실을 만들어 이순신을 죽였을 것이라 이야기한다. 그러나 당시 이순신을 싫어한 것은 선조보다는 사대부들이었다. 당초 이성계를 내세운 사대부들이 조선을 건국할 때 백성들을 선동하고 이해시킬 수 있었던 가장 큰 '핫 이슈'는 농민들이 들어도 보지 못한 성리학이 아니다.

성리학은 어차피 사대부들의 정신세계를 장악한 사상일 뿐이다. 그것은 다름 아닌 이성계가 명성을 얻게 된 '황산 대첩'이다. '황산 대첩'의 이성계 그리고 전략가 정도전의 콜라보레이션(Collaboration)은 '한산 대첩'의 이순신과 조선 최고의 지략가 류성룡으로 이어진다. 너무나 똑같은 상황이 아닌가?

다른 점은 원 제국의 다루가치 출신 이성계와 지방 출신 사대부 정도전은 자신들의 국가를 싫어했으며, 이순신과 류성룡은 끝까지 국가를 사랑했다는 것이다. 임진왜란은 구한말과 같이 국권의 침탈이 없는 상태에서 새롭게 출발할 마지막 기회였다.

33. 戰史에 길이 남는 최고의 해전 '한산 대첩'

'고니시 유키나가(小西行長)'를 필두로 선발 1진 18,700명의 대군이 부산으로 들어온다. 이어 '가토 기요마사(加藤淸正)'의 2진 22,800명, '구로다(黑田長政)'의 3진 11,000명이 뒤를 이었다. 지상에서 파죽지세로 수도 한양을 진격하는 동안 '구키 요시타카(九鬼嘉隆)', '도도 다카토라(藤堂高虎)', '와키자카 야스하루(脇坂安治)', '구루시마 미치후사(來島通總)' 등의 일본 수군 9,000명이 경상도 해역을 장악하기 시작한다.

일본의 대군을 목도한 경상좌수사 박홍(朴泓)은 겁을 먹고 전선을 침몰시켜 버리고 도망쳤고, 비록 북방의 맹장이었으나 부임한지 불과 3개월 밖에 안 되는 경상우수사 원균(元均)은 해전에 대한 경험 부족으로 그 세력을 대부분 잃고 5척의 전선만을 가지고 패주하였다.

일본군의 침입 소식을 들은 이순신은 전라우수사 이억기와 예하 장수들과 함께 일본 수군과의 접전을 준비한다. 당시의 수군은 징집된 양반으로 하여금 전선에서 병졸을 지휘하게 하고 양인들은 활과 검을 들고 싸우는 일을 맡겼으며, 천인 계층은 전투 보조와 노 젓는 일을 담당시켰다. 다행히도 무력(無力)화 된 지상군과는 달리 조선의 수군은 고려 말 수군의 전통을 그대로 이어 받아 함포 전술과 함대 진형 전술을 유지하고 있었다.

5월 4일(양력 6월 13일) 새벽에 출정하여 일본 수군 선박 42척을 격파하는 '옥포해전'에서 승리를 하고 곧이어 발생한 '당포해전'에서는 두 척의 거북선(龜船)을 처음 사용하였는데 이때 두 척의 거북선의 지휘관은 '이언량(李彦良)'과 '이기남(李奇男)'이었으며 이들은 일본 수군과 조우 시 앞으로 나아가 적선을 무찌르는데 앞장을 섰다고 기록되어 있다. 7월 4일(양력 8월 10일)에 이르러 전라우수사 이억기의 수군과 경상우수사 원균의 수군과 합류하여 총 55척의 전선으로 구성된 함대를 구성하게 된다.

출정 준비를 끝낸 조선 함대는 7월 8일(양력 8월 14일) 당포를 떠나 견내량으로 들어선다. 이곳에는 '와키자카 야스하루(脇坂安治)'의 일본 수군 73척이 머무르고 있었는데, 작전 회의 중에 빨리 진격하여 정박 중인 적선을 화포로 공격하자는 의견이 팽배하였다. 아무래도 근접전에 겁을 먹고 있던 조선 군사들로서는 당연한 주장이기도 하였다.

그러나 이순신은 '견내량'의 수심이 깊지 않고 암초가 많아 판옥선의 기동에 좋지 않을 것으로 판단하고, 6척의 전선을 보내 적을 공격하는 척하다가 바로 방향을 바꾸어 도망치게 만들어 일본 수군 전선들이 쫓아 나오도록 하는 전술을 사용한다.

전형적인 유인 전술로 적을 속이기 쉽지는 않았겠지만 적장인 와키자카는 '용인 전투'에서 1,600명의 병력으로 무려 60배가 넘는 100,000여명의 조선군을 패주시킨 장본인이었다. 이로 인해 조선군 자체를 하찮게 보던 그는 자신의 수군과 전선들을 급히 출항시켜 추격하게 되는데 이들이 한산도 앞까지 진격해 오자 대기하고 있던 이순신은 전 함선을 일제히 변침하게 만들어 일본 수군을 순식간에 감싸는 '학인진(鶴翼陣)'을 펼친다.

한산대첩 요도

그리고 조선 수군은 침착하고 일사분란하게 지자총통(地字銃筒), 현자총통(玄字銃筒) 등의 함포를 사용하여 적선을 한 척 한 척 격파시킨다. 당시 조선 수군은 함포를 사용시 영화처럼 함포탄을 맞고 터져서 침몰시키는 폭발성 탄환을 사용하지 않았고 '수철연의환(水鐵鉛衣丸)'과 '조란환(鳥卵丸)' 등을 사용하였으며, 원거리가 아닌 명중률 및 살상력을 높이기 위하여 통상 200보(약 240m) 이내로 접근하여 근접조준사격을 하였다.

순천 부사 권준, 광양 현감 어영담 등이 적함으로 돌진해 적의 수급을 10여급씩 베었다고 하며 어영담은 적장도 생포해 이순신 좌수사에게 끌고 오기까지 하였다. 이에 이순신은 일본군과 조선군이 잘 볼 수 있는 위치로 이동해 적장 목을 베어 조선 수군에게는 사기를 올리고 일본군에게는 패배를 인식시키는 심리전도 구사하였다.

이 전투에서 일본 수군은 약 6,500명 내외의 사상자가 발생하였으며 전선 47척이 침몰하고 12척이 조선군에게 나포되었다.

'와키자카 야스하루(脇坂安治)'는 전세가 불리해지자 14척을 이끌고 김해 방향으로 도주를 하고 생존한 부하 400명과 무인도에서 13일 동안 해초를 먹으며 버티다가 뗏목을 만들어 탈출했다고 전해진다.

임진왜란 후 일본으로 돌아간 '와카자카'는 '토요토미 히데요시(豊臣秀吉)'의 후계자를 가름하는 '세키가하라 전투'에서 도쿠가와 이에야스(德川家康) 진형에서 싸우기도 하였다. 그리고 그의 가문은 대대로 한산대첩이 있던 날이 되면 치욕적인 패배를 기억하고자 가문 전체가 미역만 먹는 풍습이 생겼다고 한다.

이러한 이순신의 대승은 전란 극복의 발판이 되었다. 그러나 앞서 이야기한 바와 같이 사대부들의 시기와 질시의 대상이 되었으며, 그들의 입장에선 언제가 이성계와 같이 역심을 품을 장군으로 생각되었을 것이다.

당초 조선이라는 나라가 고려말 불과 5,000명의 일본군을 전멸시킨 '황산 대첩'을 계기로 대중적 인기가 높아진 이성계를 앞세워 신진사대부들의 쿠데타로 탄생한 정권이기에 자신들의 통제권을 벗어난 이순신 같은 명망이 높은 장군의 탄생을 기피할 수밖에 없었다.

사실 실제로는 나세, 최무선 등이 '진포 해전'에서 20,000명 이상의 병력과 500척의 전선을 격침시켰기 때문에 그 '패잔병'인 아도발기의 5,000명을 이성계가 손쉽게 무찌른 것이다.

그러나 신진사대부들에게는 고려의 충성심 높은 최무선 장군과 오리지널 몽골 출신인 나세 장군, 그리고 우왕의 지시로 대마도를 정벌한 박위 장군보다 몽골에서 귀화하여 몽골인으로 살아온 고려에 기반이 없는 이성계가 회유하기에 적합했을 것이다.

그런데 지금 이성계보다 더 많은 일본군을 살상하고 무찌르며, 그것도 고려말에 개발한 함포와 전선을 가지고 나라를 구하고 있는 삼도수군절도사 이순신의 모습은 사대부들에게는 권력을 빼앗길 수도 있는 두려움의 존재가 될 수밖에 없었다.

소설 '언덕위의 구름'으로 유명한 일본인 작가 '시바 료타료'는 '병사를 거느리는 재능과 전술 능력, 충성심과 용기를 볼 때 실존했다는 것 자체가 기적이라고 생각되는 군인'이라고 칭송하고, 조선의 으뜸가는 인물이며, 동양이 배출한 유일한 바다의 명장이라고 극찬을 하였다. 근현대 일본에서 가장 존경받는 인물이 바로 이순신이었다.

이순신은 그의 마지막 전투인 '노량해전'에서 직접 활을 쏘며 싸우다가 탄환을 맞고 전사하는데, 이날 전사한 10여명이 모두 조총 탄환을 맞고 전사하였다. 이상하게도 이순신과 함께 전사한 인물들은 가리포 첨사(加里浦僉使) '이영남(李英男)', 낙안 군수(樂安郡守) '방덕룡(方德龍)', 흥양 현감(興陽縣監) '고득장(高得蔣)' 등 이순신의 핵심 장수들이었다. 이를 놓고 이순신 자살설과 은둔설 등 다양한 설을 제기하기도 했다.

34. 순왜(順倭)와 항왜(降倭), 그리고 끌려간 100,000여 명의 조선인

불과 40여일만에 수도를 점령한 일본군은 함경도부터 경상도까지 전국을 8개 구역으로 나누고 주둔한 장군들을 중심으로 관리하게 하는데 이것이 '팔도 분군법(8道 分軍法)'이다. 1군과 2군을 맡았던 '고니시 유키나가'(18,700명)와 '가토 기요마사'(22,800명)는 각각 평안도와 함경도를 맡았다.

현대전에서 사용하는 '현지 안정화 작전'을 위해 일본군은 이때부터는 군량미를 일본에서 조달하고 점령지의 조선인들에게는 소량의 세금만 걷었다고 한다. 이로 인해 많은 조선인들이 '새로운 상전(上典)이 왔다고 좋아했다'고 하는 등 '순왜(順倭)'들이 대폭 증가하게 된다.

이순신의 난중일기를 보면 일본 수군의 함선에서 조총을 쏘는 일본 수군 중에 조선인도 있었다는 기록이 있다. 그리고 일본군으로 들어간 조선인들이 오죽 많았으면 선조의 입에서 조선 땅에 주둔중인 일본군의 50%가 조선인이라는 이야기까지 나오게 되었다.

【 일본군의 절반은 '조선인'인가? 】
주상이 하문하기를, "적병이 얼마나 되던가? 절반은 우리나라 사람이라고 하던데 사실인가?" 하니, 두수가 아뢰기를 "그 말의 사실 여부는 모르겠습니다. (중략).″
선조실록 26권, 선조 25년 5월 4일

이런 와중에 사대부들의 폭정에 불만이 있던 '국경인'과 '김수량'이라는 사람은 임해군과 순화군을 잡아 일본군에게 데려다 주기도 하였다. '박계생'이란 사람은 아예 고니시의 부하 장수가 되었으며 그 외 많은 조선인들이 조선 정부에 대한 불만과 사대부들의 횡포를 못 이겨 적극적으로 일본군을 도와주거나 길잡이가 되었다고 한다.

임진왜란 전사를 살피다 보면 '이문욱(李文彧)'이란 아주 특별한 사람이 발견되는데 이 사람은 당초 포로로 일본에 잡혀 갔으나 학문과 무예가 출중해 '토요토미 히데요시(豊臣秀吉)'의 눈에 띄어 양자가 되었으며 히데요시를 암살의 위기로부터 구출하면서 전폭적인 신임을 받는다. 히데요시가 그를 크게 쓰기 위해 전쟁에 나아가 공을 세우라면서 조선으로 다시 보내는데 정작 조선으로 돌아온 이문욱은 이번에는 위기에 빠진 조선을 구하겠다며 이순신 장군의 휘하에 들어가 이순신과 많은 전쟁에서 함께 전투를 지휘한다.

참 놀라운 것은 선조실록의 기록에 따르면 '이문욱'은 노량 해전에서 이순신 장군이 가슴에 조총을 맞고 쓰러지는 순간 바로 그 옆에 있었으며 이순신의 아들이 그의 죽음을 보고 울려고 하자 울지 못하게 하고, 이순신의 시신 위로 옷을 덮어 안보이게 하며 스스로 북을 치며 군사들을 독려하여 노량해전의 최후 전투를 마무리하였다고 한다.

> 出其不意, 良久血戰, 舜臣親自射倭, 而賊丸中胸, 仆於船上, 其子欲哭, 軍心遑惑。李文彧在傍, 止其哭, 以衣掩其屍, 遂鳴鼓進戰, 衆皆以爲舜臣不死, 出氣奮擊
> 　　　　　　　　　　　　　　　　　- 선조실록 106권, 선조 31년 11월 27일

　　도원수 권율도 그의 공적을 치하하는 장계를 선조에게 올리기도 하였다. 이문욱은 '손문욱'이라고도 불렸는데 조선왕조실록에서 이문욱(李文彧)으로 8번, 손문욱(孫文彧)으로 45번 등장한다. 이문욱의 삶을 보면 마치 알고 있었던 역사의 순간이 하나하나 떠오른다.

　　2009년에 개봉하였던 '시간여행자의 아내'란 영화의 내용처럼 그의 족적이 신기하기까지 하다. 권율이 칭송할 정도로 임진왜란의 공신임에도 불구하고 생몰 일시에 대한 기록조차 없으며 그가 언급된 마지막 기록은 조선왕조실록 1617년 11월의 기사가 끝으로 이 이후로는 그 어느 곳에서도 그의 기록을 찾아 볼 수가 없다.

　　정유재란 시기에는 임진왜란 초기 포로로 잡혀간 백성들의 아이들이 일본에서 일본인으로 자라 일본군으로 조선 침략군으로 파병되기도 하였다. 일본군 중 체격이 좋은 10대 군인들은 모두 조선인들이었다는 포로들의 목격담도 있었다.

　　'항왜(降倭)'는 '순왜(順倭)'와는 반대 개념으로 일본에서 조선으로 파병온 이후 조선군에 항복한 일본군을 말한다. 초기에는 간첩인 줄

알고 죽였으나, 향후 그 숫자가 대폭 늘어나면서 받아들이게 되는데 그 숫자가 공식적으로만 무려 10,000명이 넘었다고 한다.

1594년 11월에는 선조가 '왜인이 투항해 왔으니 후하게 보살피고 군직(軍職)을 제수하여 총검(銃劍)을 주조하거나 검술을 가르치거나 염초(焰硝)를 만들게 하라고 하고 왜적의 기술을 익히는 일을 게을리하지 말고 착실히 하라'고 지시하는 기록도 남아있다.

이들은 임진왜란, 정유재란은 물론 병자호란에서도 조선군으로 참전도 한다. 그리고 조선식 성과 이름을 가지고 조선인으로 동화되어 살아가게 된다. 이순신 장군 진영에도 투항한 일본군이 있었는데 이들과 '검술겨루기'를 시키니 이길 수 있는 조선 군사가 하나도 없었다고 한다. 조선군은 당초 활이 주무기였던 만큼 단병기를 사용한 근접전에는 치명적 약점을 가지고 있었다. 임란을 겪으면서 기마병들의 약점을 보완하기 위해 단병기를 무장하도록 하였다.

일본군들이 임진왜란과 달리 정유재란 때에는 많은 조선인을 끌고 가게 된다. 양란을 거치면서 일본으로 끌려간 포로의 수가 100,000여명이 넘을 것으로 추산된다.

전쟁이 종전된 이후인 1607년 조선은 '토요토미 히데요리'로부터 정권을 빼앗은 '도쿠가와 이에야스'가 강화 요청을 해 오자, 외교관계를 다시 열기 시작하고 이를 시작으로 1624년까지 총 3회에 걸쳐 '회답 겸 쇄환사(回答兼刷還使)'를 파견한다. 이 기간의 통신사는 이전까지의 통신사 업무와는 성격을 달리하여 일본에 끌려간 포로 송환을 목적으로 하였다.

그런데 일본에 간 쇄환사들에게 황당한 일이 발생한다. 예상과는 달리 송환을 거부하는 조선인들이 너무나 많았다는 것이다. 정작 일본으로 끌려오긴 했으나 조선과는 달리 신분 차별이 조선보다 훨씬 없는 편인데다가 일본인들은 그들에게 정당한 임금을 주고 일을 시켰으며, 기술자의 경우 그 대우가 더욱 좋아 현지에서 자수성가하는 사람들도 생기게 되었다.

결국 조선 정부의 노력으로 돌아온 임진왜란, 정유재란의 포로는 10%가 안 되는 8,482명(일본 기록으로는 6,323명)에 불과했다고 한다.

문제는 조선으로 돌아온 사람들은 더 고통스러운 일을 당하는 사례도 빈번하였다는 것이다. 예를 들어 의병장 조경남이 작성한 「난중잡록」에서는 양국간 공식적으로 쇄환이 이루어지기 전인 1605년 사명대사 '유정(惟政)'이 일본으로 가서 1,391명의 조선인을 데리고 부산항으로 돌아왔다는 기록이 있다.

그러나 사명대사가 '통제사 이경준(李慶濬)'에게 민간차원에서 어렵게 협상하여 데리고 온 포로들이라며 이들을 맡기자 그는 곧 예하 군사들에게 그들을 처리하라고 지시하였는데 차라리 일본에 있었으면 당하지 않을 천인공노할 일을 또다시 당하게 된다.

어린 나이에 잡혀가서 자신의 출신 지역도 모르는 이들은 자기들의 '노비'로 만들고 여성들 중에 미인이 있으면 남편을 바다로 던져 죽이고 그 여인을 취하였다고 한다.

일본에 정착하지 못한 이들은 막부와 연계된 '포르투갈 노예 상인'에게 팔려가고, 조선에 돌아온 이들은 더욱 혹독한 대우를 받았으니, 오히려 기술을 가지고 일본에 정착한 조선인들이 삶이 가장 좋았던 것 같다.

2019년 6월 향년 92세의 나이에 별세한 일본의 유명한 도자기 명가인 '심수관(沈壽官)'의 14대 심수관인 '오사코 게이키치(大迫惠吉)'씨가 있다. 그는 1598년 정유재란시 일본으로 끌려간 도공 '심당길(沈當吉)'이 '가고시마(사쯔마) 현'에 정착하여 만든 일본 도자기의 명문가의 후손으로 심수관을 이어나갔다.

    이들을 끌고 온 '시마즈 요시히로(島津義弘)'는 나에시로가와(苗代川) 촌락에 모여 살게 하며 조선의 도공(陶工)들에게 사무라이(武士, 조선의 양반 관료)의 대우를 하였다고 한다.

    오사코 게이키치의 말에 따르면, 1974년 부터 제61·62·63대 내각총리대신을 지낸 '사토 에이사쿠(佐藤栄作)'가 심수관을 찾아와 '오사코 게이키치(大迫惠吉)'와 함께 이야기를 나누던 중 사토 자신도 조선에서 넘어 온 '도래인(渡来人)'의 후손이라고 하였다고 한다. 놀라운 것은 '사토' 전(前) 총리의 친형으로 제 56·57대 내각총리대신을 지낸 '기시 노부스케(岸信介)'라는 인물이 있다. '기시' 전 총리는 '아베 신타로(安倍 晋太郎)' 전 외무대신의 장인이기도 한데, '아베 신타로'의 아들은 현재 일본의 총리인 '아베 신조' 총리이다.

    2006년 10월 6일자 일본 '슈칸아사히(週刊朝日)'에 따르면 '아베 신타로'가 자신의 가문도 10세기경 '발해국'에서 넘어 온 '도래인(渡来人)'이라고 했다고 한다. 9세기 초에 편찬된 '신찬성씨록'에 따르면 일본의 수도를 중심으로 하는 지역의 유력 가문 중 30%가 한반도를 거쳐 넘어 온 '도래인(渡来人)'이었다고 한다. 앞서 '백강 해전'에서 이야기하였던 '목(협)만치(木[劦]滿致)', 즉 소가(蘇我)씨 등도 이 범주 안에 포함될 수 있다.

인류학적으로도 유전학적으로도 일본인의 조상은 기원전 1만년 즈음 바이칼 호수 인근에서 형성된 북방민족 계열의 '도래인(渡來人)'으로 추정되고 있다. 남방계열 최초의 원주민인 '조몬인'이 정착하고 그 이후 이 북방 계열의 '야요이인'이 이동하면서 점차로 인종 동화 과정을 거치게 되었다. 3세기 무렵부터는 문명을 가진 요동, 만주, 한반도의 사람들이 차츰 일본으로 넘어가면서 지배층을 구성하고 선진 문화를 전파하게 되면서 현 일본의 근간을 이루게 되며, 관서 지방을 중심으로 하는 '야마토(大和) 문명'을 만들고 점진적으로 동화된 것으로 보여 진다.

또 다른 인물로는 제 2차 세계대전 당시 일본의 외무대신이었던 '도고 시게노리(東鄕茂德)'이다. 그는 앞서 이야기한 임진왜란 당시 사쯔마의 번주 '시마즈 요시히로(島津義弘)'에게 '심당길(沈當吉)'과 함께 끌려온 등 42명의 포로 중의 한 명인 '박평의(朴平意)'의 후예이다.

'박평의'는 당초 양반으로서 도공은 아니었으나, 도공들이 대우를 잘 받자 생존을 위해 도공들에게 도자기 만드는 기술을 배워 심당길과 함께 일본의 도자기를 발전시키며 '사쯔마 도기(薩摩陶器)'를 만들었고, 이들의 권익을 보호하고 일본에서 정착시키는데 큰 도움을 주었다고 하며 그가 살았던 마을에는 옥산궁(玉山宮)이라는 사당(祠堂)이 있는데 이 곳 궁터에는 '사쯔마 도기 창조 박평의(薩摩陶器創造朴平意)'라는 기념비(記念碑)도 건립되어 있다.

'도고' 전 외무대신의 부친인 '박수승(朴壽勝)'은 도자기 수출 사업을 크게 성공하였으며, 동경제대를 입학할 만큼 똑똑했던 아들 도고 시게노리를 사쯔마 번사였던 '도고 야하치로(東鄕彌八郞)' 밑으로 입적시키고 도고 성씨를 얻게 하였다고 한다. 도고 시게노리는 독일어를 전공하고 외무고시를 통과하여 외교관의 길을 걸었다.

1945년 8월 히로시마, 나가사키에 원자폭탄이 떨어진 직후 일본의 천황 제도를 보존시키는 '국체호지(國體護持)'의 명목으로 계속 전쟁 상태를 유지하자는 군부를 설득하고 무조건 항복을 하게 하였으며, 전범 재판을 받은 일본 고위층 28명 중 유일한 한국계 일본인이었다고 한다. 당초 목적이야 일본 천황을 보호하는 것에 있었더라도 결과론적으로는 조선의 광복을 좀 더 빨리 찾아주는 역할도 하였다. 이러하듯이 지금의 한국과 일본은 천고의 세월동안 이어지는 끊을 수 없는 고리가 있다. 이제 우리부터는 그 악연의 고리를 끊고 서로의 잘 잘못을 인정하고 용서하며 발전적으로 나아가야 하지 않을까 한다.

문득 '삼족오(三足烏)'가 떠오른다. 대부분의 대한민국 사람들은 삼족오라고 하면 고구려의 상징 또는 고구려 멸망 이후 대조영에 의해 건국된 발해를 생각하기 마련이다. 그리고 그 속에서 만주와 요동지역을 호령하던 광개토대왕을 떠올리기도 한다.

그런데 지금 대한민국 안에서 고구려의 영광을 찾을 수 있는 역사, 문화 기록 중 그 무엇이 제대로 남아 있는가? 추상적으로 알고 있는 고구려의 역사는 당과 신라에 의해 철저하게 부서지고 왜곡되었을 뿐이다. 하물며 고구려 시대의 '길조(吉鳥)'인 까마귀조차 '흉조(凶鳥)'로 바뀐 것이 지금의 대한민국이다. 더욱이 중국은 지금 이 순간에도 동북공정을 통해 고조선, 고구려, 발해의 역사마저도 중국의 소수민족의 역사로 포함시키고 있다.

고구려 삼족오 문양   일본 축구협회 엠블럼

고구려 삼족오 문양과 일본 축구협회 엠블럼

우리는 어떤 고구려를 알고 있는가? 무엇을 기억하고 있는가? 그런데 우리에게는 철저하게 잊혀진 그 '삼족오'를 쉽게 찾아 볼 수 있는 곳이 있다. 그 곳은 생각지도 않은 일본 축구협회의 엠블럼이다. 사실 이것을 처음보고 상당한 문화적 충격을 받기도 하였지만, 동북아 역사 속의 한일 고대사의 연결 고리의 실마리를 찾아보려는 계기가 되었는지도 모르겠다.

역사를 안다는 것은 미지의 세계로 나아가는 것이다. 수많은 상상을 통해 가장 합리적인 진실을 찾아낸다면 장구한 동북아의 역사 속의 감추어진 한일 간의 악연을 풀 수 있는 실마리를 찾을 수 있지 않을까? 이 문제는 우리 세대에서 꼭 풀고 넘어가야 할 숙제이다.

【 단군조선 이래 누가 우리 민족에게 가장 많이 피해를 주었는가? 】
1) (국가 폐망/한족) 단군 조선을 멸망시킨 한
2) (국가 폐망/한족) 고구려를 멸망시킨 당
3) (국가 폐망/한족) 백제를 멸망시킬 당
4) (국가 존속/몽골) 고려를 침략한 원 / 원 황제 모친국가, 쿠빌라이 칸과 원종은 사돈
5) (국가 존속/일본) 임진년, 정유년 전쟁의 일본
6) (국가 존속/여진) 병자년 전쟁의 청
7) (국가 인계/일본) 고종·순종으로부터 나라를 인계 받은 일본제국 – 서류 서명 후 복속
8) (휴전 협정/한족) 1950.6·25에 불법 남침한 '북한 공산당'을 지원한 '중국 공산당'

제 6 장

고려로부터 빼앗은 나라,
일본제국에 바치다

35. 조선말 부국강병의 비책, 학우조비선(鶴羽造飛船)

36. 대한제국(Korean Empire)의 허와 실, 국가재정을 개인 소유로 바꾸다

37. 싸울 능력을 잃어버린 제국, Korean Empire

38. 해양국가들의 식민지 확장 경쟁, 그리고 영일동맹

39. 신흥종교 동학(東學), 청일전쟁, 러일전쟁의 서막을 열다

40. 안중근 의사가 말한 조선을 망하게 만든 '병균'은 누구인가?

41. 우금치 전투의 진실, 고종이 조선 백성을 학살하라고 지시하다

42. '대조선대일본 양국맹약'과 청일전쟁

43. 쓰시마 해전, 러시아와 조선을 멸망시키다

44. 제독 '도고 헤이하치로' 진해에서 출항하다

고려로부터 빼앗은 나라, 일본제국에 바치다
_ 몽골제국과도 싸운 나라, 일본제국의 식민지가 되다.

35. 조선말 부국강병의 비책, 학우조비선(鶴羽造飛船)

　　역사를 보면 머리와 가슴이 흥분되는 순간을 접할 수도 있으나 정말 어처구니가 없는 사실도 바로 눈앞에서 목도하게 된다. 조선말 '흥선대원군'이 쇄국정치를 하면서도 부국강병을 하겠다고 이율배반적 세계관 속에서 만들었던 '학우조비선(鶴羽造飛船)'이 그 대표적 사건이다.

　　이름을 들어 본 사람은 그리 많지 않을 것이다. 조선말 부국강병의 허실을 그대로 보여주는 것으로 학의 깃털을 뽑아 아교를 사용하여 여러 겹으로 이어 붙이면 새처럼 가벼운 배를 만들 수 있는데 이 배는 '양이(洋夷)'들이 발사한 포탄에 맞아도, 그들이 쏜 총에 맞아도 구멍이 생기지 않아 침몰하지 않을 뿐더러 새처럼 가볍기 때문에 수륙양용으로도 움직일 수 있다는 것이다.

　　상식적으로 말도 되지 않는 이론이다. 그리고 결과도 당연히 실패로 끝났다. 게다가 전국에 있는 학이란 학은 다잡아 깃털을 뽑았다고 하니 지금 같으면 동물보호단체들이 난리법석을 쳤을 만한 초대형 동물학대 사건이기도 하다.

그것이 20세기 전후의 조선의 과학기술의 수준이었다. 무려 500년 전에 화약과 화포를 개발하고 이를 수군 전선에 장착하여 세계 최초로 화포로 적선을 침몰시켰던 나라가 아니었는가? 500년의 시간이 흐르는 동안 그대로 아니 500년을 더 뒤로 간 것 같은 나라가 조선이었다.

사대부들이 한족 사대주의를 표방하며 고려로부터 나라를 빼앗은 조선은 무려 500년간 무엇을 했는가? 우주의 삼라만상(參羅萬像)의 이치를 과학이 아닌 오직 '이(理)와 기(氣)'로 이해하려던 성리학과 사대부의 나라 조선은 그러하였다. '학우조비선'은 그냥 웃고 넘어갈 단순 가십거리(gossip)가 아니라 조선말의 실태를 단적으로 보여주는 바로미터이다.

조선말 학자인 '박제경'이 흥선대원군 집정 전후에 관하여 1886년에 서술한 역사서인 '근세조선정감(近世朝鮮政鑑)'을 보면 한 단계 더 나간 이야기도 나온다.

중국에서 들어온 '해국도지'란 책을 당시 조선 최고의 '대장장이'인 '김기두(金箕斗)'와 '강윤(姜潤)'에게 주면서 증기선을 만들라고 지시를 한다. 이들은 '해국도지'에 실려 있는 '서양 화륜식 군함 설계도'를 기초로 하여 1866년 8월 21일 평양 대동강에서 침몰시키고 보관중이던 '제너럴 셔먼호'의 부품과 장비들을 활용하고 전국의 철과 청동을 대량 확보한 후 1867년 9월에 '목탄증기갑함(木炭蒸汽甲艦)'이라는 조선 최초의 '화륜식 군함'을 만들어내고 시운전을 한다.

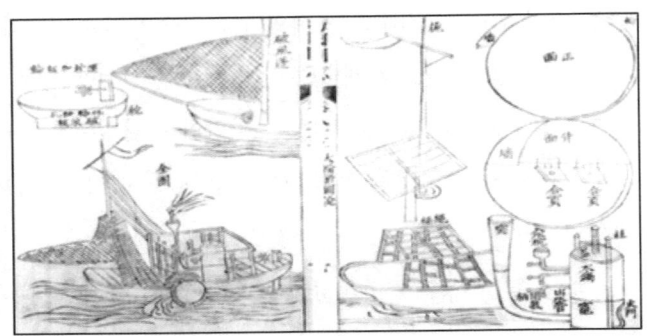

해국도지에 실린 증기선과 와트식 증기 엔진의 설계도[41]

문제는 대장장이 김기두가 '제임스 와트'도 아니고 '증기기관'의 기본 원리도 모르는 사람들에게 그것도 현대식 선박을 제작할 수 있는 시설도 없는 조선 땅에서 가내 수공업으로 만들라고 했으니, 모양만이라도 흉내를 내어 만들었다는 것 자체가 거의 기적적인 일이었다.

그렇게 만들어진 선박이 정상적으로 작동한다는 것 자체가 무리인데다 당초 열역학과 기계공학에 대해 아무런 지식도 없이 석탄을 사용하지 않는 조선에서 석탄을 원료로 하는 증기기관을 운용하겠다고 했으니 애당초 말이 안 되었다. 그리고 검정색과 비슷하게 생긴 '숯'을 사용하는데 그래도 움직이기는 했는지 1시간 동안 10자(303cm)나 전진하다가 정지되었다고 한다. 이것조차도 자체적으로 움직였다기보다는 조류에 의해 밀린 것으로 보인다.

민비를 우상화한 영화인 '불꽃처럼 나비처럼'에서 조승우가

---

41) https://blog.naver.com/kitechblog/60157788550 한국생산기술연구원 홈페이지 그림 인용

입고 나왔던 '면제배갑'이라는 세계 최초의 방탄조끼도 만들었다. 솜으로 만든 천을 10겹 이상 붙이면 조총의 탄환이 뚫지 못한다는 시험을 하고, 세계 최초의 방탄조끼를 조선의 군사들에게 입힌다. 그리고 그 방탄조끼를 입고 죽지 않을 것이라고 싸우다 전멸한 것이 '신미양요(辛未洋擾)'이다.

미 해병대가 강화도로 상륙하여 침공한 신미양요에서는 조선군은 왜 전멸을 그랬을까? 신미양요 당시의 사망자를 보면 불에 타 죽었거나 물에 빠져 죽은 군사가 많았는데 이는 모두 불이 붙기 쉬운 면제배갑을 입은 군사들이 불을 끄지 못해 죽거나 몸에 붙은 불을 끄려고 물속으로 뛰어 내려서 발생한 인재 사고들이었다. 그리고 미 해병대가 사용한 총기는 화승총이 아니라 현대화된 소총으로 면제배갑은 전혀 도움이 되지 않았다.

무엇보다도 권력이 약해지자 흥선 대원군은 쿠데타를 준비하고 있었다. 흥선대원군은 며느리 '민비'와의 권력 싸움에서 계속 밀리자 잃어버린 자신의 권력을 되찾기 위해 '구식 군대'를 선동하거나, '동학 종교'를 믿는 많은 순진한 사람들을 이용하기도 한다.

특히 청일전쟁으로 일본 군대가 평양으로 북진하는 틈을 노려 전봉준과 함께 동학 종교를 믿는 사람들을 선동하여 난을 일으키게 하고 그들이 한양으로 진격하면 통위사로 있던 자신의 손자인 '이준용'에게 민란을 토벌한다는 명분으로 조선 정부군을 출동시키게 한 후 동학 농민군과 합세하여 한양을 접수하고 이준용을 왕으로 만들 생각이었다.

그는 자신을 따르던 심복들인 박준양, 이태용, 고운정, 고종주

등으로 구성된 차후 내각 조직도 마련하는 등 구체적이고 세밀한 반정 계획을 준비한다. 그러나 흥선대원군과 이준용의 계획은 일본 공사관에게 들통이 나게 되고 일본으로 하여금 조선으로 병력을 증원하게 만드는 빌미를 제공하고 만다. 결국 조선의 식민화를 앞당긴 주범이 된다.

정작 '신흥종교인 동학'을 믿으며 '시천주 조화정(侍天主 造化定)'이라는 주문만 외우던 순진한 백성들을 선동하여 조선 정부군의 기관총 진지로 달려가게 만들었던 동학군의 지도자들이나 면으로 만든 어설픈 방탄조끼 입혀주고 미 해병대에게 달려가라고 한 흥선대원군, 그들은 진정으로 나라를 생각했던 것인가? 그들 마음속에는 권력 찬탈 이외에 백성들이 존재하기는 했을까?

36. 대한제국(Korean Empire)의 허와 실, 국가재정을 개인 소유로 바꾸다

1882년 임오군란이 발생하자 명성황후라 불리는 민비는 청나라에게 구원을 요청한다. 이때부터 청나라는 조선의 주국(柱國)이라는 입장을 공고히 하며 대외적으로 조선은 오랫동안 속국인 제후국(諸侯國)이라고 알리기 시작한다. 이로 인하여 조선의 사대부들과 젊은 지식인들도 불만이 고조되고 있었다.

사대부들로서는 청나라가 명나라와 같은 '한족의 나라'가 아닌 여진족의 나라였고, 젊은 지식인들에게는 국가의 자존심이 걸린 문제였다. 1896년 그 동안 청나라의 사신을 모시던 영은문을 부수고 그 자리에 '독립문'을 만들기도 한다. 이때 당시 외부대신이자 독립협회 위원장인 이완용이 100원(현 500만원)을 기부하고 현판의 글을 써 준다. 여러분들이 잘 아는 바로 그 이완용이다.

2019년 3월 일부 사람들이 3·1절에 반일을 주창하며 독립문 앞에 모여 만세를 부르는 퍼포먼스를 했다고 한다. 물론 번지수를 잘못 짚었다. 독립문은 일본이 아닌 청나라로부터의 독립을 기원하며 만든 기념물이었던 것이다. 역사에 대한 무지(無知)는 무식(無識)을 낳고 그 무식은 무도(無道)를 낳는다.

당시 개화파 중에서도 '친미파'이던 이완용은 고종이 러시아 대사관에 은신하던 1897년에는 러시아의 압력으로 좌천되어 평안도 관찰사로 가기도 한다. 이때까지 그는 친미파였고 영어도 구사할 줄 알았다고 한다. '친일파'로 전향하여 적극적으로 나서 조선을 일본에 넘긴 후에도 정작 일본어는 사용하지 않고 일본 고관들과 이야기 할 때는 영어만을 사용하였다고 한다.

고종은 흥선대원군의 사주로 일본군과 낭인들에 의해 민비가 시해되자 1896년 러시아 공사관으로 피신하였다가 러시아 대사관을 나온 후 1897년 10월 12일에 '대한제국을 선포'하고 스스로 황제에 즉위한다. 당시 제국열강들은 조선의 '황제국 선포'를 반기지는 않으면서도 겉으로는 긍정적 모습을 보여주었다. 러시아, 프랑스의 경우 국가 원수가 직접 승인해 주었고, 영국, 미국, 독일도 간접적으로 승인하였다고 한다.

사실 프랑스가 강화도를 점령했던 병인양요가 1866년에 있었고 영국이 1885년에 거문도를 점령하였으며 미국이 강화도를 공격한 신미양요가 1871년이었으니, 고종이 대한제국을 선포하는 1897년에는 '황제국(Korean Empire)'을 인정하면서 그동안 쌓은 악감정을 해소시켜 보려는 의도가 있었을 듯하다. 이 시기를 전후로 연이어 11개국과 통상조약을 맺기도 한다.

조선(대한제국)과 통상조약 국가

구분	조약명	수교일	단교일	단교 사유
일본 제국	조일수호조약 (강화도 조약)	1876.02.27.	1910.08.29.	한일 병합
			1945.08.15.	광복
미합중국	조미수호통상조약	1882.05.22.	1905.11.17.	을사조약
대영 제국	조영수호통상조약	1883.11.26.		
독일 제국	조독수호통상조약	1883.11.26.		
이탈리아 왕국	조이수호통상조약	1884.06.26.		
러시아 제국	조로수호통상조약	1884.07.07.		
프랑스 제3공화국	조불수호통상조약	1886.06.04.		
오스트리아-헝가리 제국	조오수호통상조약	1892.06.23.		
청나라	한청통상조약	1899.09.11.		
벨기에	조백수호통상조약	1901.03.23.		
덴마크	조정수호통상조약	1902.07.15.		

변변한 군사력도 없으면서 황제국으로 선포한 것까지는 이해하지만 정작 문제는 대한제국이 '광무개혁'을 단행하여 제국의 부국강병을 꾀한 것이 아니라, 실상은 그와는 정반대로 고종 일가의 재산을 축척하는 방향으로 흘러가게 되었다는 것이다.

국가 재정은 정비한다는 명문을 내세워 정부에 속해있던 각종 재원을 대한제국 황제의 개인 재산이나 황실 재산으로 철저하게 이속시켰다. 이 일을 주도한 사람은 고종의 심복인 '이용익'이라는 사람인데 과거시험은 본 적은 없고 보부상과 물장수를 하다가 우연히 금광을 발견하여 돈을 많이 번 사람인데 민씨 일가인 민영익의 추천으로 공직에 발을 들여 놓는다.

그는 1897년 전환국장이 되었다가 1899년 내장원경이 되었으며 홍삼과 광산을 담당하는 삼정(參政)의 감독, 광무의 감독직을 겸직하였고 탁지부, 군부, 원수부 등의 요직뿐만 아니라 서북철도국, 중앙은행 등의 총제, 부총재를 직위를 두루 맡으면서 대한제국의 정부 재정을 독점적으로 총괄하였다. 물론 중앙집권적으로 권한이 부여되니 세입이 새는 것을 방지하고 세입 예산을 높이는데 기여한다. 1898년 이전까지 400만원이던 세입을 불과 6년만인 1904년에 3.5배인 1,421만원까지 올려놓는 성과를 달성하기도 한다.

그러나 그 세입세출 현황을 자세히 살펴보면, 정작 대한제국을 운영하는데 필요한 정부의 세입은 지세와 호세에 한정시켜 놓아 매년 미납액이 증가하여 전체 과세액의 절반을 차지할 정도가 되어 관리들의 봉급 지급과 경상비 지출도 어렵게 된데 반하여, 황제와 황실의 예산을 관리하는 '내장원'의 경우 화폐 주조, 홍삼, 광산 전매, 각종 상업세의 다양한 재원을 독점하여 황실 재정만을 강화시키는 결과를 가져온다.

특히, 아관파천 기간 동안 1895년 평북 운산금광 채굴권을 미국에, 1896년 함북 경원 및 종성의 금광 채굴권과 경성의 석탄 채굴권은 러시아에, 1898년 강원도 금성금광 채굴권은 독일에 주었으며 영국에는 평남 은산금광 채굴권, 프랑스에는 평북 창성금광, 이탈리아에는 평북 후창 금광 채굴권을 주었다.

그런데 묘하게도 고종이 대한제국 선포 후 이를 외교적으로 승인한 국가들과도 일치한다.

과연 우연일까? 물론 일본에게도 1895년에 해상운수 독점권을 주었고 1900년에 충청도 직산 금광 채굴권을 주었다. 더욱이 여기서 오해하지 말아야 할 것이 있는데 채굴권을 강제로 빼앗긴 것이 아니라 당시 조선의 기술적 한계를 고려하여 외국회사와 공식계약을 체결하고 일정 지분을 받는 조건으로 채굴 권한을 기업에 '양도'한 것이다.

예를 들어 보자. 미국과 체결한 '운산금광' 계약서를 보면 제11조에 '회사 보유 자본 중 25%를 고종에게 진상한다'고 명시하고 있다. 다시 말해 국토의 자원 개발의 권리는 양도하되, 이로 인해 발생하는 수익의 25%를 국가가 아닌 고종에게 귀속시킨다는 것이다.

결국, 조선을 대한제국으로 바꾸고 나서 한 일은 국토의 자원 개발 권리를 외국에 넘기고 국가 운영과 백성들에게 쓰여야 할 국고를 개인 및 집안 금고로 전환한 것이다. 회사가 망해가니 회사 자금을 오너 집안으로 빼돌리고 회사는 부도 처리와 함께 완전히 파산하는 결과를 야기하는 것과 별반 차이는 없어 보인다.

37. 싸울 능력을 잃어버린 제국, Korean Empire

　대한제국의 고종은 제국의 군사력을 강화한다는 목적으로 징병제 실시를 추진하는데, 1901년 '원수부'에서는 신분의 고하를 막론하고 13세 이상의 남자를 병적에 편입하고 3년간 훈련시키는 징병제 시행안을 마련한다. 이를 위해서는 토지세를 증가시켜 재정을 확보해야 했으나 정작 많은 토지를 가지고 있는 사대부들로 구성된 의정부 회의에서는 '증세 불가론'을 주장하며 동 제도의 시행을 반대한다.

　그러던 중 1903년 고종은 이러한 현실을 고려하지 않은 채 육해군제(陸海軍制)를 기반으로 한 징병제도를 일방적으로 발표한다. 그러나 무엇보다도 사대부들이 강력히 반발하고 있었고 국민들의 호적제도 조차도 아직 정비가 되지 않은 상태였기 때문에 곧바로 시행하기에는 한계가 있었다.

　이어 1903년에는 서양 열강과 같은 '강철로 된 군함'을 도입하라고 지시도 한다. 아마도 아버지인 흥선대원군이 1867년에 개발하려다 실패한 '목탄증기갑함(木炭蒸汽甲艦)'이 항상 마음 속 한구석에 있었는지도 모르겠다. 아무튼 군부(軍部)는 국방비의 30% 규모로 전체 국가예산의 10%나 차지하는 55만원이라는 거금을 주고 일본 '미쯔이물산'으로부터 1881년 영국에서 건조한 석탄운반선에 80mm 포 4문, 5mm 총포 2문을 장착한 '양무호(揚武號)'를 도입한다.

그런데 군함 도입을 위한 예산 운용방법이 조금은 특이했다. 군부에서는 자체로 보유한 예산이 없었기 때문에 왕실 재정을 담당하는 '내장원'에 빌리게 되는데, 이는 고종과 황실의 개인재산을 빌린다는 것을 의미한다.

국가 재정의 수입 루트의 대부분을 고종과 황실로 귀속시키고 정작 국가를 지키는 군함의 구입비용은 군부로 하여금 자신의 재산을 빌려 쓰게 하였다는 것이다. '왕이 곧 국가'라는 중세 유럽의 봉건주의 국가보다 한 발자국 더 나간 개인을 위한 제국이 대한제국이었던 것이다.

게다가 일본 상인에게 속아서 감가상각비를 전혀 고려하지 않더라도 무려 2배나 비싼 값에 도입한 '양무호'는 10년이 넘은 노후 선박인데다가 추진기에 사용할 석탄을 하루에 무려 40여 톤이나 소모가 되기 때문에 운용하기에도 한계가 있었다.

고금 이래로 '시 파워(Sea Power)'라 불리는 해군력은 국력을 외부에 시현하는 가장 좋은 수단이나, 해군력 증강 및 유지비용은 많은 예산을 필요로 한다. 그래서 오직 선진국들만이 강력한 해군력을 갖추고 있는 것이다. 유럽 각국들이 그러한 해군력을 건설하던 대항해 시대에 영국이 부족한 재정을 보충하기 위하여 해적과도 손을 잡은 이유가 그것이다.

일본의 경우에도 유럽국가의 그것과 유사하게 발전한다. '토요토미 히데요시'의 '해적 금지령'으로 인해 '카이조쿠슈(海賊衆)'라 불리던 '해상무사집단'들이 다이묘들의 가신으로 들어가게 되면서 공식적인 수군으로 활동하게 되었으며, 일본제국으로 성장하는 과정

데지마(出島)

에서 해군으로 발전하게 되었다. 특이하게도 일본의 육군은 사무라이 집단이 완전히 해체되고 국민 개병제로 바뀐 후 일본제국의 육군으로 탄생한 반면, 일본 해군의 경우에는 '사쯔마 번'을 중심으로 한 선박 운용술, 항해술 등 그 전통성과 수군의 문화가 그대로 유지되었으며, 이곳에서 일본 제국의 해군을 이끌어 갈 수많은 해군 제독들이 배출되기도 했다.

일본은 16~17세기 동안 중앙 정부의 쇄국정책에도 불구하고 1636년에 '나가사키(長崎) 만'에 '데지마(出島)'라는 인공 섬을 만들고 이곳을 중심으로 대량의 서양 문물, 과학기술 및 학문을 전래받는다. 이를 통해 서구화된 지도 제작법, 광학, 기계공학 등의 당시로서는 첨단 기술을 집중적으로 흡수하였고, 1840년에 들어와서는 서구식 조선 기술도 도입한다. 특히 1847년 중국에서 「해국도지」가 발간된 이후 그 충격으로 인해 해군을 집중 육성하게 된다.

물론 같은 시기에 해국도지를 보게 된 조선의 결과물은 앞으로 가지 않는 '목탄증기갑함(木炭蒸汽甲艦)'과 날지 못하는 '학우조비선(鶴羽造飛船)'이었다. 똑같은 시기에 똑같은 책을 보고도 한 국가는 겸허한 자세로 외국 선진기술을 배우고 해방론(海防論)을 토대로 국가의 안보를 지키며 산업경제를 발전시킨 반면 다른 한 국가는 외교를 단절하고 철저하게 쇄국을 하면서 스스로 선진기술 도입도 없이 자체적으로 기술을 개발하려고 했다. 선진기술을 배운 기술자도 없고 외국에 유학을 다녀 온 과학자도 없으며, 고려 말 이후 거의 500년 동안 변함없는 문화와 기술을 답습하고 있던 나라가 말이다.

1876년 고종 13년에는 웃지도 못할 '에피소드'가 하나가 발생한다. '사쯔마 번'의 번사(藩士, 사무라이) 출신인 전권변리대신 '구로타 기요타카(黒田清隆)'가 운요호(雲揚號) 사건을 계기로 2월 조선에 와 '강화도 조약'으로도 불리는 '조일수호조규(朝日修好條規)'를 체결하도록 압력을 행사하게 된다.

이때 대원군이 이순신의 8대손인 '이문영(李文榮)'을 불러 놓고 "충무공의 후예이니, 일본 놈들을 격파할 계책이 없겠는가?"라고 질문을 하였다. 그러자 이문영은 일본을 막기는 어렵지 않다고 말하면서 "충무공의 8대 손인 제가 이렇게 허약하고 옹졸하니, 가토 기요마사(加藤清正)의 8대 손인들 어찌 영특하고 용감하겠습니까?"라고 이야기하여 모두가 포복절도(抱腹絶倒)하였다는 기록이 있다. 그냥 한숨만 나오는 조선 지배층의 모습이다.

그리고 1895년 12월 30일 단발령이 시행되자 최익현은 '신체발부는 수지부모요 불감훼상'이라며 "내 머리는 자를 수 있을지언

정 머리털은 자를 수 없다"고 주장했다. 그의 논리대로 머리털이 부모로부터 받은 것이면, 그의 머리는 자기 것인가? 국가를 빼앗기는 그 위기의 순간에도 이런 한심한 생각을 가지고 있던 사람들이 조선의 지배층과 사대부들이었다.

사실 이 부분에서 역사를 바로 보는 시각이 극단적으로 두 갈래로 나뉘기도 한다.

한쪽은 조선 정권 자체의 문제와 한족 사대주의에 입각한 '소중화(小中華) 주의' 그리고 구한말 고종의 무능함으로 인해 식민지가 될 수밖에 없었다는 현실주의자들이 있는 반면에 비록 조선은 문제가 많은 나라였으나, 고종은 개혁 군주였으며 만일 일본의 침략이 없었으면 조선도 강대국이 될 수 있었다는 '몽상가'들이다.

이런 종류의 몽상가들이 고종과 대한제국을 띄우는 이유는 오직 한 가지인데 그것은 오직 일본의 '조선 식민지화'가 강압적이고 침략행위임을 강조하기 위한 논리적 모순일 뿐이다. 즉, 고종과 대한제국이 훌륭한 군주와 나라였고 충분히 강대국이 될 수 있었음에도 불구하고 일본이 강제로 국권을 빼앗아 갔다는 논리를 주장하는 것이다.

그러나 이들이 간과하고 있으며 애써 무시하는 사실은 당시 청나라도, 러시아도, 영국도, 미국도, 프랑스도 일본도 필요에 따라 그 누구나 앞 다투어 조선을 식민지로 만들 수도 있었다는 것이다.

그 중 한 나라인 일본이 '청일전쟁'으로 병자호란이후부터 조선의 주국(柱國)이었던 청나라를 무너뜨리고, 영국과는 '영일동맹'을 체결하는 한편 해군력을 강화시킬 목적으로 부동항을 확보하기 위해 남하정책을 추진하던 러시아를 '러일전쟁'으로 몰락시키고, 미국과는 '가쓰라-테프트 밀약'을 체결하여 한반도에 대한 지배권을 인정받았다는 것이다.

일본에서는 메이지유신을 전후로 이런 말이 있었다고 한다. '지사(志士)는 절대 집에서 편안하게 죽지 않는다'

그러나 당시 조선의 왕과 지배층들은 일본의 메이지유신 지사들처럼 앞장서서 국가 개화와 발전을 위해 목숨을 걸지도 않았으며 오직 자신들의 권익을 보장받는다는 것을 전제조건으로 서류에 서명함으로서 나라의 주권과 영토와 국민을 고스란히 일본에 넘긴 것이다.

순진하게도 이런 의문과 질문을 하는 사람들이 있다. "왜 다른 나라들이 조선의 운명을 좌지우지하느냐"고 "또 그런 침략 행위는 옳지 않다"고 주장하겠지만 그것이 국제정치이다. 그 당시에는 전 세계를 대상으로 해양 강국들이 약소국을 식민지로 만들고 국제법적으로도 식민지 건설이 인정받던 제국주의 시대였기 때문이다.

그래서 고종도 그런 제국 그룹에 끼고 싶어 똑같은 유럽식 제복을 맞춰 입고 이름 모를 훈장을 주렁주렁 달고 '말로만 제국'인 '대한제국(Korean Empire)'을 만들지 않았던가?

1839년 '기해박해'에 이어 1866년 천주교인을 무려 8,000명을 죽이는 '병인박해'가 발생한다. 양반이 아닌 백성은 개돼지로 알던 고종과 사대부들은 양이(洋夷)의 종교인 천주교를 믿는다는 이유로 자국민을 무려 8,000명이나 학살하였다. 이를 계기로 천주교 신부의 요청으로 프랑스의 군대가 강화도로 쳐들어오게 된다. '병인양요'의 시작은 이러하다.

그리고 이러한 자국민을 대상으로 하는 전대미문의 대량 학살은 천주교를 '서학'이라 칭하고 이에 반하여 만들어낸 신흥 종교인 '동학'을 신봉하는 동학교도들에게도 똑같이 자행된다. 이때는 무려 17,000명 이상의 동학교도들을 한 번에 학살했다.

그리고 병인양요가 있은 후 얼마 안 있어 강화도가 또다시 침략을 받았다. 이번에는 미 해군과 해병대가 상륙하는 '신미양요'이다. 미국 전사(戰史) 기록에 있는 공식 명칭은 '1871년 미-한(美-韓) 전쟁(United States-Korea War of 1871)'이다.

United States와 Korea의 War 이라는 명칭이 오히려 과분하다. 이 전투에서는 흥선대원군의 최대 발명품인 방탄복 '면재배갑'만을 입고 용감하게 미 해병대에게 돌진하였던 지휘관 어재연 이하 조선군 243명은 전사하였고 100명이 익사하였으며 20명이 포로로 잡혔다.

당시 미군의 기록에서는 조선군들이 착용한 '솜으로 만든 군복'은 총탄을 막기 위한 것으로 보이는데 그 두께가 무려 1인치 이상 두꺼워 땀도 많이 나는데다 행동하기 어려웠으며 교전 중에 불이라도 붙으면 꺼지지도 않아 불에 타죽는 병사들이 많았고 살아남았던 병사들조차 몸에 붙은 불로부터 화상을 면하고자 포대 아래의 바다로 뛰어들었다고 한다.

'병인양요'와 '신미양요'의 중간에 잘 안 알려진 사건이 하나 있는데 그것은 거문도가 조선의 마카오나 홍콩이 될 뻔한 1885년 '거문도(巨文島) 사건'이다. 영국인들은 거문도항을 '포트 해밀턴(Port

Hamilton)'이라 불렀다.

2001년 여름 필자가 거문도에 갔을 때 현지 주민들에게 들은 이야기이다. 거문도에서는 술집을 '산다이'라고 하는데 그 유래는 다음과 같다. 영국 해군은 러시아의 남하를 막기 위해 1885년 3월부터 1887년 2월까지 2년간 거문도를 무단 점령하고 주둔하였다. 상주 영국 해군의 병력은 300~800여명 수준으로 군함도 5~10여척 정도 정박하고 있었다고 한다.

당시 영국 해군들이 일주일에 한 번씩 마을로 나와 일본인이 만든 유곽(게이샤)에서 술을 먹고 놀기도 하였는데 이때 이들을 만난 거문도민들이 오늘은 무슨 날이기에 노느냐고 물어보니 영국 해군 장병이 오늘은 선데이(sunday)라고 했다는 것에서 유래되었다고 한다. '산다이'와 관련한 여러 가지의 설이 있다고 하나 이 이야기가 가장 합리적인 것 같다.

영국 해군들은 춘궁기에 거문도에 들어와 현지민들에게 양과자와 통조림을 주고, 막사 시설 건설 등 일거리도 주면서 임금도 후하게 주어 인기가 많았다고 한다. 나중에는 거문도민들이 때는 이때다 싶어 임금을 더 올려달라고 보이콧까지 하였다고 한다.

만일 영국이 일제 식민지 시절에도 그대로 거문고를 점령하고 있었다면 귀향이나 가던 서남해의 작은 섬 거문도는 홍콩이나 마카오처럼 되지 않았을까? 지금도 거문도에는 영국군 주둔 당시 사망한 병사들 묘지가 있다. 당초 12개 비석이 있었는데 일본제국의 식민지를 거치면서 많이 훼손되고 지금은 2명의 주둔 영국군 묘비와 거문도 인근을 지나가던 '전함 알비온'에서 사망한 1명의 묘비만

이 남아 있다.

영국은 태어난 고향도 중요하나 죽은 장소도 중요하다는 문화가 있어 시신은 영국으로 옮기지 않고 거문도 현지에 묻었다고 한다.

38. 해양국가들의 식민지 확장 경쟁, 그리고 영일동맹

약간의 차이는 있으나 일본에서는 1868년에 메이지유신(1868~1889년)이 시작되었고 16년 후인 1884년 조선에서는 갑신정변이 일어난 이후 1994년 갑오경장(1894~1895년)에 이어 1899년 고종의 광무개혁도 있었다.

그런데 왜 일본은 제국으로 발전하고 조선은 일본제국의 식민지로 전락했을까? 그 근본적인 차이에 대해서는 보는 학자마다 다른 시각과 의견이 있을 수 있다. 그러나 가장 큰 핵심적 요인은 조선은 성리학에 기반을 둔 왕을 중심으로 한 사대부들이 권력 전반을 장악하고 있었던 반면 일본은 도쿠가와 이에야스의 막부정권 수립 이후 '천황'과 '막부정권'이라는 양대 권력으로 분산되어 이중 권력구조였다는 것이다.

심지어 임진왜란 이전 조선에서는 어째서 일본은 왕이 국가를 통치하지 않고 '관백'이라는 관리가 국가를 다스리고 전쟁을 일으키게 되었는지 그 자체를 이해하지 못했다. 사실 조선의 건국을 설계한 '정도전'이 생각했던 '신권주의(臣權主義)'의 국가 모델이 일본과 같은 시스템이기도 했다. 이를 두고 일부 학자들은 조선이 세계 최초의 '입헌 군주제'를 시도했던 나라였다고 칭송하기까지 한다.

일본은 양대 권력의 어느 한쪽을 무너뜨려도 나름의 명분이 있었으며 많은 일본인들에게 있어 긴 세월 통치를 한 막부 정권보다는 일본의 전통성을 유지하며 황제 중심의 서구 제국주의 열강과의 대결에서 천황의 존재는 그 무엇보다도 자부심과 자신감의 심징이 되었다. 따라서 혁명주의자들이 천황을 추대함으로써 대의명분에 있어 막부 정권보다 더욱 높은 자리를 차지할 수 있었다.

무엇보다도 쇄국정치를 시행했던 일본과 조선의 입장이 극명하게 차이가 있는데 한 번도 외세의 직접적 지배를 받아보지 않은 일본으로서는 자신들이 감당할 수 없는 수준의 과학기술과 군사력을 갖춘 서구열강과는 언젠가는 싸워야하는 적들이기 때문에 그들과 같은 수준의 국가를 만들어야 한다는 차원의 존왕양이(尊王攘夷)였으나, 조선은 말 그대로의 존왕양이, 한 발짝 더 나아가 '명나라'도 없어진 천하에서 유일하게 성리학으로 국가를 통치하는 전 세계에서 가장 우월한 국가인 정신 승리 '소중화(小中華) 조선'으로서의 존왕양이였던 것이다.

그러나 일본의 입장에서는 중국과 조선은 최초 건국 이래 많은 왕조가 바뀌었으며 당시 청나라조차도 중원 대륙을 잠시 차지한 수많은 왕조 중 하나였을 뿐이다. 중원 대륙은 강한 자가 차지하는 그런 곳으로 인식하고 있었다. 그리고 그것은 사실이다.

메이지유신은 지금의 야마구치인 '초슈 번(長州 藩)'과 가고시마인 '사쯔마 번(薩摩 藩)'이 동맹을 맺고 도쿠가와(德川) 가문 중심의 막부와 전쟁을 하여 일본 천황을 다시 추대한 사건인데, 프랑스와 같이 왕가 자체를 무너뜨린 것이 아니라 영국과 같은 왕실 중심의 제국주의 국가로 탈바꿈한 것이다. 즉 일본의 롤 모델은 '영국'이었다.

이때까지만 해도 '미국'은 독립전쟁(1775~1783년)을 통해 '영국의 식민지'에서 갓 벗어나고 '남북전쟁(1861~1865년)'을 끝내며 세계로 나오는 '신생국가'나 다름이 없었다. 미국은 남북전쟁을 끝내고 다음 해인 1866년에 다른 해양 국가들이 했던 것처럼 동양의 만만한 나라를 하나 골라 자국의 상선을 보내 개항을 요구한다. 이것이 '제너럴 셔면호 사건'이다.

메이지유신을 이끈 '유신 3걸 (維新3傑)'은 정한론을 강력히 주장하였던 '사이고 다카모리(西鄕隆盛)'와 그의 친구 '오쿠보 도시미치(大久保利通)', '기도 다카요시(木戶孝允)'라는 당대 일본을 이끈 인물들이었다. 임진왜란으로 인해 조선과는 매우 악연이 많은 '사쯔마 번'은 큐슈의 최남단 '가고시마 일대'를 영지로 삼고 있던 번이었는데 '사이고 다카모리', '오쿠보 도시미치'가 바로 이곳 출신이다.

'가고시마 현'의 동쪽에는 '미야자키 현'이 있으며 두 도시간의 거리는 기차로 불과 두 시간 거리로 가까운 곳이기도 하다. 서(西) 가고시마 역 앞에는 '갑돌천(甲突川)'이 있고 여기에는 고려의 이름을 딴 '고려교(高麗橋)'가 있는데 이 갑돌천 인근에 '사이고 다카모리'와 그의 동생인 츠쿠미치(從道)가 태어난 곳이 있다. 동생 츠쿠미츠 역시 메이지유신 9인의 원로 중 1명으로 메이지유신을 이끌게 된다.

더욱 특이한 점은 '러일전쟁'에서 러시아 육군과의 지상전을 승리로 이끈 '오야마 이와오(大山巖)', '쓰시마 해전'에서 러시아의 '발틱함대'를 궤멸시킨 '도고 헤이하치로(東鄕平八郎)'의 생가들도 바로 이곳에 있다. 바로 사쯔마 번의 출신들이라는 것이다.

그런데, 잠깐 '큐슈' 또는 '미야자키'의 지명은 낯설지가 않다.

일본 큐슈 남부의 가고시마 및 미야자키

　이곳은 일본 해적(倭寇)과 해적중(海賊衆), '해상무사집단'들이 주로 활동하던 지역이었으며, 대항해 시대에 포르투갈, 네덜란드 상인들이 상주하던 곳이었다. 무엇보다도 일본과 백제의 깊은 혈맹관계를 보여준 대표적인 사례인 '백강 해전' 이후 백제의 의자왕의 아들로 백제 부흥군을 이끌었던 '부여 풍(豊)'의 아들 '부여 사(絲)'의 직계인 '정가왕'(禎嘉王)과 '복지왕'(福智王)이 정착한 곳이기도 하다.

　앞서 이야기한 바와 같이 이곳 '미야자키 현'에는 1,300년간의 긴 세월동안 개최되어 온 '시와스 마쓰리(師走祭, Shiwasu Matsuri)'라는 축제가 있다. 매년 음력 12월 18일에 시작하는 '시와스 마쓰리'는 복지왕을 모시는 히키 신사에서 출발하여 정가왕을 모시는 난고손(南鄉村)의 미카토 신사로 갔다가 돌아오는 행사이다.

　바로 이 '난고손'이 있는 곳이 '큐슈'이며, 이곳 큐슈에서 메이지유신이 태동되었다.

혈맹국가로 백제를 도와 27,000명의 희생자를 내고 일본 천황의 가문까지 바뀌게 했던 663년 '백강 해전' 이후 1910년 한반도가 일본의 식민지가 되는 악연으로 바뀌게 된다. 그 악연의 서막을 열게 되는, 1868년 메이지유신으로 직결되는 역사는 이렇게 연계된다.

큐슈의 '사쯔마 번'은 이렇듯이 한반도의 길고 긴 역사와 같이 한다. 더욱이 임진왜란 시기에는 사쯔마 번주(藩主)인 '시마즈 요시히로(島津義弘)'가 선발부대인 고니시, 사토 부대 다음 조선으로 들어온 15,000명의 제 4군의 지휘관이었으며, 이순신 장군이 전사하는 1598년 11월 노량해전에서 퇴각하는 고니시를 구하려 500척의 함선을 이끌고 오게 된다.

임진왜란 직후 막부의 권력이 도쿠가와 이에야스로 넘어가게 되는 1600년 9월의 '세키가하라 전투'에서 토요토미 히데요리의 서군으로 참가하였으나, 이 전쟁에 패한 다른 다이묘들이 처벌을 받은 반면 '시마즈의 적중 돌파'라는 일본 전쟁사에 남을 전투를 통해 살아남게 된 시마즈 요시히로는 도쿠가와 이에야스로부터 더 이상 문책하지 않겠다는 약속을 받았다. 그 세력을 그대로 유지하고 메이지 유신을 이끄는 세력으로 존속하게 된다.

일본의 롤 모델인 영국이 대영제국으로 나아가는 첫 걸음은 다름 아닌 '프란시스 드레이크'라는 해적과 손을 잡음으로서 시작되었다. 일본과 영국은 상당히 많은 공통점이 있다. '섬나라'라는 지리적 특성 이외 해양을 국가 발전의 토대 삼았다는 것이다.

그리고 양국 모두 국가의 해상 활동에 있어 해적을 중용하였고, 이후의 그들의 사략 행위를 국가의 재정 확충에 적극 활용하였다. 여타국에게는 비록 나쁜 행위이였지만, 자국의 이익을 극대화하면서 보다 융통성 있게 세계를 지배해 나가기 시작한다.

많은 사람들은 흔히 '영국을 신사의 나라'라고 말한다. 그리고 '기사도 정신'도 말한다. 그러나 그 이면에는 경제권을 장악하기 위해 종교를 빌미로 벌인 십자군 전쟁 등 수많은 전쟁들과 전 세계를 식민지로 만들고 건설한 부강한 국가의 지배자로서의 여유로움이다. 일본도 메이지유신을 거치면서 영국과 같이 전 세계는 아니더라도 최소한 아시아권에서의 패권은 꿈꾸었다. 일본의 이 꿈은 전국시대 '오다 노부나가'의 꿈이었으며 그의 유지를 이어받은 '토요토미 히데요시'는 조선과 명나라를 넘어 인도까지도 출병하려 했었다.

그리고 그들의 꿈은 1592년 임진왜란 이후 300년이 흐른 후인 1894년 '청일전쟁'과 1904년 '러일전쟁'을 시작으로 실현된다. 미래를 꾸준히 준비하던 국가와 2,000년도 더 지난 공자의 말을 되새기는 성리학만을 고집한 한족 사대주의 국가의 극명한 차이가 현실로 나타나게 되는 것이다.

1902년 일본은 영국과 '영일동맹'을 체결한다. 동맹의 주요 내용은 영일 양국이 복수 이상의 국가와 전쟁 시 동맹국으로 참전하고, 영국은 일본제국이 조선에 대한 특별한 이해관계가 있음을 인정한다는 것이다.

한일병합에 영향을 준 각국별 조약 현황

날짜	조약명	주요 내용
1895.04.17.	청일 강화 조약 (시모노세키 조약)	- 청일전쟁에서 일본제국 승리 후 손해 배상 청구 - 청나라는 조선이 완전한 자주독립국임을 인정 - 일본제국의 조선에 대한 정치·군사·경제적 권리
1902.01.30.	영일 동맹	- 복수 이상의 국가와 전쟁 시 동맹국으로 참전 - 영국은 일본제국이 조선에 대한 특별한 이해관계가 있음을 인정
1905.07.29.	가쓰라-태프트 밀약	- 미국은 일본이 조선에 대한 보호권을 묵인 - 미국의 필리핀 접수에 대한 일본제국의 묵인
1905.09.05.	포츠머스 조약	- 러일전쟁에서 일본제국 승리, 미국에 중재 요청 - 일본제국의 조선 지배권 인정, 러시아 이권 포기
1905.11.17.	을사조약	- 일본제국이 대한제국의 외교권 박탈
1908.11.30.	루트-다카히라 협정	- 가쓰라·태프트 밀약을 일부 내용을 구체화
1910.08.22	한일병합 조약	- 대한제국 병합에 관한 조약

  영국과 일본이 처음부터 유대관계를 가지게 된 것은 아니다. 조선의 병인양요, 신미양요와 같이 양국간에도 전투가 있었다. 일본은 다이묘 가문의 행차나 사무라이의 대로(大路) 이동시 일반인들은 길의 가장자리로 물러나 머리를 숙이는 관례가 있다. 그런데 1860년 8월 사쯔마 번주(藩主) 하사미쓰 일행이 교토로 가던 중 영국인 관광객 4명이 이들의 행렬에 끼어들자 그 중 한 명을 칼로 죽이는 '나마무기 사건'이 발생한다. 영국인들의 행동은 일본의 전통을 정면으로 무시한 것이다.

  영국은 이를 계기로 막부에게는 배상금으로 10만 파운드, '사

나마무기사건이 일어난 장소

쯔마 번'에는 2만 5천 파운드를 요구한다. 막부는 이를 지불했으나, '사쯔마 번'이 반대하자 영국은 7척의 군함을 이끌고 가고시마항으로 진입한다. '사쯔마 번'은 13,000명의 병사들을 5개 포대 등에 배치하고 영국 군함과 교전을 한다.

당시 교전으로 영국군은 전사 13명, 기함인 레이스호스함 (2,300톤) 파손, '사쯔마 번'은 전사 5명, 함선 및 화물선 8척 소실, 가옥 510호 파괴 등 일본이 더 많은 피해를 보았으나, 이 일을 계기로 오히려 영국과 '사쯔마 번'은 서로를 인정하고 화해를 하게 되면서 '사쯔마 번'은 배상금을 지불하고 영국은 신형 군함 도입을 지원하는 등 협력체계를 구축해 나간다.

천주교인을 8,000명 죽임으로서 발생한 프랑스와 조선의 전투인 병인양요와 거의 유사한 길을 걸었던 반면, 결과는 정반대로 바뀐다. 조선은 더욱 쇄국의 길로 나가고, 일본 해군의 중심지인 '사쯔마 번'은 당시 가장 강대국이던 '영국과 친밀한 관계'를 형성하게 된다.

국왕, 해적, 해상무역국가, 기사와 사무라이 등 같지만 다른, 다르지만 같은 많은 공통점을 가진 해양국가 영국과 일본은 그 정신적, 문화적 유대관계를 기반으로 관계를 지속하다가 42년 후 일본이 메이지유신에 성공하고 강대국 대열에 들어오게 되자 1902년 1월 13일 조선을 일본의 식민지 작업을 인정하는 '영일동맹'의 체결에 이르게 된다.

이 영일동맹은 이후 발생하게 될 러일전쟁에서 러시아의 발틱 함대가 동해로 이동하는 원거리 항해를 연료수급 방해, 함대의 기항지 항구 입항 차단 등 교묘하게 방해하여 러시아 해군의 피로감을 극대화시킴으로서 일본을 간접적으로 도와 러시아의 패망을 유도하는 결정적 역할을 하게 된다.

39. 신흥종교 동학(東學), 청일전쟁, 러일전쟁의 서막을 열다

　　대한제국 식민지화의 직접적이고 구체적인 시작은 '청일 전쟁 (1894.7~1895.4)'으로부터 시작된다. 영국, 프랑스, 독일, 러시아 등 서구 열강들이 식민지 정책을 강화하고 있는 가운데, 청나라는 영국·프랑스 연합군과 대결한 아편전쟁의 패배의 결과로 난징조약을 체결하게 되면서 동북아 최대 강국에서 종이 호랑이로 추락하였다.

　　반면 일본은 오히려 '사쯔마 번'과 '초슈 번'의 동맹군이 막부 정권을 무너뜨리고 메이지유신에 돌입하게 되면서 메이지 천황을 다시 옹립하고 일본의 정통성을 바로 세우는 메이지 정부가 수립되었다. 이 시기에 사쯔마 번을 중심으로 '대만'을 점령하고 '류큐국(琉球國, 오키나와)'을 강제 병합하면서 아시아에서는 유일하게 서구형 제국주의 국가로 성장하고 있었다.

　　이런 와중에 일본의 '유신 3걸'중 한명인 '사이고 다카모리(西鄕隆盛)'가 정한론을 주장하기도 하였으나, 아직 준비가 되지 않았다는 '이토 히로부미(伊藤博文)' 등의 반대로 좌절되기도 한다. 이후 사이고 타카모리는 1877년 세이난(西南) 전쟁의 패배로 할복(割腹)으로 생을 마감한다.

　　일본은 자신들이 영국과 미국 등에게 당했던 방법과 동일한 방법으로 대한제국을 압박하기 시작한다. 그러한 가운데 1884년 갑신정변의 여파로 인해 1885년 청나라와 일본간에 '텐진조약'이 체결되는데 이때부터 한반도 내에서의 청나라 군대와 일본 군대의 활동은 조선 정부가 통제할 수 없을 만큼 이미 그 권위가 떨어진 상태였다.

그렇다면 청일전쟁과 조선의 식민지를 야기한 '텐진조약'이란 무엇인가? 간단히 말하면 '한반도에 일개국의 군대가 파병될 경우, 상대국의 군대가 자동 파병된다'는 것이다.

이는 조선(대한제국)의 땅에서 제 3국의 군대가 대결하게 된다는 것을 의미하는 것으로 이는 1592년 임진왜란 이후 처음으로 한반도에 '중국군'과 '일본군'이 동시에 들어온다는 것이다. 임진왜란의 경우에도 명과 조선이 주도권을 가지고 있었던 만큼 또다시 조선의 국권을 놓고 청나라와 일본이 각축전을 벌이는 형상이 되어버리고 말았다는 것을 뜻한다.

물론 이전인 1882년 임오군란으로 청나라 군대와 일본 군대가 조선 영토에 들어 왔을 때 청나라의 압도적 병력수로 인해 교전까지는 가지 않았으나, 1884년 갑신정변 당시에는 청과 일본과의 교전이 발생하였다. 이때 영국의 중재로 체결된 조약이 '텐진조약'이다. 조항들을 살펴보면 일본에 상당히 유리하게 작성되었다.

특히 일반적으로는 알려지지 않았으나, 애써 가르치지도 않은 조약이 하나가 있다. 그것은 조선과 청나라가 임오군란 직후인 1882년 11월에 체결한 '조청상민수륙무역장정(朝淸商民水陸貿易章程)'이다. 이 체결의 결과로 조선은 그전까지는 관례상 조공을 받치는 속국이었으나, 이 조약 이후부터는 조선의 국왕은 공식적으로 북양대

신이라는 청나라의 관리와 동급으로 대우받으며 국제적으로 사실상
의 '청나라의 경제 식민지'로 전락하게 된다.

> **【 조청상민수륙무역장정(朝淸商民水陸貿易章程) 】**
> 제1조 북양대신(北洋大臣)이 파견한 상무위원은 조선의 항구에 상주, 본국 상인을 돌
> 본다.
> 제2조 조선 항구에서 청나라 상인의 고소 사건은 청 상무위원이 심의 판결한다.
> 제8조 향후 협의 사항은 북양대신과 조선 국왕이 협의하여 적절하게 처리한다.

당시의 여타의 국가들이 제국주의 국가와 목숨을 건 전쟁을 치루고 식민지가 되었으나 조선의 경우에는 전혀 다른 양상을 보인다. 앞서 이야기한 바와 같이 조선의 정부군이 직접 나서서 외국군과 본격적으로 전쟁을 한 적도 없으며, 오로지 왕과 대신들이 국가의 주권을 놓고 조약을 체결함으로서 국가로서의 자격을 상실하게 되었다는 것이다.

이로서 순종과 그의 일가족 즉 대한제국의 황실은 일본 천황 다음으로 가는 엄청난 경제적 부를 누리며 1945년 일본의 무조건 항복 시까지 일본 황실의 일원으로 황실 회의에 참석하고 대우를 받아가면서 살아간다. 물론 당시 황실 종친들과 고관대작들도 일본의 귀족 작위를 받고 다른 모습으로 조선의 지배층으로 살아가게 된다. 대한제국이 망하는 것은 임진왜란과 같은 국가의 명운을 건 전쟁이 아닌 차근차근 체결된 여러 가지 '국제 조약'들에 기인한다.

마치 고려가 전쟁도 없이 사대부들의 손에 의해 고려의 왕이

폐위되고 한족 사대주의 기자 조선이 건국된 것처럼, 이번에는 일본 제국을 사대하는 조선의 사대부들의 손에 의해 국가가 일본제국으로 넘어가게 된다.

우리 민족 역사상 가장 나쁜 정치 집단은 '한족 사대주의자들의 카르텔'인 양반이라 불리던 사대부들이다. 지금도 그때의 신진사대부들과 같은 세력들이 국가를 유린하고 있다.

1894년 고종은 '동학(천도교)'을 신봉하는 많은 백성들의 봉기가 전국적으로 확산되자 청나라에게 지원군을 요청하게 된다. 고종이 자기 백성들을 죽여 달라고 외국군을 불러들이는데 다름도 아닌 병자호란을 일으켜 수많은 조선인을 학살하고 600,000명의 포로를 잡아갔던 청나라에게 원병을 요청한 것이다. 정작 요청을 받고 파병된 청나라군이 2,800명에 불과한 반면 '텐진조약'에 따라 일본군이 곧 바로 조선에 파병한 군대의 숫자는 3배에 가까운 8,000명이었다.

이미 청나라는 1884년부터 1년간 프랑스와 전쟁을 하여 패배하여 베트남의 종주국 권한을 잃었으며 베트남은 프랑스의 식민지화가 진행되었다. 청나라의 입장에서는 조선까지 빼앗기면 안 된다는 생각을 가지고 있었으나, 이미 국력이 노쇠하여 그럴 힘은 가지고 있지 못했다.

40. 안중근 의사가 말한 조선을 망하게 만든 '병균' 은 누구인가?

　　청나라의 통보와 동시에 조선에 즉각적으로 들어 온 것으로 보아서는 사전에 조선에 대한 첩보를 수시로 파악하고 있었거나, 텐진조약이 발동되어 일본군이 조선에 들어오는 명분을 만들기 위해 향간(鄕間)이나 내간(內間)[42]을 통해 동학 지도부들을 현혹시켜 움직이는 '물밑 공작'을 했을 가능성도 충분히 있다.

　　6월 11일 봉기가 마무리되자 청과 일본 군대의 철수를 요청하지만, 일본은 압도적 군사력을 바탕으로 청나라를 배제시키면서 7월 27일 조선의 '갑오경장'을 지원한다. 해상에서도 이틀 전인 7월 25일 일본 해군이 아산 근해 '풍도' 인근에서 청나라 해군과 교전하여 승리한다.

　　일반적으로 착각하기 쉬운 것이 있는데 '동학(東學, 천도교로 개칭)[43]'은 학문이 아니라 조선에서 서학(西學)이라 부르던 '천주교'에 반(反)하여 만들어진 '신흥종교'라는 것이다.

---

42) 손자병법 용간(用間)에는 5가지 종류의 간첩을 이야기하는데, 향간(鄕間), 내간(內間), 반간(反間), 사간(詐間), 생간(生間) 등이다.

43) 동학은 개화기 천주교에 반하여 만들어진 신흥 종교이다. '시천주(侍天主)'라는 마음속에 '한울님'을 모시는 신앙으로 주문과 부적은 중요한 의례 수단으로 사용되며, 청수봉전(淸水奉奠)과 심고(心告)는 모든 동학 교파에서 행하는 의례 형태이다. 주문의 주송(呪誦)과 부적의 소지(所持)와 소부(燒符)는 개화기 신흥 종교의 핵심적인 의례 행위로 인식된다. 국사편찬위원회, 우리역사넷 발췌

동학운동(우금치 전적지)

따라서 동학을 신봉하는 신도들의 무장 봉기는 일반적인 수준의 봉기가 아닌 '종교적 의식'이 강했다고 보아도 무방하다. 모든 종교의 원리주의자들이 그러하듯이 '죽음은 곧 순교'인 것이다. 특히 사이비, 이단 종교에서 가장 무서운 것이 이 부분이다.

실제로도 제2대 교조인 최시형이 동학을 주도할 당시 종교성과 정치성 그리고 무장 봉기와의 연계를 두고 주 세력인 북접과 남접 사이의 심각한 노선 차이가 발생하여 상호간 대립하였다.

북접에서는 종교를 벗어나 정치 세력화 및 무장 세력화 되어가는 '남접을 섬멸하자'는 주장까지 나온다. 손병희가 3대 교조가 되었을 때는 더욱 심각한 갈등을 겪게 되나 이를 두고만 보게 되고 결국 17,000명이라는 사람들이 조선 정부군에 의하여 집단 학살당하게 된다.

더욱이 대한민국 사람이라면 누구라도 존경하는 안중근 의사의 경우, 그는 16세인 1894년에 동학군 토벌에 나서 공을 세우기도 하였으며, '이토 히로부미(伊藤博文)'를 저격한 이후 붙잡혀 여순 감옥에 투옥되어 사형을 기다리던 기간 중 저술한 자서전과 「동양평화론」 전감(前鑑)에서 동학에 대하여 다음과 같이 평가하였다.

"조선의 좀도둑 떼와 같은 동학당들이 외세를 배척한다는 구실로 관리들을 살해하고 백성의 재산을 약탈하였다. 이때가 한국이 장차 위태롭게 된 기초가 되었으며 동학당은 청일전쟁과 러일전쟁의 원인을 만든 병균이었다"라고 하였다. 동학당과 동학군의 봉기가 무엇인지 그 본질을 알게 해주는 매우 객관적이고 귀중한 자료이기도 하다.

게다가 3차 봉기가 실패한 이후 자신들만 살겠다고 중국으로 경유해 일본으로 도망가 있던 '손병희'와 수청대령(水淸大領)[44] 인 '이용구(李容九)'는 1904년 2월 '러일전쟁'이 발발하자 동학 포교에 도움이 될 것이라는 생각으로 일본 육군성(陸軍省)에 '군비(軍費) 10,000원'을 헌납하였으며 일본 적십자사에도 3,000원을 기부하기까지 하였다.

이후 조선 내에서 동학에 대한 탄압이 어느 정도 수그러들자 손병희는 자신의 복심(腹心)을 잘 알고 있고 절대적으로 신임하고 있던 '이용구(李容九)'에게 조선으로 건너가 흩어진 동학교도들을 규합하여 급진적 국정개혁을 주장하는 민간단체인 '진보회(進步會)'를 만들도록 한다.

---

44) 동학은 포교 인원 숫자에 따라 지위가 상승한다. 40명 포섭시 해접주(該接主), 300명 포섭시 수접주(首接主), 1000명 포섭시 대접주(大接主), 10,000명 포섭시 의창대령(義昌大領), 50,000명 포섭시 해명대령(海明大領), 150,000명 포섭시 수청대령(水淸大領). 미래한국(http://www.futurekorea.co.kr)

진보회를 만든 후 얼마 안 되어 이용구는 대표적 매국노인 '송병준'을 만나게 되는데, 송병준은 이완용이 대한제국의 황실을 보존하는 방향의 한일병합을 주장한 반면, 대한제국 황실 자체를 없애는 한일병합을 주장한 급진적 친일파였는데, 진보회가 '급진적 국정개혁'을 주장하는 동학교도들로 구성된 전국적 기반을 가지고 있다는 점과 자신이 만든 친일 조직인 '일진회(一進會)'와 그 목적이 같다는 판단 아래 이용구와 합의하여 12월 2일 전격적으로 '진보회'와 '일진회'를 합치게 된다. 동학 세력이 본격적으로 친일노선을 걷게 되는 순간이다.

　　이용구가 이끄는 무려 10여만명의 동학교도들이 동참하자 회원 수가 불과 300명밖에 안 되던 친일 조직인 '일진회'의 세력은 급속도로 불어나고, 자칭 1,000,000여명 규모(회비 납부회원만 140,000여명 이상)로 급성장하게 되었다. 이듬해 일진회 자체가 동학교도로 구성된 만큼 이들의 책임자인 이용구가 일진회장으로 선출되자 동학과 일진회는 사실상의 '이명동체(異名同體)'로 본격적인 친일 활동을 하게 되는데, '합일 병합'까지 일본제국의 하수인으로 매국에 앞장서서 조선인들을 선동하는 '프로파간다(선전, 선동)' 역할을 충실히 한다.

　　이후 손병희는 이념 갈등으로 이용구와 갈라서게 되는데 손병희는 동학을 '천도교'로 개칭하고, 이용구는 자기를 따르는 약 150,000명의 무리를 이끌고 동학의 구호인 '시천주 조화정(侍天主 造化定)'의 앞 자를 활용한 '시천교(侍天教)[45]'라는 친일 성향의 신흥 종교로

---

45) 시천교(侍天教)는 이용구(李容九, 1868~1912)가 세운 동학의 일파이다. 최시형(崔時亨)이 동학란의 책임을 지고 교수형에 처해진 뒤 김연국(金演局), 이용구와 손병희(孫秉熙)는 천도교라는 새로운 교명을 선포하고 교체 확립에 나섰다. 이용구는 동

개명하고 교주가 되기도 한다.

참으로 아이러니한 것은 안중근 의사가 말했던 것처럼 '동학군'의 봉기로 인해 조선 정부가 청나라군과 일본군을 한반도에 끌어들이고 조선 정부군이 동학 교도 17,000명을 사살한 이후, 생존한 동학교도들이 '일진회'의 주력이 되어 '매국 활동에 앞장'을 서게 되었다는 것이다.

이용구와 일진회는 적극적으로 매국활동을 하고 그 대가로 일본 정부로부터 30,000,000엔을 받기로 했는데, 정작 1910년 한일 병합이 되자 일본정부가 일진회에 준 돈은 200,000엔에 불과했으며, 해산까지 당하게 된다. 1912년 일본에서 사망하면서 남긴 말은 지금도 회자된다.

"우리는 참 바보짓을 했어요, 혹시 처음부터 속았던 것은 아닐까요?"

학을 이용하여 진보회, 일진회 등의 친일 단체를 세웠고, 서로 간에 뜻이 맞지 않아 결별하게 되어 교단은 양분되었다. 김연국, 이용구는 스스로 정치와는 결별할 것이라고 선언하며 반일 사상을 가진 천도교로부터 물러나 친일 사상을 가진 시천교(侍天敎)를 세웠다. 명칭은 동학의 경전에 있는 문구(侍天主造化定 永世不忘萬事知)에서 따왔다. 위키백과

41. 우금치 전투의 진실, 고종이 조선 백성을 학살하라
    고 지시하다

　　동학군의 활동에 있어 확실하게 종지부를 찍게 되는 것은 1894년 12월에 있었던 '우금치 전투'이다. 최근 드라마로도 나왔다. 물론 역사를 왜곡하고 반일 감정만 높이려는 목적에 충실했었던 모양이다. 그리고 일반적으로도 '일본군이 동학군을 학살했다'고 알고 있다.

　　역사를 바로 보자. 일본의 잔악한 동학군 학살이라는 '우금치 전투' 때 주력부대는 일본군이 아니라 '조선 정규군'으로 무작정 돌진하는 동학군 17,000명을 대량 학살한 무기인 '개틀링 기관포'와 '그루프 야포'를 가져 온 3,200명의 주 병력이었으며, 일본군은 동원 예비군으로 구성된 후비 지원부대로 불과 200명만 참전한 전투이다. 개인화기 조차 조선 관군은 '스나이더 소총'으로 무장한 일본군보다 성능히 뛰어난 '게베어 1871 소총'을 무장하고 있었으며 이후의 패잔병 색출과 체포의 경우 일본군들이 주도를 한다.

우금치 전투

앞서 이야기한 바와 같이 당초 흥선대원군이 청일전쟁으로 일본의 주력군들이 평양 이북으로 북진을 하는 때를 노려 정권을 탈취 할 목적을 가졌다. 자기에게는 손자이자 고종의 형의 아들인 '이준용'을 앞세우고 동학군을 이용하여 한양을 접수할 계획이었으나 이준용과 그의 정부군 동원은 발각이 되어 차질이 생겼다. 그러자 대원군은 동학군만으로 이용하여 정권 재집권 계획을 강행하였다.

고종의 입장에서는 자신의 권위에 도전하는 쿠데타 세력에 대한 완전 섬멸이 필요하였다.

그러한 이유로 조선 정부는 9월 21일 신식무기로 무장한 최정예 부대인 통위영(統衛營)과 장위영(壯衛營) 소속 병사들로 구성된 '영호도순무영(兩湖都巡撫營)'을 설치하고, 호위부장 '신정희'를 '도순무사(都巡撫使)'로 임명한다. 조선 정부의 요청을 받은 일본군도 제18대대 일부 병력을 파견한다. 이 과정에서 근대식 군대 운용 경험을 가지고 있는 일본군 소좌(소령)가 조선정부로부터 지휘권을 인계받기도 한다.

결국은 정권을 빼앗으려는 '흥선대원군과 이준용, 동학군'과 정권을 지키려는 고종의 집안싸움이었다는 것이다. 차라리 그 에너지를 합쳐서 청일전쟁으로 조선을 신경을 쓸 수 없는 일본군을 청나라와 손을 잡고 후방에서 공격하여 일본군을 섬멸하였다면 청과의 종속관계도 벗어나고 동북아시아에서의 역학관계가 달라지지 않았을까하는 아쉬움이 남는다.

일본은 청과의 전쟁으로 국가의 재정이 파탄날 정도로 국력을 모두 소진해 버린 이제 막 제국주의로 성장을 꾀하던 국가였을 뿐이다. 이후 청으로부터 받는 막대한 전쟁 배상금으로 국력을 다시 회복하였다. 청일전쟁 당시 조선 정부군은 누구를 도왔을까? 바로 일본이었다.

다시 우금치 전투로 돌아와 보자. 우금치 지역에 도착한 조선 정부군은 '이규태(李圭泰)'와 '이두황(李斗璜)'의 부대가 우금치의 동쪽과 서쪽에 '개틀링 기관포'와 '대포' 진지를 구축하고 조선군 병력을 배치하였으며 '이진호(李軫鎬)'의 교도중대 및 '성하영(成夏永)'의 경리청 부대가 방어선 일대에 포진하고 최후방으로 이 일대가 내려다보이는 견준봉에는 일본군 소좌와 200명의 보병이 주둔하였다.

왜곡된 역사관으로 포장된 영화나 드라마를 볼 시간이면 백과사전을 한번 더 보기를 권한다. 차라리 백과사전을 보고 그 당시의 상황을 머리 속으로 연상하는 것이 더 현실감이 있을 수 있다. 왜곡된 역사관은 사회를 바라보는 시각을 삐뚤어지게 만들 뿐만 아니라 나아가 국가 발전에 도움도 안 되고 정신 건강에도 안 좋다. 오직

'프로파간다의 목적'으로 한 왜곡된 사실을 전파하고 제작사만 '돈'을 번다.

우금치라는 '퇴로가 없는 죽음의 병목지역'에서 무장도 변변치 않은 동학을 신봉하는 20,000명이 넘는 신도들에게 '시천주 조화정(侍天主 造化定)'이란 주문을 소리치면서 달려 가면 죽지 않을 것이라며 세뇌시키고, 무작정 십자포화(十字砲火) 속으로 돌진할 때마다 400여명 정도의 신도들이 계속 죽어나가는 상황 속에서 그것도 50여회나 계속해서 일본군의 '반자이 돌격(バンザイ突擊)'과 같은 무작정 돌격을 시킨 무책임한 장본인들은 누구인가? 그리고 이들을 향해 개틀링 기관포와 야포를 발사한 것은 또 누구인가? 인정하고 싶지 않겠지만 그 모두 조선인들이었다.

그리고 그 짧은 시간에 무려 17,000명이 죽어 나가는 그곳에서 정작 최후까지 함께 하지도 않고 도망쳐 숨어 있다가 사로 잡혀 처형된 동학군의 작전 책임자들은 누구인가? 또한 이들을 '토벌'하라고 시킨 것은 바로 고종이었으며 훈련이 덜 된 조선군대로는 안 되니, 이들을 지휘해 달라고 '일본 군대'에 지원을 요청한 것도 고종이다. 왕이 자신의 나라의 17,000명이나 되는 백성을 사살하라고 명령한 '전대미문의 학살사건'이다.

역사를 왜곡하면 안 된다. 드라마나 영화에서 단순히 일본군의 침략성을 부각시키기 위한 나머지 고종과 조선 진압군의 역할을 감추고 있는데 이는 심각한 역사 왜곡이다.

같은 시기인 1898년 수단에서 흡사한 대규모 학살이 있었다. 수단의 '마흐디 군' 52,000명이 '영국 군'의 진지로 무작정 진격하여

기관총을 맞고 23,000여명의 사상자를 낸 '옴두르만 전투'이다. 성리학의 세계관으로 세상의 중심이라고 믿고 국가를 경영하던 사대부들의 나라, 조선은 아프리카의 원주민으로 구성된 수단과 같은 수준의 나라에 불과했던 것이다.

같은 시대에 중국에서도 유사한 일들이 발생하였는데, 1850년~1864년까지 '홍수전'이 자신을 '예수의 동생'이라고 주장하며 '태평천국의 난(太平天國의 亂)'을 일으켜 무려 20,000,000명 이상이 죽었으며, 1899년~1901년까지는 20,000명 이상이 죽은 '의화단 운동(義和團運動)'이 있었다. 조선에서 발생한 동학이 서학 즉 천주교의 아류라고 보면 '태평천국의 난'과도 그 맥을 같이 한다. 그 시기에는 수많은 후진국에서는 공통적인 현상이 발생하였는데 그것은 기독교와 토속 종교를 혼합한 사이비, 이단 종교의 발생이다.

놀랍게도 38선 이북의 땅을 강점하고 있는 '조선민주주의인민공화국'이라는 불법조직의 정체성인 주체사상도 기독교의 특징, 예를 들어 예수님의 오병이어(五餠二魚)의 기적을 도용하여 그 정신적 기반을 구축하였다. 김일성이 솔방울로 수류탄을 만들었다는 거나 가랑잎을 타고 강을 건너 다녔다는 등의 일들이다. 그렇게 우상화하여 신앙처럼 만들고 또 어릴 때부터 반복 교육하여 그것을 믿게 만든다. 그리고 지금도 전(全) 세계에서 자신이 예수라고 주장하는 사람이 가장 많은 곳이 한반도이고 지금도 수많은 이단 종교들이 범람하고 있는 현실이다.

여기서 아주 흥미로운 이야기와 직접 연결된다. 임시정부의 '임시의정원 의장'을 지낸 '손정도' 목사라는 인물이 있다. '손정도 목사'가 길림에 있을 때 남편과 사별한 한 여인이 찾아와 자신의 아들을 도와 달라고 부탁한다. 키워 달라는 것이다. 그래서 손 목사는 자신의 아들들과도 나이대가 비슷한 그 아이를 집에 데려와 키우면서 길림에 있는 중학교를 보내주고 기독교 신앙도 전파하며 한 가족처럼 지낸다.

손 목사에게는 2명의 아들과 3명의 딸이 있었는데 둘째 아들인 '손원태'와 그 아이는 2살 차이라 형 동생하면서 사이좋게 지냈다고 한다. 손원태는 커서 미국으로 이민을 가서 의사가 되었으나, 그 아이가 전혀 다른 길을 걷게 되는데 그 아이가 바로 민족상잔의 비극인 6·25전쟁을 일으킨 '김일성'이다. 바로 그 김일성이다.

당초 공산주의를 만든 '칼 마르크스'의 아버지의 직업도 '목사'였다는 것을 보면 '한반도를 지상낙원(유토피아)'으로 만들겠다는 김일성 일가의 행보를 미루어 유추해 볼 수 있다.

이 일로 손정도 목사는 지금도 김일성을 키워준 은인으로 북한에서 제일 존경받는 인물 중 한 명이다. 그리고 참으로 역설적이게도 김일성과는 사이가 별로였다는 손 목사의 '첫째 아들'은 1948년 대한민국 해군을 직접 창설하고 6·25전쟁에 참전하였으며 해군참모총장과 국방부장관을 역임했던 '손원일' 제독이다.

너무 아이러니하지 않은가? 한 집안에서 동생으로 자란 '김일성'은 북한지역을 공산화시키고 인민군 총사령관으로 6·25 전쟁을 일으킨 반면, '손원일'은 대한민국의 자유 민주주의를 지켜내기 위해 해군을 만들고 김일성과 그의 인민군들과 싸웠다.

정부 주도로 만들어진 육군의 창설 배경과는 다르게 대한민국 해군은 '해방론(海防論)'의 의지를 가진 선각자들이 모금을 통해 인력을 양성하고 군함을 사서 '해방병단'을 만든 이후 이승만 대통령의 공식 재가를 받아 대한민국의 정식 해군이 된 특이한 역사를 가지고 있다.

한반도의 근현대사는 참으로 극적인 요소를 많이 가지고 있다. 이를 통해 현재 대한민국 내에서 북한을 추종하는 사회주의, 공산주의 세력과 시장경제속의 자유 민주주의를 추구하는 세력 간의 다음 주도권 대결의 모습이 예측되기도 한다.

조선이 일제의 식민지가 되는 근본적 원인을 제공한 동학은 천도교로 개칭한 이래 교세가 날로 약해졌으나, 1970년대 들어 박정희 대통령의 지원을 받아 수운회관 건립 등 교세가 다소 회복되었으나, 육군 장군 출신으로 외무부장관과 서독 대사까지 역임했던 '최덕신 교령'이 1986년에 월북하였고, 대한한국 내에서 최근까지 천도교 활동을 하던 그의 아들인 '최인국'도 2019년 7월 불법적으로 월북하면서 사회적 물의를 일으킨 바 있다.

42. '대조선대일본 양국맹약'과 청일전쟁

1894년 조선 정부는 자체적으로 동학군 진압이 어려워지자 동학군 토벌을 목적으로 청에 군사 지원을 요청하고 텐진조약에 의해 조선으로 들어 온 일본군은 당초 계획된 목적에 따라 1894년 7월 25일 일본 해군은 풍도(豊島) 앞바다에서 청의 함대를 기습 공격하여 승리하고 이어서 7월 29일 아산에 상륙해 있던 청나라 육군과 교전을 하는 '성환 전투'를 시작으로 청나라 군대와 본격적인 전쟁에 돌입한다.

1차 663년 백강 해전, 2차 1592년 임진왜란에 이은 3차 한중일 전쟁인 '청일전쟁'의 시작이었다. 차이점은 1차 때는 일본과 백제가 연합하여 중국(당)과 대결한 것이며, 2차 때에는 조선과 중국(명)이 연합하여 일본과 대결한 것이고, 3차는 다시 일본과 조선이 연합하여 중국(청)과 대결한 것이다.

이 모든 전쟁이 한반도에서 시작되었으나, 전쟁의 주체는 중국과 일본이며, 피해는 고스란히 한반도와 그 곳에 거주하는 사람들의 몫이었다.

1894년 8월 1일 일본은 풍도 해전이후 4일 후에 청에 선전포고를 하였다. 청 군대는 일본의 기습으로 전세가 악화되자 곧바로 평양으로 후퇴하고 지원군을 보충받아 15,000명의 청군과 일본군이 결전하는데 9월 15일 평양이 함락되고 청군은 의주까지 후퇴한다.

이 시점에 잘 알려지지 않은 조선·일본제국간 또 하나의 협정이 체결된다. 그것은 1894년 7월 22일에 체결된 '대조선 대일본 양국 맹약(大朝鮮大日本兩國盟約)', 줄여서 '조일맹약(朝日盟約)'이라고도 한다. 쉽게 이야기하면 '한일 군사동맹'이다. 이를 계기로 조선 정부는 조선 영토 내에 주둔중인 일본군에 대한 군사기지 제공, 군수 보급 및 노동력을 조선이 지원하게 된다.

> 제1조 이 맹약은 청나라 군대를 조선국의 국경 밖으로 철퇴시키고, 조선국의 독립 자주를 공고히 하여 조선·일본 양국의 이익을 증진하는 것을 그 근본으로 한다.
> 제2조 일본국은 청나라에 대한 공격과 수비의 전쟁을 책임지기로 하며, 조선국은 일본 군대의 진격과 퇴각 및 그 식량 준비를 위해 필요한 만큼 편의를 제공하기 위해 최선을 다한다.
> 제3조 이 맹약은 청나라와 평화조약이 성립되었을 때를 기해 폐한다.

이 협약으로 인해 다소 이해하기 어려운 사진 한 장이 만들어지게 된다. '평양 전투' 이후 일본군에 패한 청나라 군대의 포로들을 감시하고 있는 병사들은 조선군이다.

당시 평양의 조선군 700명과 평양에 거주하던 17~50세의 남성들은 전부 동원되어 평안감사 민병석의 지휘를 받으며 42일 동안 평양을 요새화하는 공사를 하는 등 청나라 군대를 지원하였다. 결국 조선군은 한쪽은 청나라 군대와 다른 한쪽은 일본 군대와 편이 되어 서로 싸우는 웃지도 못할 상황이 벌어진 것이다.

평양전투

어설프고 터무니없는 역사관을 가진 이들이 '한일 군사정보보호협정(GSOMIA)' 파기를 위해 그토록 목을 매었던 이유도 여기에 있다. 그러나 그때 망해가던 조선과 지금의 자유 대한민국은 근본적으로 다른 나라이다.

평양전투에서 일본군의 일방적 승리 이후 북진을 계속하게 되자 10월 8일 주일영국공사는 이토 수상에게 조선의 독립을 담보하고 청나라와의 배상금 처리 문제를 문의한다. 비록 문의라는 형식이지만, 실제로는 이제 그만 끝내라는 외교적 압박이었다. 일본군이 청나라의 영토까지 장악하는 것을 방지하기 위한 조치였다. 중국 대륙은 자신들이 차지해야 했기 때문이다.

그러나 일본군은 이를 무시하고 계획대로 청나라 군대를 쫓아 그대로 진격하여 1894년 10월 10일 압록강에 설치된 청나라 군대의 요새를 격파하고 연이어 요동반도의 주요 도시 점령한 이후

11월 21일에는 '여순항'까지 점령하며 1895년에는 2월 12일 웨이하이 요새를 점령한다.

동학군이 궤멸한 우금치 전투(1894년 12월)는 바로 일본 군대와 청나라 군대가 압록강 이북과 '요동' 및 '여순항'에서 대규모 전투를 치루고 있던 시기에 일어난 사건이다. 즉 일본군의 주 병력은 요동 반도에 있었을 뿐더러 당초 목적이 동학군 봉기를 빌미로 조선 영토 내에 자국의 대규모 군대를 상주시킨다는 목적이 달성되었던 만큼 동학군 진압에는 큰 관심과 가치를 두지 않았으며 이에 따라 우금치에는 예비부대만을 동원하여 단 200명의 지원군만 보내게 된 것이다.

사실 이 부분에서 동학군의 지휘부와 부산에 있던 일본 정치 조직이 연계되었다는 사실도 있었던 만큼 일본이 대규모 군대를 조선으로 보내기 위한 사전 공작일 가능성일 수도 있다.

당시 부산에 있던 일본의 정치 폭력조직인 '천우협(天佑俠)'과 전봉준의 접촉이 있었으며 공식자료인 '천도교 창건사'에서는 '다케다 한시(武田範之)' 등 천우협 조직원 14명이 금시계 1개와 보석 마노(瑪瑙)를 보내오자 전봉준이 흔쾌히 천우협의 조직원들과 만나 조선의 정세를 논하였다는 기록이 있고 이 자리에서 이들은 동학군이 청나라 군대를 공격할 것을 호소하였다.

또한 당시의 '통리교섭통상아문'의 음력 6월 16일자 기록을 보면 '일본인 '요시쿠라 오세' 등 14명이 통행증 없이 안약과 총을 가지고 전북 순창에 와서 도적의 우두머리(전봉준)를 만나 온갖 것을 종용했다'는 내용도 있는 만큼 이를 증명한다.

곧이어 청일전쟁이 발발하자 천우협 조직원들은 일본군의 정보 수집업무를 담당하는데, 전후 사정을 고려할 경우 천우협의 활동은 청일전쟁을 도발하려는 명분을 만들기 위해 동학군의 봉기를 유도한 일본 정부의 전형적인 간첩 행위였음을 짐작할 수 있다.

무엇보다도 당초 동학의 북접 세력은 남접이 주도하는 무력 봉기를 반대하였고, 조선정부의 요청으로 일본군이 들어오기 전까지도 '남접을 섬멸해야 한다'는 것이 기본 여론이었다.

또한 그 이후 동학의 '수청대령(水淸大領)'으로 동학 내에서 가장 많은 신자를 가지고 있는 '이용구'가 100,000명이 넘는 동학신도들을 데리고 일진회를 만들어 친일 행위를 했던 진실 속에서, 역사에 대한 재분석과 동학 남접과 제국 일본과의 관계에 대하여 심층 분석이 필요하다.

더욱이 당초 전봉준이 흥선대원군의 식객으로 많은 교감을 있던 상태였으며 순진하게 흥선대원군의 '왕 교체 프로젝트'에 동참하여 봉기를 하였으나, 결국은 당시의 국제 정세를 전혀 모르고 쇄국주의만 고집하던 흥선대원군도 그의 수하인 전봉준도 결과적으로 일본 제국에게 역이용당했을 가능성이 상당히 높다.

사실 동학군의 봉기마저도 일본군과 엮지 않으면 1910년 한일병합 이후부터 1945년 해방이 될 때까지 독립군의 일부 전과 이외에 대규모의 군사적 행동이 없게 된다. 아쉽게도 국제사회에서는 1945년 일본의 무조건 항복 이전까지의 조직적인 반일(反日) 군사적 활동의 미비함을 두고 조선은 2차 세계대전 전승국의 자격이 없는, 그냥 일본의 한 지역으로 분류되는 근거가 되기도 하였다.

자존심 하나만으로 마치 동학군의 봉기를 폴란드 지하국가

(Polskie Państwo Podziemne), 프랑스의 레지스탕스, 유고슬라비아의 파르티잔, 네덜란드의 베르제트 등과 같은 군사 활동인 것처럼 왜곡하여 항일 군사 교전으로 각색하여 포함시키고 싶더라도 이미 국제적으로도 인정받지도 못한 각색된 과거이니 더 이상 후손들에게 왜곡된 역사를 가르치지는 말아야 한다.

수세에 몰린 청나라는 일본에게 강화를 요청하게 되는데 이 조약이 1895년 4월 17일 체결된 '청일 강화조약'(시모노세키 조약)이다. '조항 1'에 따라 조선에 대한 청의 종주국 영향력이 완전히 배제된다. 여기에서 '종주국의 권한'이란 것은 조선이 병자호란이후 계속되어온 청의 조공국가였다는 관습을 폐기한다는 단순한 이야기가 아니다.

1. 청은 조선이 자주 독립국임을 확인하며, 일본과 대등한 국가임을 인정한다.
2. 청은 랴오둥 반도, 타이완 섬, 펑후 제도 등 부속 여러 섬의 주권 및 그 지방에 있는 성루, 병기제조소 등을 영원히 일본 제국에 할양한다.
3. 청은 일본국에 배상금 2억 냥을 지불한다.
4. 청의 사스, 충칭, 쑤저우, 항저우의 개항과 일본 선박의 장강 및 그 부속 하천의 자유통항 용인, 그리고 일본인의 거주, 영업, 무역의 자유를 승인한다.

그것은 바로 조선과 청나라가 13년 전 임오군란 직후인 1882년 11월에 체결한 조선을 '청나라의 식민지'와 같은 합법적 속국으로 만든 조청상민수륙무역장정(朝淸商民水陸貿易章程)의 내용을 파기한다는 것이며, 이제 곧 일본이 그 권리를 가져가겠다는 것을 의미하는 것이다.

그해 10월 일본과 대적하기 위하여 러시아의 도움을 요청하려던 민비가 대원군과 일본의 공조로 시해되는 사건이 발생하고, 이듬해 고종은 러시아 공사관으로 '아관파천'을 하게 된다.

청일강화조약(시모노세키 조약) 체결로 일본은 요동반도, 타이완 등을 확보하게 된다. 그러나 일본 성장을 견제하고자 '러시아, 독일, 프랑스'의 삼국이 일본군의 요동 반도 점령에 대해 심각히 문제를 제기하자 일본은 열강의 힘에 밀려 요동에서 철군을 하게 되지만, 요동 철군을 가장 강력하게 주장한 러시아와는 반드시 결전을 해야 한다는 목표가 생기게 된다.

당시의 일본 정부로서는 조선은 이미 오키나와 현으로 병합된 '류큐국(琉球國)'과 같은 범주로 인식하고 조선의 병합은 시간문제인 만큼 한동안 '북수남진론'에 입각한 국가 운영을 추진한다. 이는 '사쯔마 번' 출신으로 수상을 역임했던 '마쯔가타 마사요시(松方正義)' 등 실력가들이 같은 '사쯔마 번' 출신들이 집중적으로 포진해 있는 해군의 역량 확대를 위해 타이완을 기반으로 남쪽의 '해상 우세권'을 확보해야 한다고 강조하면서 부각되기 시작하였다.

일본은 1900년 8월 본격적으로 청나라 남부 영토를 확보하기로 하고 '의화단 사건'으로 혼돈스러운 사이에 '샤먼항(하문항, 廈門港)'을 점령한다는 계획 아래 비밀리에 '혼간지(洞東本願寺)'에 화재를 일으킨 이후 자국민 보호를 빌미로 육, 해군을 보내 일방적으로 점령한다. 그러나 이번에도 삼국의 반발로 철수하게 되면서 일본의 '북수남진론' 정책은 종지부를 찍게 된다.

1900년 7월 러시아는 강대국으로 급성장하는 일본과의 불필요한 군사적 충돌을 피하고 부동항 확보라는 소기의 목적을 달성하기 위하여 대한제국을 배제한 채 은밀히 일본에 '대한제국(한반도) 분할론'을 제시한다. 따라서 한반도를 남북으로 분리시키는 계획은 1945년 해방 이후가 아닌 1907년 러시아가 최초로 제안한 것이었다. 그리고 이것은 러시아가 공산국가인 '소비에트'로 바뀐 후 '제2차 세계대전'의 '전승국 자격'으로 북한 지역을 조기에 장악하고 공산화를 시키는 토대가 되는 중요한 모멘텀이 된다.

그해 12월 당시 일본의 수상인 '이토 히로부미'의 반대로 '한반도 분할론'은 물밑으로 사라졌으나, 아마도 일본은 이미 한반도를 벗어나 요동을 차지하기 위해 러시아와의 결전을 준비하고 있었을 것이다.

청일 전쟁(1894.7~1895.4)을 계기로 청나라는 동북아시아의 패권 국가의 자리를 일본에게 넘겨 주게 되고 몰락의 수순을 밟게 된다. 국제 관례상 전쟁에 패배한 국가는 승전국에 대하여 전쟁에 소요된 비용을 배상하게 되는데 이 전쟁으로 인해 청은 일본에 전쟁 배상금으로 '3억 6,500만엔'이라는 거금을 지불했다. 이는 당시 일본 1년 예산의 3.5배 규모로 엄청난 액수였으며 이를 통해 국가 재정을 안정화시키고 다음 전쟁을 준비한다.

이러한 배상금 확보는 제국주의로 나아가는 기반을 튼튼히 할 수 있으며, 식민지를 더욱 확대해야 하는 명분과 필요성을 제공하게 되므로 국민적 동의를 받을 수 있게 된다. 즉 전쟁에서 이기기만 하면 '영토'는 물론 '막대한 현금'을 확보할 수 있어 국가의 산업 경제가 활성화된다는 것을 의미하는 것이다.

청일전쟁에서 패배한 청나라는 16년 이후, 대한제국이 일본제국의 식민지가 된 다음해인 1911년에 '신해혁명'이 발생하고 1912년에 멸망하게 된다. 청의 마지막 황제였던 선통제(宣統帝) '아이신 교로 푸이'는 일본의 괴뢰정부인 '만주국'의 황제로 등극하고, 조선과 청을 망하게 만든 장본인인 '위안 스카이'는 '중화제국 제제운동(帝制運動)'을 일으켜 스스로 황제로 등극하기도 한다. 물론 잠깐의 해프닝으로 끝난다.

43. 쓰시마 해전, 러시아와 조선을 멸망시키다

 청일 전쟁 이후 1897년 12월 러시아 제국의 함대가 여순항에 들어오게 된다. 1898년 초 청나라와 비밀리에 밀약을 맺고 '여순항' 과 '대련만'을 조차한 후 철도 건설과 보호를 빌미로 만주를 점령한다. 러시아의 남하 정책과 일본의 북진 정책이 충돌하게 되는 만큼 상호간 군사적 충돌을 막기 위해 협상을 계속하게 되는데, 1902년 일본은 영국과 '영일 동맹'을 맺게 된다.

 그리고 한동안 논의 되었던 만주는 러시아가, 조선은 일본이 나누어 갖는 '만한교환론'이 진척이 없자 독일 황제의 중재로 해결을 모색하기도 하는데 러시아가 '대한제국의 중립국안'을 제시하자, 이를 러시아의 남하 계획임을 알고 있는 영국, 독일 등의 서구 열강들은 일본에게 러시아의 남진만 막아주면 대한제국은 일본이 가져가도 좋다는 제안을 한다.

 결국 든든한 군사적 동맹인 영국을 얻게 되고 반(反)러시아 전선을 구축한 서구 열강들의 전폭적인 지지를 받게 되자 이미 동양에서 가장 큰 세력이라던 청나라를 굴복시킨 경험이 있는 만큼, 일본은 상당한 자신감을 가졌다. 그래서, 1904년 2월 러시아와의 협상을 중단하고 본격적으로 만주와 요동에서의 권한을 확보하기 위한 러시아와의 전쟁 준비에 착수한다.

 또한 불과 한달전인 1904년 1월 대한제국은 일본과 '한일 의

정서'를 체결하게 되는데 제 3조에 기술된 바와 같이 '대한제국의 황실 안녕과 영토 보전을 위해 대일본제국 정부는 필요한 조치를 행할 것이며, 대한제국정부는 편의를 제공하고 군사전략상 필요한 지점에 임기수용을 허락한다는 내용'으로 한반도 내에서의 일본의 군사 활동을 공식화하게 된다. 일본은 즉각적으로 마산포 및 원산에 대규모 일본군 병력을 상륙시키고 요동에서의 러시아와의 전쟁을 준비한다. 일본제국의 대륙 식민지 확대를 위한 조선 반도의 병참 기지화가 시작되는 시점이다.

러시아는 조선과도 인연이 깊다. 이미 청의 요청으로 1654년, 1659년에 두 차례에 걸쳐 '정예 조총부대'를 파견하여 러시아군을 2번 물리친 경험이 있었다. '나선 정벌'이 그것이다. 막강한 전력(戰力)으로 러시아군을 이겼으나, 구한말의 조선은 그런 힘을 잃어버린지 이미 오래 되었다.

일본은 청나라로부터 힘을 빼앗고 당대 최강국인 영국과 동맹을 맺으며 한반도를 병참 기지화하는 등 차근차근 준비를 마치고 러시아 제국과 대결하게 되는데, 1860년 '사쯔마 번'을 침공한 영국 해군으로부터 심각한 정신적 충격과 물질적 손실을 받은 일본이 1868~1889년간 메이지 유신 후 불과 40여년 만에 그 충격에서 벗어나 '동북아 최강자'로 거듭나는 '러일 전쟁'이 이렇게 시작된다.

러일전쟁

　　일본은 여순항, 제물포 해전에서 연이어 승리를 하게 되고, 조선과 러시아의 국교를 단절시키고는 고종이 아관파천했던 러시아 공사관도 철수시킨다. 1904년 5월 압록강에서 일본, 러시아간 첫 육상 교전을 실시하고 압록강 이북의 거점을 마련하게 되는데, 1904년 8월 10일 황해해전을 통해 러시아의 극동함대인 '제 1 태평양 함대'를 궤멸시키면서 그 여세를 몰아 1905년 1월 해군과 육군의 동시 공격으로 '여순항'을 함락시킨다.

　　곧이어 러시아와 일본 각 국가의 명운을 건 육상과 해상의 대전투가 연이어 발생하는데, '선양(봉천) 전투'와 '쓰시마 해전'이 바로 그것이다.

　　1905년 2월 20일 시작된 '선양(봉천) 전투'는 일본군 250,000명, 러시아군 310,000명이 참전한 단일 전투로는 세계 최대 규모의 전투이며 이로 인해 양측 모두 엄청난 피해가 발생한다. 전선이 무려 80km나 되는 엄청난 길이였으나 일본군이 선제적으로 러시아군의 좌, 우측을 기습 공격하자 병력의 숫자로나 무기 보유 측면이나 러시아가 밀리지는 않았다. 그러나 지나치게 길게 구축된 전선이 무너지는 것을 두려워한 나머지 러시아군은 철수를 하게 된다.

이 전투에서 일본군은 탄환이 부족해지자 '텐노 헤이카 반자이(天皇陛下万歳)'를 외치며 무작정 앞으로 돌진하는 일명 '반자이 돌격(バンザイ突撃)'으로 70,000여명 규모의 엄청난 사상자가 발생하기도 한다.

결과적으로 육군간의 지상전으로는 전쟁의 승패를 낼 수 없었으나, 얼마 되지 않아 러일전쟁의 종지부를 찍을 전투가 해상에서 발생하는데 그것은 러일 전쟁의 승자가 누구이든 세계 해전사(海戰史)를 다시 쓰게 만들었다. 1905년 5월 27~28일 양일간 진행된 '쓰시마 해전'은 '함대 진형전술 및 포격전'의 최고봉에 있었다.

당시 러시아의 발틱 함대는 세계 최강 수준의 강력한 존재였으나, 문제는 지구 한 바퀴에 육박하는 긴 항해로 인하여 장병들의 피로감이 과도하게 누적되어 있었으며 이미 일본 정부는 발틱 함대의 기항지를 계속 추적하고 있었기 때문에 발틱 함대의 해상 이동의 움직임을 신속하게 파악하고 있었다. 이는 영일동맹과 러시아의 팽창을 견제한 유럽 국가의 지원도 있었지만 일설에는 세계 각국의 항구에 나가 있던'가라유키상'이라고 불리는 '일본 기생'들의 적극적인 간첩활동과 첩보의 도움을 받았다는 이야기도 있다.

조선의 식민지화에 대못을 박고 제정 러시아의 멸망을 앞당기게 된 러시아 함대의 해상 이동을 따라가 보자. 여순항 함락 이후 충격을 받은 러시아 정부는 전력 보충을 위해 러시아 해군에서 가장 유능하다는 '로제스트벤스키(S.P. Rodjestvensky)' 제독이 이끄는 전함 7척, 37척으로 구성된 '제 2 태평양 함대(발틱 함대)'를 한반도 해역으로 이동시킨다.

1904년 10월 14일에 시작된 발틱 함대의 항해는 러시아의 유일한 부동항이자 발트해에 위치한 '리바우 기지'에서 출항하여 지구 한 바퀴에 육박하는 무려 18,000마일(33,336km)을 항해하는 길고 긴 항해였다.

당초 계획은 중간 경유지인 지브롤터 해협의 탕헤르 항에서 본대를 두 개로 나누어 1진은 본인이 인솔하고 2진은 '포커삼' 제독으로 하여금 수에즈 운하를 통해 아프리카 동편의 '노스 베 섬'에서 만나기로 하는데 이동 중 포커삼 제독은 심장병으로 쓰러진다. 영국의 계략으로 연료인 석탄을 공급하기로 한 독일의 회사와의 재계약 문제로 수급에 차질이 발생하면서 2개월간 섬에 묶이게 되는데 이 동안 수많은 장병들이 전염병으로 고생하게 된다.

게다가 3월 16일 인도양을 건너 5,300마일(9,815km)을 항해하여 4월 14일 프랑스령(領)인 캄란 만에 도착하였으나, 일본이 프랑스에 항의를 제기하여 정박을 하지 못하고 60마일 북상하여 '반퐁'이라는 항에 머무르게 된다. 이곳에서 어렵게 '네보가토보(Nebogator)' 제독의 후속 증원 부대와 합류하고 5월 14일 블라디보스톡으로 3,000마일(5,550km)의 항해를 시작한다.

로제스트벤스키 제독의 고민은 무사히 블라디보스톡까지 가는 것이 아니라, 질병과 오랜 항해로 사기가 떨어진 승조원들을 다독이는 것이었으며, 정작 무엇보다도 승조원들의 훈련 수준이 대단히 낮았다는 것이다. 중간에 일본 해군의 공격이 있을 수 있다는 것을 예상하였지만, 빨리 기동하여 일본 해군의 차단 공격을 회피한다는 계획을 세우고 '최단 코스'인 '쓰시마 해협 통과'를 결정한다.

이 시기에 일본은 러시아 해군의 이동을 감시하기 위하여 울릉도와 독도에 관측소를 세우고 시마네 현 고시 제40호를 공표함으로서 독도를 '다케시마'란 이름으로 영토 편입을 한다. 울릉도와 독도는 동해상 한가운데 있는 지역적 특성상 360도 전체를 효율적으로 감시할 수 있다. 지금은 대한민국 해군이 울릉도에 해상감시부대 및 공군의 레이더기지가 설치되어 있으며 독도에도 경찰의 해상 레이더 기지가 설치되어 있다.

쓰시마 해전의 참가 전력은 일본의 경우 '도고 헤이하치로' 제독의 지휘 아래 전함 4척, 순양함 27척, 구축함 21척, 어뢰정 및 기타 함선 37척 등 총 89척이 참가하였고, 러시아는 '로제스트벤스키' 제독의 지휘아래 전함 8척, 순양함 8척, 구축함 9척, 기타전함 3척 등 총 37척의 함정이 참가하였다.

교전의 결과는 일본 해군은 117명 전사, 583명 부상, 어뢰정 3척 침몰인데 반해 러시아는 4,380명 전사, 5,917명 부상, 21척 침몰, 포로 6,106명, 13척 나포 등 함대가 궤멸하게 된다. 무엇이 이런 결과를 낳게 되었는가?

일본은 오랜 기간에 걸쳐 임진왜란에서의 수군의 패인을 연구하였다. 압도적 전력이었음에도 불구하고 완패를 한 수군의 전투 기록에서 일본 수군의 전략적, 전술적 패배 원인을 철저히 분석하고 이순신의 삶과 작전술에 대해서도 심도깊게 파악했다.

특히 일본에서는 에도 막부 이후 1695년부터 류성룡의 '징비록(懲毖錄)'이 간행되었으며 징비록은 요즘 말로 베스트셀러로 자리매김까지 하였다. 한편 1705년에는 '조선태평기(朝鮮太平記)'와 '조선군기대전(朝鮮軍記大全)'을 발간했고 이 기간 중에 일본 내에서는 이순신에 대한 연구가 집중되었으며, 장기간 전쟁이 없는 시기에 사무라이들의 외향성을 아우르고자 이들을 대상으로 이순신의 '충성심'을 정신교재로 삼는다.

1800년에 들어 '회본조선군기(繪本朝鮮軍記)', 1802년 '회본태합기(繪本太閤記)'가 출판되면서 이순신은 적장이지만 훌륭한 무장이라는 것이 일본 사회에 깊게 각인이 된다. 더욱이 일제 식민지 시기 일본 해군의 본영이 이순신의 주요 활동 무대인 거제도 인근의 진해에 위치한 것도 이와 같은 이유이며, 일제 식민지 기간 동안 일본 해군은 이순신에 대한 참배도 꾸준히 하였다고 전해진다.

1908년 일본 해군대학의 교수 '사토 테츠타로(佐藤 鐵太郎)'는 제국국방사론(帝國國防史論)을 강의하면서 '이순신 장군의 위대한 인격, 뛰어난 전략, 천재적인 창의력, 외교적 수완 등은 이 세상 어디에서도 그 짝을 찾을 수가 없는 절세의 명장으로 자랑을 삼는 바이다'라고 하였다. 1923년 은퇴한 그는 '쇼와 천황'의 스승이 되어 그를 가르친다. 일본은 존경받는 다이묘나 장군들이 개인 교습을 통해 천황을 교육시키는 도제 시스템을 활용하였다.

앞서 이야기한 1892년 '세키 고세이(惜香生)'가 저술한 「조선 이순신전」은 이후 일본 군 장교들에게 '충용(忠勇)'과 '시 파워(Sea Power)'

의 중요성을 각인시키게 되는 교재가 된다.

당초 고세이는 조선 공관에서 정보장교로 근무 중인 친구 '시바야마 나오노리' 대위에게 자료를 받아 글을 쓰게 되는데, 주로 '징비록'을 많이 참고하여 썼다고 한다. 시바야마 나오노리는 해군의 작전이 실패할 경우 국가의 운명과 직결되는 만큼 일본 수군이 이순신에게 패한 것이 임진왜란 실패의 최대 요인이라고 지적하고, 일본이 제국으로 성장하기 위해서는 강력한 해군력부터 만들어야 한다는 점을 강조하였다.

이것은 '해가 지지 않는 나라'를 만든 영국이나, 지금 전 세계에서 제일 국가의 위치를 가지고 있는 미국이 지향한 국가 정책과 같이 한다. 조선의 경우 정조가 왕으로서는 드물게 이순신을 존경하여 '이순신 전서'를 편찬하게 하고 이순신 묘소에 신도비를 세웠다. 그리고 그렇게 조선에서는 잊혀 졌다가 1960년대 중반에 와서야 박정희 대통령에 의해 지금의 '현충원'으로 증축하고 호국 정신의 기념비적 위치를 차지하게 하였다.

이와 같이 일본은 이순신을 연구하고 임진왜란을 분석하였으며, 이를 일본제국 건설의 토대로 삼는다. 일본제국 육군의 경우 메이지 유신을 거쳐 막부정권이 무너지고 사무라이가 해체되는 과정을 거치면서 일반 모병을 통해 새로운 군대로 창설된 반면, 일본제국 해군의 경우 그 특성을 달리한다. 그리고 일본 해군에게 있어 이순신은 신과 같은 존재였으며, 그의 전략과 전술, 그리고 작전술에 대한 심도깊은 연구가 진행되었다.

쓰시마 해전을 승리로 이끈 도고 제독이 직접적으로 이순신을 언급한 적은 없으나, 강직한 그의 성격으로는 공식석상에서 이순신을 입에 담지는 않았을 것이다. 그러나 그의 작전술은 철저하게 이순신의 작전술을 따라간다. 대표적으로 '쓰시마 해전'이 바로 그것이다.

44. 제독 '도고 헤이하치로' 진해에서 출항하다

　　1905년 5월 27일 04시 45분 경상남도 '진해항'에 대기 중이던 도고 제독과 그의 함대는 쓰시마 해역으로 러시아 함대가 북진하고 있다는 전보를 받고 긴급 출항하게 된다. 혹자들은 이때 도고 제독이 출항전 이순신 장군의 영정에 제를 올렸다고 하는데 공식적 자료가 확인된 것은 아니다.

　　1905년 06시 45분 진해만의 가덕수로를 빠져 나간 함대는 강한 남서풍과 높은 풍랑으로 항해에 장애가 있었으나, 그대로 쓰시마 인근에서 대기하면서 러시아 함대를 기다린다. 13시 45분 러시아 함대의 전함의 마스터가 보이기 시작한다. 14시 정각 2개 전투분대로 구성하여 '종렬진'으로 북상하는 러시아 함대와 역방향으로 '종렬진' 항진하다가 15,000야드(13,710m) 전방에서 전(全) 함대가 '급격히 턴(turn)'을 하게 되는데 이것이 그 유명한 'T자형 전법'이다.

　　이순신 장군이 한산도대첩에서 사용한 전포를 사용하고 적의 포 사격은 제한시키는 학인진에 기반을 둔 해상기동술이 'T자형 전법'인데, 일본 해군의 전(全) 함정에서는 '전(全) 함포'를 사용하고 조준 사격이 가능한 반면, 러시아 함대는 함수포만 사용할 수밖에 없도록 압박하여 기동하면서 적함을 무력화시킨다.

　　기함인 '수바로프함'에 일본 해군의 함포 공격이 집중되면서 개전 20분만에 사령관인 '로제스트벤스키'가 중상을 입고 의식불명

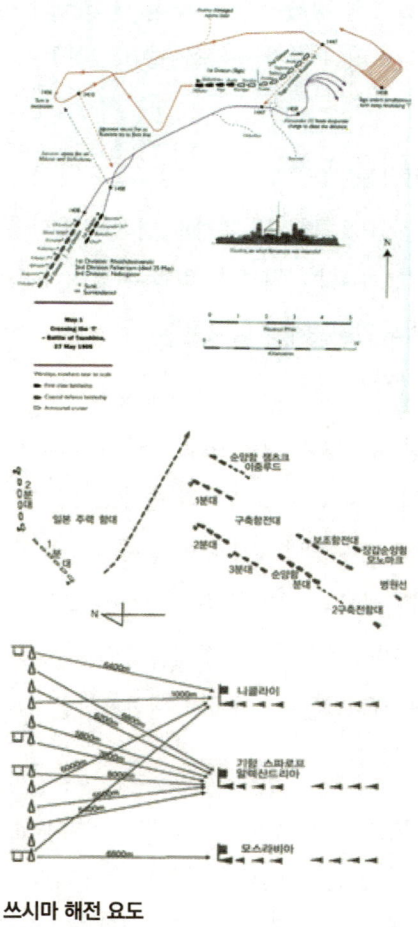

쓰시마 해전 요도

에 빠진다. 그리고 야간까지 지속된 수차례의 교전 속에서 러시아 전투함이 차례로 격침당하고 함대는 괴멸된다. 이후 포로가 된 '로제스트벤스키'의 병실로 '도고 제독'이 찾아와 문안을 하였고 인사를 나누었다고 한다. 집중 포화를 피해 북쪽으로 후퇴하던 '돈스코이함'

이 울릉도 근해에서 침몰하게 되는데 이를 두고 함정 안에 많은 금괴가 있었다는 낭설을 퍼뜨리며 사기 행각을 벌이는 자들이 아직까지고 있다.

이런 와중에 러시아는 1905년 1월 '피의 일요일'을 겪게 된다. 국력이 계속 약해지자 1917년 2월 혁명이 발생하여 니콜라이 2세는 퇴위되었고, 1917년 10월 볼셰비키 혁명이 일어나면서 수도인 페트로그라드를 장악되었다. 이때 국호를 러시아에서 '소비에트'라고 바꾸고 공산주의 국가가 된다.

러일 전쟁 직후 일본의 '중재 요청'으로 미국이 중재하는 '강화조약'이 1905년 9월 5일 미국 뉴 햄프셔주의 군항도시인 '포츠머스'에서 개최된다. 이로서 일본은 한반도에 대한 청나라와 러시아의 권리를 차단하게 되고 대한제국의 식민지화를 본격적으로 시작한다. 이 강화 조약을 중재한 미국의 '루즈벨트' 대통령은 동북아 평화에 기여하였다며 노벨평화상을 받는다. 이처럼 대한제국은 그 존재감 자체가 미약하였다.

러일전쟁과 포츠머츠 강화 조약의 사이에 '가네코 겐타로'와 '이승만' 두 인물이 등장하게 된다. 일본은 1904년 2월 10일 러시아에 선전포고를 한다. 물론 실제 공격은 2일 전인 2월 8일에 한다. 일본제국은 중일전쟁 시에도, 러일전쟁 시에도, 진주만 공격 시에도 선전포고를 하기 전에 전략적 우위를 선점하기 위해 기습적으로 공격하였다.

여하튼 '이토 히로부미'는 법무대신이자 미국 대통령인 '루스벨트', '하버드 로스쿨 동문'이자 친분이 있던 '가네코 겐타로(金子堅太

郎)'와 일본은행 부총재인 '다카하시 고레키요(高橋是淸)'를 미국에 급파한다. 일본이 두 명의 요인을 미국에 급파한 이유는 다름 아닌 생각보다 더 많아진 러일전쟁의 전비(戰費) 때문이었다. 이러한 문제는 1905년 2월 20일 시작된 '선양(봉천) 전투'에서 탄환 부족 등으로 70,000여명의 대규모 사상자가 발생하기도 한 기록에서 여전히 확인 할 수 있다.

그런데, 일본의 급박한 상황을 도와준 세력은, 1881년 이후 러시아에 있는 유대에 대한 박해에 대해 불만이 많았던 유대계 자본가들이었다. 역사상 가장 부자라는 로스차일드 유대계(제외) 가문의 유대계 은행가이자 전미유태인협회 회장인 '제이콥 쉬프'는 총 2억 5,000만 달러라는 대규모의 일본 전쟁국채를 매입해 주기까지 한다.

국제 관계란 이처럼 다양한 변수가 발생하고 생각한 것과는 다른 방향으로 혹은 어려웠던 일들이 쉽게 해결되기도 한다. 글로벌 인재들을 육성하고 강대국, 선진국들과의 동맹관계를 만들며 강력한 협력 관계를 만들어 놓아야 하는 근본적 이유는 여기에 있다.

국가의 이익은 국제 외교와 국제 금융을 좌지우지하는 패권 국가와 그러한 권한을 가진 '이너 서클'안에 포함되어 있어야 국익을 보호하고 국가를 지켜낼 수 있는 것이다. 감정적, 독자적으로 할 수 있는 아무 것도 없다. 역사적 실패를 되풀이해서는 안 된다. 그리고 그런 실패의 역사를 국민들과 후손들에게 또다시 주게 된다면 그들이야 말로 진정한 매국노들이다.

비슷한 시기에 대한제국의 고종도 미국에서 교육을 받은 엘

1942년 일본제국 최대 영토 (위키백과)

리트 '이승만'을 미국으로 비밀리에 보낸다. 그러나 국제관계와 외교라는 것이 단순히 누구를 만난다고 해결되는 것이 아니다. 오랜 시간동안 친분을 쌓아 '상호간의 신뢰감'을 높이거나 '공동의 이익'이 발생하여야 하는데, 1904년 당시에는 전세계의 어느 나라도 대한제국이 아닌 일본의 손을 들어 주었다. 일본은 이미 서구 열강과 어깨를 함께하는 선진국이자 그들과 같은 진정한 제국주의의 나라였기 때문이다.

　　조선과 일본은 거의 같은 시기에 서구 열강의 개방 압력을 받았으나, 철저하게 '소중화(小中華) 사상'으로 무장하고 자신들이 세계 최고라고 믿으며 나머지는 전부 미개한 오랑캐라고 생각했던 나라와, 무(武)를 숭상하던 나라이지만 과학기술이 발전한 서구 열강들에게는 상대가 안 된다는 것을 깨닫고 보잘 것 없는 자신들의 능력을 겸허히 받아드리며 적극적으로 개방하고 주도적으로 서구열강과 협력하며 신뢰를 쌓아갔던 나라의 차이는 그렇게 나타난다.

'포츠머스 조약'은 이미 서구 열강들에 의해 '국제법적으로 일본제국이 조선에서의 정치, 외교, 군사, 경제 등 모든 분야에서 우월권이 있다'는 것을 당시 세계를 좌지우지하던 서구 열강들이 증명하는 것이었다. 한국 역사 교육에서 포츠머스 조약으로 조선이 일본 식민지가 되는 계기가 되었다고 가르치고 있으나, 정작 핵심 논의 과제는 조선이 아니다. 러일전쟁에서 승리한 일본이 러시아에 요구한 '전쟁 배상금'이었다.

이미 회담 직전인 7월 29일에 미국의 전쟁장관 '윌리엄 하워드 태프트'(1857~1903)와 일본 수상 '카츠라 타로'(1848~1913)가 비밀리에 만나 미국은 일본이 조선에 대한 보호권을 묵인하고 미국의 필리핀 접수에 대한 일본제국의 묵인을 상호 인정하는 '카츠라-태프트 밀약'이 합의된 이후에 진행된 조약이라는 것에서 그 의미를 다시 확인할 수 있다.

국제관계와 외교라는 것은 그런 것이다. 속칭 중2병을 가진 순진한 사람들이 자신만의 신념으로 국제사회에서 할 수 있는 것은 아무 것도 없다. 포츠머스 강화조약 이후 대한제국의 고종과 사대부 출신의 고관대작들은 별다른 선택지도 없이 훈도시를 입고 쇠 젓가락도 안 쓰는 무지한 왜놈의 나라라고 무시하던 그 일본, 아니 청나라를 이기고 러시아 제국도 이긴 '제국 일본'과 대한시설강령(1904년 5월), 제1차 한일협약(1904년 8월), 제2차 한일협약(1905년 11월), 제3차 한

일협약(1907년 7월), 기유각서(1909년 7월)를 연이어 체결한다.

그리고, 1910년 8월 22일 '한일병합조약'(韓日倂合條約), 일본어로는 '한국 병합에 관한 조약'(韓国併合に関する条約)을 체결하고 36년간 식민지로 지내다가 1945년 8월에 와서야 미국의 도움으로 광복이 된다.

혹자들은 이야기한다. 우리도 김구 주석의 임시정부가 있었고 광복군이 있었으니 우리 손으로 해방이 될 수 있었다고 주장을 한다. 그러나 그들이 모르는 것이 있는데 임시정부 산하 광복군의 숫자는 '339명'에 불과했다는 것이다. 군단 병력이나 사단 병력이 있었던 것도 아니었다. 339명이라는 숫자 자체도 과장된 것이라는 주장도 있다.

그리고 대한제국의 고종의 후손인 영친왕은 '일본 천황가의 일원'으로 중요 정책회의에 참석하며 일본제국의 최후의 그날까지 천황 다음으로 많은 세비를 받아가며 대우를 받고 살았다. 대한제국을 서류로 넘긴 고종과 순종의 후손인 영친왕은 일본을 점령한 미국 사령부를 찾아가 대한제국의 황실을 강조하며 왕으로서의 권한을 도로 회복시켜 달라고 했다고도 한다.

이승만 대통령은 나라를 팔아넘긴 그들의 입국을 금지시킨다. 그리고 영친왕 부부는 박정희 대통령의 입국허가 조치 이후에야 우리 대한민국으로 들어올 수 있었다.

1945년 8월 미국 폭격기가 히로시마(8.6), 나가사키(8.9)에 원자폭탄을 투하한 이후 일본이 '무조건 항복'을 하게 되었지만 국제법상 한동안 국제법상 전승국의 일원이 아닌 '패전국의 한 지방'으로서 한

동안 일본의 '조선군 사령부(1904.3.11~1945.9.9)'가 존속하다가, 9월 9일 미군의 한반도 주둔을 계기로 조선군 사령부로부터 미(美) 군정이 그 권한을 인계받게 되고 이후 이승만 대통령 등 선각자들의 노력으로 한반도 내 유일하고 합법적 국가이자 자유민주주의에 근간을 둔 대한민국으로 재탄생하고 다시 주권을 확보하게 된다.

역사는 그러하다. 자유 민주주의 대한민국이 태어난 것을 자랑스러워해야 한다. 그리고 고마워해야 한다.

맺는 말

가까운 나라이자 먼 나라인 한국과 일본의 필연적인 역사의 연관성을 중심으로 양국이 주인공인 '주요 전쟁과 사건'을 기반으로 그 '인과 관계'를 사실적이고 객관적으로 살펴보았다.

663년에는 당나라의 침공을 막고자 백제와 일본의 연합군이 백강에서 함께 싸웠으며 이 해전의 패배로 인해 한반도의 역사는 중국의 속국으로 전락하는 계기가 되었다. 비록 고려가 다시 민족적 자존감을 가지고 요동지역을 회복하려 하였지만, 성리학을 신봉하는 한족 사대주의자들인 신진사대부들에 의해 고려가 역사 속으로 사라지고 말았다.

철저하게 한족 사대주의 국가인 제2의 기자 조선이 탄생하고 500년을 소중화(小中華) 사상에 빠져 허우적거리고 있을 때 임진왜란과 병자호란이라는 국난을 당하게 되고, 16세기 전 세계로 퍼져나가는 대항해 시대에 더욱 패쇄적으로 국가를 운영하며 정복을 통해 국력을 늘리고 경제를 발전시킨 것이 아니라 부족한 노동력을 같은 민족을 잡아 노예를 만들어 버리는 노비제도를 시행하는 전대미문의 농경사회 국가로 타락하고 말았다.

이 시기에 일본은 선진 과학기술과 문물을 받아들이고 국가 정책의 방향을 전 세계로 나아가는 것으로 확정한다. 어찌 보면 임진왜란은 조선에 있어 국가를 쇄신하고 세계로 눈을 뜨게 하는 계기가 되었다. 그러나 조선의 사대부들은 오직 그들의 생존을 위한 권리 보호를 강화시킨 나머지 그들이 '오랑캐'라고 부르던 여진족들에게 지배받기 시작한다. 여기서부터는 현실을 외면한 채 거의 정신착란증 수준의 성리학 신봉과 성리학적 이상국가의 환상 속에서 살아간다.

역사상 한일 관계를 차근차근 냉정하게 살펴보도록 하자. 한반도의 국가인 고려와 조선도 일본을 침략했었다. 왜 이런 역사는 외면하고 침략받은 역사만 기억하고 강조하는가?

정작 일본은 1,300년 전에는 절대적인 우방국가였다. 663년 당시의 인구를 고려시 지금으로서는 600,000명의 수준이라고 할 수 있는 27,000명이 목숨을 버리면서까지 한족의 나라인 당나라로부터 백제의 영토를 지키고자 함께 했다. 지금 한반도의 역사는 한강유역, 경기, 충정 지역을 중심으로 성립되었던 '한성 백제'의 문화에 기반을 두고 있다. 백제가 멸망한 후 가장 후진국이던 신라가 그 문화를 이어나가게 되면서 지금의 한반도와 한민족의 문화와 정체성이 성립되어 나간다. 같은 시기에 일본의 문화도 백제의 유민들에 의해 한층 더 발전된다.

지금도 일본 큐슈의 미야자키에서는 의자왕의 직계 자손으로 백제의 마지막 왕인 '정가왕'과 '복지왕'을 기리는 추모행사를 1,300년 동안 이어오고 있다. 백제 왕족의 후손들은 물론 고구려 왕족의 후손들도 일본에서 그 성씨(姓氏)를 유지하고 대(代)를 이어간다.

그리고 한반도와 일본의 지리적 특성상 발생했던 도적떼인 왜구의 약탈도 있었으나, '신라구(新羅寇)'로 대변되는 한반도 출신 해적들이 일본을 대상으로 저질렀던 노략질은 왜 인정하지도 않고 역사 속에 감추어 놓았는가? 그 시대에는 일본도, 중국도, 신라도 해적이 있었다.

항상 '피해자 코스프레'로 살아야 한다는 그런 패배 의식은 도대체 어디에서 만들어진 것인가? 침략받은 적도 있지만 한반도 국가가 일본을 침략한 적도 많았다. 고려가 주도적으로 추진한 '고려·몽골 연합군'의 2차례에 걸친 일본 침략전쟁에서 '쓰시마 및 이키섬(壹岐島)'의 대규모 학살이 있었으며 고려말~조선초 수만 명의 병력을 이끌고 대마도를 3차례나 정벌하였다. 우리도 한때 일본보다 강했고 그리고 그 힘으로 일본을 침략하였다.

역사란 그런 것이다. 강한 국가는 약한 국가를 병탄(倂吞)하고 강한 자는 약한 자를 인탄(鱗吞)한다. 한반도에 기반을 둔 국가가 강해져서 이웃 국가를 침범하는 것은 너무나 당연한 것이고, 이웃 국가가 한반도를 침공하는 것만 나쁜 것이라고 하는 것은 너무나 아전인수(我田引水)적인 발상일 수밖에 없다. 강하지 않으면 빼앗긴다. 그것만이 사실이고 진실이다.

임진왜란시 일본군의 잔악한 행동은 용납할 수 없는 것이며, 이키섬(壹岐島)에서의 잔악한 행동은 모른 척 해야 되는 것인가? 아니면 이 둘의 차이는 과연 무엇인가? 지금도 이키섬(壹岐島)에는 고려와 몽골의 침범으로 죽은 사람들의 위령탑이 있고 그 역사를 증명한다.

우리 국민 중 누가 그것을 알고 그들을 위로해 주었으며 보상해 주었는지에 대해 생각해 보아야 한다. 아마도 한일간의 오래된 악감정의 기반이 되는 큐슈 지역과 쓰시마 및 이키섬(壹岐島)의 진실을 국민 모두가 알아야 하지 않을까? 이러한 역사의 진실을 하나하나 알아가는 동안 우리 후손들에게는 조금 더 나은 한일 관계를 만들어 줄 수 있을 것이다.

다시 말해 고려군과 조선군이 일본 영토를 공격하는 것은 국위를 선양했다고 과대포장하면서, 정작 삼별초를 토벌한 고려의 장수 '김방원'이 몽골의 장수 쿠둔(忻都)과 함께 '쓰시마, 이키섬'에서 자행한 '섬 주민 대량 학살'은 철저하게 감추면서 임진왜란과 구한말 일본 제국의 식민지가 된 것만을 강조하는 것은 역사적 시대적 감각이 결여된 편향된 역사관이다.

그리고 병자호란을 겪으면서 조선의 인구는 무려 13%가 줄어들었다. 병자호란 직후 청나라로 끌려간 포로만 600,000명이 넘는다. 왜 이 역사는 모른 척하는가? 너무 치욕의 역사라서 그런 것인가? 아니면 그것이 궁극적으로 사대주의 대상인 한족 중심의 중국의 역사로 편입되었기 때문에 그런 것인가? 역사란 있는 그대로를 배우는 것이며 실패와 고통의 역사는 오히려 발전의 기회를 가져오게 한다.

실패하거나 나쁜 역사를 감추게 된다면 그 국가와 민족의 미래는 있을 수 없다. 반대로 그 실패를 인정하고 극복해 나가면서 강대국이 되어가는 길을 찾는 것이 현명한 방법이다.

영국 해군에게 굴욕적인 공격을 당한 이후 큐슈의 '사쯔마 번'에서는 지도자를 중심으로 교육을 강화하고 서양 기술을 적극 받아들이게 되고 결국 이 지역 출신들이 메이지유신을 주도하여 짧은 기간 내에 영국과 대등한 '해양강국'을 만들고 자기들이 당했던 방식

그대로 조선에서 시행한다. 그것이 조선 사대부들이 그토록 무시하던 훈도시만 입고 다니던 일본이 일본제국이 된 것이며, 세계 최고의 정신적 선진국이라던 조선이 식민지가 된 근본적 이유이다.

지금 당연히 우리 땅이라고 생각하는 울릉도(우산국)와 제주도(탐라국)도 독립 국가였으며 탐라국의 경우 탐라국을 건국한 '고씨'의 역사는 단군 조선을 훨씬 넘어선다. 역사 속에서 잊혀진 '가야국' 역시 일본의 전국시대의 국가 시스템과 유사한 12개 소국이 연합한 분명 독립적 연합국가의 형태를 유지하였다. 이로 인해 최근에는 고구려, 백제, 신라의 삼국(三國)시대가 아닌 가야를 포함한 '사국(四國)시대'로 해야 한다는 주장도 있다. 당연히 일본의 영토라고 알고 있는 홋카이도(북해도)와 오키나와(류큐국)도 근세기 까지는 독립 국가를 유지하고 있었다.

우리 민족에게도 고구려 이후 잃었던 요동지역을 회복하고, 옛 영광을 다시 찾을 수 있는 기회가 분명히 있었다. 그러나 이성계와 신진사대부에 의해 치밀하게 계획된 반란인 1491년 위화도 회군으로 한민족의 국가는 한족 중심의 사대주의에 빠져 공자와 맹자가 살던 2,000년 전의 '고대 농경국가'로 회귀하였다.

조선초 세종시기까지 북으로 4군 6진을 구축하고, 남으로 대마도를 정벌할 수 있었던 것은 조선의 힘이 아니라 고려 말에 만들어진 강력한 군사력과 군사 과학기술이 있었기 때문이다.

조선의 사대부들은 사무라이와 같은 전문 무사집단인 갑사(甲士) 제도를 철저하게 무력화시켰으며, 모두가 성군이라고 치켜세우는 세종은 모(母)가 천출이면 자식들은 무조건 노비가 되는 세계 최악의 법인 '종모법(從母法)'을 시행하여 온 국민을 노예로 만들어 버렸다. 오직 사대부의 농장에서 노동할 노예인 노비를 대량 생산하게 만든다. 이러한 역사는 알고 있는가?

1909년 민적법이 시행되기 전까지 성씨도 없던 사람들이 태반이었으며 한마을이 통째로 같은 성씨가 되고 모시던 주인의 성씨를 따라 가거나 호적담당 공무원이 임의로 만들어 준 성씨도 상당하다고 한다. 족보를 만들어주는 브로커들도 많았다고 하니, 지금 내가 아니 우리가 가지고 있는 족보와 성씨조차 진짜가 아닐 수 있다. 그러하다. 우리가 노비였을 수도 있다.

15세기 이전까지 비교적 우세하였던 한반도 국가와 일본간의 국력 차이는 16세기 대항해 시대를 기점으로 급격히 차이가 벌어지게 되었다. 그 시대의 흐름을 잘 따른 국가는 강한 국가가 되고 그것을 놓친 국가는 약한 국가로 전락하고 말았다. 임진왜란은 단순히 조선과 일본의 전쟁이 아닌 그러한 국제적 흐름에서 나타난 동북아시아의 대표적인 사건이다.

비록 임진왜란은 고난의 시기였으나, 이순신이라는 기적적인 영웅이 존재했던 것만으로도 조선의 생명을 연장시켜 주었다. 그러나 조선은 그 수많은 희생을 통해 가지게 된 골든타임을 놓치게 된다. 그리고 또다시 일본 만큼이나 무시하던 여진족의 나라인 청나라의 침략을 받고서도 마치 망해가는 송나라의 사대부들과 마찬가지로 조선은 600,000명의 백성을 청의 노예로 보내면서 오직 화이론(華夷論)과 성리학에 목숨을 걸고 그것만을 지킬 뿐이었다.

무엇이 옳고 무엇이 그른가? 약자와 약한 국가는 지배를 받는다. 그것이 군사적이든, 경제적이든, 문화적이든, 정신적이든. 그러나 일본은 정신을 지배받은 적은 없다. 그러나 조선은 정신을 지배받았고 수세기 후 일본의 식민지가 되어버렸다. 불과 몇 백년만에 국가의 국력이 극과 극으로 바뀌게 되었다.

정조 때에는 '병학통(兵學通)'을 직접 만들어 군사 훈련을 하였으며 친히 나아가 정기적인 훈련 상태를 직접 감독하기도 하였다. 아마도 조선 시대 때, 손수 군사력을 강화시킨 거의 유일한 왕일 수도 있다. 당초 30명에서 출발한 친위 특수부대인 '장용영(壯勇營)'은 수원으로 진영을 옮긴 뒤 '화약무기'로 무장한 정예군 18,000명을 육성하게 된다. 그러나 정조 사후에 조선은 그렇게 어렵게 양성해 놓은 정예 군사 조직을, 실권을 장악한 사대부들이 자신들의 권익을 앞세우기 위해 그냥 해체해 버린다. 이때가 바로 순조, 헌종, 철종으로 이어지는 조선시대 최악의 시기이다. 그리고 고종으로 이어지게 된다.

'큐슈'와 '사쯔마 번'은 백제와 백제 왕족인 '정가왕과 복지왕'으로 이어지는 우리 역사의 한 부분이었다. 그리고 그 역사의 일부는 임진왜란으로, 일제 식민지로 연결되는 악연이 된다.

무엇이 그렇게 만들었는가? 왜 같은 시기의 일본은 메이지유신으로 강대국이 되고 큐슈 지역에서는 '이토 히로부미', '도고 헤이하치로' 등 당대의 지도자와 명장이 태어나 청나라를 멸망시키고 러시아 제국을 멸망시키며 조선을 식민지로 만들 수 있었는가?

그 역사 속으로 들어가 한족 사대주의 국가인 조선의 문제점을 자세히 들여다보고 대한민국도 강대국으로 나아 갈 수 있도록 반면교사로 삼아보자. 그러기 위해서는 역사의 진실을 알아야 한다.

13세기 고려 시기에는 전 세계의 최강의 군사력을 가진 원 제국과도 싸우며 국가를 지켜내었던 민족이다. 그러나 한족의 '정신적 식민지'였던 조선은 병자호란 이후 여진족의 나라인 청과 임오군란 직후인 1882년 11월에 '조청상민수륙무역장정(朝淸商民水陸貿易章程)'을 체결함으로서 국제무역과 경제 분야에 있어 자주권을 빼앗기고 청의 '물질적 식민지'가 되었다.

일본은 청일전쟁에서 승리하고 청으로부터 그 권한을 가져감으로써 조선 식민지화의 기반을 다졌으며 곧이어 러일전쟁에서 승리함으로서 그것을 국제적으로 인정받는다. 이 모든 일의 뒤에는 국가가 아닌 자기들의 권력만을 탐했던 흥선대원군과 고종과 민비가 있었다.

그 절체절명(絶體絶命)의 기간 동안 고종은 조선을 대한제국으로 이름을 바꾸면서 백성들을 속이고 국가재산의 사유화를 진행하였다. 그 사실을 알고 있었는가? 회사가 망해갈 때 자산을 빼돌리는 악덕 기업주랑 다른 것은 무엇인가? 고종은 그 기간 동안 대한제국 재정의 대부분을 사유화한다. 그렇게 철저하게 자신과 일족들만 챙겼다. 나라의 군주가 이러하니 이에 뒤질세라 성리학을 신봉하던 사대부들로 구성된 고관대작들도 일본으로부터 귀족 작위를 받아가며 그들의 권익만을 위해 서류에 서명함으로서 나라를 일본 제국에 넘겼다.

이러한 이유로 2차 세계 대전 종전 이후 아무런 대우도 받지 못한다. 한반도는 국제사회에 있어 그냥 일본의 한 지역이었을 뿐이다. 그리고 실질적인 해방은 8·15일이 아니라 미국이 한국에 들어와 일본군을 공식적으로 무장 해제시킨 9월 9일에 이루어진 것이다.

구한말 일본 제국은 이미 조선이 상대할 수 있는 그런 수준의 나라가 아니었다. 러시아도 이기고 청도 이겼다. 그리고 두 강대국 모두 망하고 공산주의 국가가 되어 버렸다. 당대에는 전 세계적으로 강대국들이 식민지를 구축하던 시기였다. 왜 조선은 성리학을 버리고 일본처럼 빨리 개화하여 부국강병(富國强兵)함으로서 강대국이 되지 못하였을까?

아쉽기도 하고 부끄러운 일이나 결과적으로 조선은 자립의 가능성을 이미 상실한 상태였다. 그것은 구한말이 아니라 분명히 체질 변화를 시킬 수 있었고 마지막 골든타임이었던 임진왜란 직후에도 변화가 없이 그대로 있었다는데 근본적 원인이 있다.

애석하게도 구한말의 조선은 단지 누구에게 언제 먹히느냐의 문제였을 뿐이다. 만일 청일전쟁에서 청이 이기고 청의 종주권 유지 하에 있었더라면 대한민국의 건국은 애당초 없었고 공산주의 국가인 중국 변방의 소수민족으로 살아야 했을 것이다. 그리고 만일 부동항을 얻으려는 러시아 제국의 식민지가 되었더라면 지금쯤 카자흐스탄, 타지키스탄, 키르기스스탄 등으로 강제 이주 당해 '까레이스끼(現 Korë-capaм: 고려사람)'로 살아야 했을지도 모른다.

역사는 참으로 아이러니하다. 2차 세계 대전의 전승국인 중국과 소련의 식민지가 아닌, 패전국인 일본의 식민지가 되면서 미국과 연합군의 도움으로 대한민국도 건국할 수 있게 된다.

그리고 우리 대한민국이 신라가, 고려가, 조선이 아니듯이 지금의 일본도 조선시대의 왜(倭)가 아니라 일본제국도 아닌 만큼 양국

간의 역사의 악순환과 악연은 이제 우리 세대에서 과감하게 끊어 내고 화해하고 함께 나아가야 하지 않을까?

양국의 정치인들이 각자의 정치 생명을 연장하기 위하여 벌이는 무책임한 전근대적 프로파간다(선전·선동)에 속수무책으로 넘어가기에는 너무나 발전된 세상이 아닌가? 그리고 이제 함께 공산주의의 확산을 막고 양국이 서로에게 도움을 주며 번영하는 길을 찾아야 할 때가 아닌가? 역사는 뒤돌아보는 것이 아니라 앞으로 나아가는 것이다. 과거의 슬픔은 오히려 힘으로 삼아야지 슬픔에 빠져 국가를 발전시키지 않는다면 국난의 시기가 또다시 온다.

국제사회는 국가의 생존과 이익을 다투는 곳으로 개인 간의 문제 또는 국내 문제보다 훨씬 냉정한 것이다. 국제 관계에서 인정은 없다. 철저하게 국익이 우선된다. 선진국들과 동맹을 강화하고 친분을 유지하며 외유내강의 정신으로 국가를 발전시켜야 한다. 할 말이 있거나 하고 싶은 일이 있으면 강해진 다음에 하자. 꼭 그것이 지금이 아니어도 상관없다.

어설프게 만들어진 사상누각의 자유와 안보는 언제든지 무너질 수 있기 때문이다. 60~70년대 우리들의 선배님들이 그렇게 노력했던 것처럼 우리도 우리 후손을 위해 다시 심기일전하여 국가를 바로 세우자. 그것이 지금 우리가 우리 자식들에게 남겨줄 가장 큰 선물이자 유산이다.

동학 신도들을 데리고 '일진회'를 만들어 반민족 친일활동을 한 '이용구'가 죽기 전에 남긴 말을 다시 생각해 보자.

"우리는 참 바보짓을 했어요, 혹시 처음부터 속았던 것은 아닐까요?

　　그런데 지금 대한민국에서도 그때 그 시절처럼 이미 철 지난 이론으로 무장한 철부지 활동가들의 프로파간다에 많은 국민들이 속고 바보짓을 또 다시 하고 있다. 그리고 그 결과는 너무나 뻔하며 그로 인한 희생과 고통은 그때처럼 철저하게 국민들의 감당해야 할 몫을 남는다. 또 다시 패배의 역사를 반복할 것인가? 그것은 이 땅에 사는 국민의 역사를 정확하게 바라보는 그 순간 결정된다.

21세기 조선인 신종사대부

초판인쇄_ 2020년 1월 31일
초판발행_ 2020년 2월 5일
발행인_ 이장우
저자_ 박진기
펴낸곳_ Freedom&Wisdom
등록일자_ 2014년 1월 17일
등록번호_ 제 398 - 2014 - 000001호
전화_ 070-8621-0070
이메일_ freedomwisdom.books@gmail.com
ISBN 979-11-86337-41-7 (02910)

Copyright ⓒ 2020 박진기

＊ 본서의 내용을 사전 허가없이 전재하거나 복제할 경우 법적인 제재를 받게 됨을 알려 드립니다.
＊ 잘못된 책을 구입하신 서점이나 본사에서 교환해 드립니다.
＊ 정가는 표지에 표시되어 있습니다.